공기업 40년
실전경험

배성환 저

도서출판 홍릉

공기업 40년
실전경험

초판 1쇄 인쇄 2020년 6월 10일
초판 1쇄 발행 2020년 6월 15일

지은이 배성환
펴낸이 송 준
펴낸곳 도서출판 홍릉
등록 1976년 10월 21일 제5-66호
주소 서울시 강북구 인수봉로 50길 10
전화 02-999-2274~5
홈페이지 http://www.hongpub.co.kr
이메일 hongpub@hongpub.co.kr
ISBN 979-11-5600-784-5(03320)

정 가 15,000원

책을 펴내면서

2020년 경자년 새해가 밝았습니다.

지금 우리 경제는 코로나바이러스(COVID-19)로 매우 힘들고 어렵습니다. 어디 비단 경제뿐이겠습니까? 어렵기는 오랜 기간 대립하고 있는 정치에서부터 사회 각 분야도 마찬가지입니다. 그런데 문제는 이런 것들이 현재로서는 개선될 기미를 보이지 않는다는 것입니다. 사람들의 삶은 더욱 살기 팍팍해지고 있고 자기의 이익을 추구하는 목소리는 요란한데 다른 사람을 배려하는 목소리와 모습은 잘 들리지도 보이지도 않는 게 현실입니다. 이렇게 어려운 시기에 책인 들 잘 팔리겠습니까마는 필자는 그래도 농부가 씨앗을 뿌리는 심정으로 지난 40년간 소위 남들이 말하는 철밥통 공기업에서 일하며 해결한 여러 일을 나름 정리하여 한 권의 책으로 남겨서 이 책을 보는 사람들에게 조금이나마 느낌과 인싸이트를 주었으면 하는 마음으로 이 책을 쓰게 되었습니다.

필자는 베이비붐 시대에 태어나 엔지니어로 40년간 선진국의 성공사례를 벤치마킹해 추격자로서 성공하여 세계 최고 수준의 회사로 거듭나면서 정점에 오르는 기쁨도 맛보았으며 세계 최초로 추진하는 새로운 일도 기획하고 개발하는 경험도 쌓았습니다. 그리고 필자가 몸담은 공기업이 우리나라 산업발전의 젖줄이 되어 우리나라가 기계, 중화학공업에서부터 철강, 자동차, 조선, 반도체, IT까지 산업의 육성과 국가 경제발전에 크게 기여한 것에 대한 자부심도 큽니다.

이제 우리나라는 많은 기술 분야에서 더 벤치마킹할 대상이 없는 선두에 서서 우리의 앞길을 스스로 개척해 나가야 하는 상황에 있습니다. 벤치마킹을 통해 효과가 큰 것, 잘할 수 있는 것, 잘된 것을 골라서 자금을 투입해 개발하여 따라가는 선택 및 집중 방식과 남이 성공한 길을 따라가서 실패 없이 성공해 가는 방법은 이제 우리 앞에 있지도 않고 보이지도 않습니다. 앞으로 우리는 남들이 한 번도 가지 않은 길을 수많은 어려움과 실패를 겪으며 많은 연구개발 비용을 들여가면서 개척해 나가야 합니다.

우리 경제가 어려워지는 미래에 우리가 살아남는 유일한 길은 기술을 개발하여 우위를 지키는 길뿐입니다. 미래에 한 번도 가지 않는 길을 갈 때 실패를 줄이고 투자되는 시간과 비용을 줄이려면 우리가 개발하려고 하는 미래 기술의 관련 전문가들이 소속은 다르지만 모두가 함께 모여서 서로 협력해야 합니다. 후배 엔지니어들이 이런 일을 잘해주리라고 믿으면서 지난 40년의 일을 한 권의 책으로 엮기에는 시간으로 보나 지면으로 보나 여의치 않지만 그래도 경험한 일들의 일부를 책으로 만들어 후배들에게 남기고자 합니다.

이 책에서는 주로 내부와 외부 고객을 상대로 처리한 민원업무 경험사례를 모아서 새로이 관리자가 되어 작은 조직의 부서장에서부터 큰 조직의 지사장, 지역 본부장, 본사 본부장으로서 조직을 이끌어 나가는데 필요한 사항을 주로 담았습니다.

이제 한 번도 가보지 않은 길을 처음으로 걷는 조직의 리더는 이 책의 경험을 벗 삼아 실패를 인내하며 고진감래라는 옛 명언을 가슴에 새기고 새로운 리더의 길을 개척해 나가길 기대합니다.

그리고 이제 막 새롭게 직장생활을 시작하려는 사람들은 이 책을 통해서 공기업이 어떤 일을 하는 곳인가를 간접적으로나마 경험해 보고 공기업을 이해하는 데 도움이 될 수 있을 것입니다.

아무쪼록 독자 여러분께서 걷고자 하는 미래의 길에 이 책이 조그만 마음의 양식이 되길 진심으로 바랍니다.

끝으로 이 책자가 발간될 수 있도록 많은 조언과 도움을 주신 이태선 본부장님, 최창호 사장님, 장선주 부장님 그리고 영원한 내 사랑 오영희 여사, 울 집 기둥 아들 준호, 이쁜 딸 주원에게 깊은 감사를 드립니다.

2020년 4월 15일

필자 드림

CONTENTS

PART 02

조급하면 진다 인내하며 기다려라

PART 03

강한 힘에 굴복하지 말라

PART 04

미리 준비하고 대비하는 자는 산다

PART 05

작은 말 한마디가 큰 화가 될 수 있으니 언행에 신중하자

PART 06

남의 말만 믿지 말고 내 눈으로 확인하자

PART 07

내 마음을 써서 상대방을 배려하자

PART 08

청렴해야 멀리 갈 수 있다

PART 09

작은 조직의 리더도 미래를 볼 줄 알아야 한다

PART 10

자기 관리를 철저히 해야 살아남고 높이 갈 수 있다

프롤로그

지사, 지역 본부, 본사 처, 본부의 장은 물론 작은 팀, 부 단위의 부서장도 모두 리더이다. 리더는 자신이 맡은 조직이나 일의 미래를 내다볼 줄 알아야 하며 자신에게 닥친 여러 가지 일과 민원을 주관적으로 해결해 나갈 능력을 갖추어야 한다. 모든 민원이나 일들이 규정이나 지침에 정해져 있어서 이를 바탕으로 처리할 수 있으면 좋겠지만 때로는 규정과 지침이나 메뉴얼에 없는 일들도 많이 발생하기 때문이다. 이럴 때 리더가 미래를 내다보고 능동적으로 해결 방안을 제시하고 문제를 해결해 나가야 하는데 경험이 없는 초보자는 두렵거나 당황하거나 시간에 쫓기는 등으로 올바른 결정을 제대로 내리지 못하고 실수를 하는 경우도 발생하기 마련이다. 이러한 경우에 본인이 직접 경험하지는 않았지만 먼저 경험해 처리한 사례를 알거나 공부해 관련 지식을 습득한다면 당연히 암묵적 지식이 늘어나 향후 다른 곳이나 더 큰 조직에서 일하게 될 때 많은 도움이 될 수 있을 것이다. 그러나 이런 경험사례는 많은 사람들이 자신의 머릿속에만 있는 암묵적 지식으로 경험자가 실제로 책을 쓰거나 자신의 경험을 기록해 전달하거나 남기지 않기 때문에 접하기가 어려운 것이 사실이다. 필자도 퇴직을 위해 대기를 하는 기간인 전문위원으로 있는 시기에 이런 생각을 책으로 집필하려고 하였으나 예상치 못하게 빨리 자회사의 대표이사로 재취업하는 바람에 새로운 환경에의 적응 및 새로운 영업망의 구축 등으로 마음먹은 책자의 집필이 예상보다 1년 이상 늦게 되었다. 그러나 늦게나마 이런 마음 먹었던 생각을 정리해 책자로 발간까지 할 수 있게 된 것을 커다란 행운으로 생각하며 이 책을 읽는 독자 여러분께서 필자가 체득한 경험을 간접적으로나마 쌓아서 한 분야의 리더로서 진정 미래를 자신의 눈으로 보고 실제 어려움이 닥쳤을 때 해결할 수 있는 혜안을 가지시기를 진심으로 바랍니다.

2020년 4월 15일

필자 드림

PART 01

어려울 때일수록 편법보다는 원칙을 지켜라

PART 01

어려울 때일수록 편법보다는 원칙을 지켜라

01

목표관리 항목 해석 착오

본사로부터 시달된 경영목표 중에서 수요관리 항목이 일부 변경되었으나 우리 지역 본부의 실무 담당 차장이 업무 착오로 전년도 기준을 적용하여 소속 사업소 지사의 평가편람이 개정되지 않았고 본사에서 지역 본부가 평가받는 것과 다르게 사업소를 평가해 우리 본부의 경영목표관리가 잘못되고 있다면서 A 지사에서 지역 본부로 이의를 제기하였다. 해당 내용을 확인한 결과 본사의 평가를 받는 데에는 문제가 없었으나 사업소에는 본사의 기준변경 사항이 반영되지 않아 문제가 있음이 확인되었다. 아마도 실무자 간의 개선요구에도 불구하고 해결이 되지 않아서인지 A 지사장이 지역 본부의 노조위원장과 지사장이 참여하는 경영평가 대책회의에서 이의를 제기하고 개선을 요구하였다. 해당 부서는 회의 직전에 허겁지겁 해당 지사장이 회의 때 이의를 제기한다는 사실을 본부장에게 알려서 사전에 충분히 해결 방안을 생각해 보지 않아 난감한 상황이었는데 지사평가를 위한 2차 위임 내부평가편람을 개정하게 되면 손해를 보게 되는 다른 지사장이 반대 의견을 개진하여 사업소 간 대립 양상으로 가서 경영평가 대책회의 분위기가 싸늘하였다. 어떻게 하든 최고 책임자로서 방향을 정하고 의사결정을 해야 하는 상황이 되었다. 곤란하고 난감하다며 결정을 미루고 연기하면 최고 책임자에 대한 신뢰와 믿음이 떨어지게 될 것은 뻔했다. 더군다나 노조위원장들까지 눈을 번뜩이며 지켜 보고 있는 상황인지라 상황은 심각했다. 그렇다고 담당 부장이나 전력사업처장 선에서 해결할 수 있는 사항도 아니었다. 순간적으로 판단해도 꼭 나서야 할 차례인지라 상황을 하나씩 정리해 나갔다. 우선 지역 본부 전체 평가에는 영향이 없다는 것을 참석한 담당부장을 통해 전체 지사장과 노조위원장들에게 확인을 시켜 주었다. 왜냐면 본부의 경영평가 실적에 따라 1차로 인센티브 보너스 등급이 관내 전 지사에 적용되고 이어서 지사의 경영평가실적에 따라 2차로 인센티브 보너스 등급이 적용되는 구조라서 이번 수요관리 담당 차장의 실수 영향이 어디까지 미치느냐를 명확히 할 필요가 있기 때문이었다. 이렇게 정리하자 우선은 본부와 전체 지사에 영향을 미치지 않음으로 기준착오로 인하여 영향을 받는 곳은 두 개의 지사로 줄어들게 되었다. 영향을 직접 받는 두 개 지사는 상반된 입장이라서 타협은 불가능하였다. 그래서 원칙을 고수하는 것이 최선이라고 판단하여 사업소 내부평가 편람이 본사의 개정 부분을 누락시켜 시달된 것에 대해서 먼저 A 지사장과 노조위원장에게 책임자로서 사과하고 난 후 내부평가는 편람이 개정되지 않은 상태에서는 전체 사업소에 공문으로 공식 전달되어있는 기존의 편람을 적용하여 평가할 수밖에 없음을 이해 요청하였다. 더군다나 이미 10개월간 평가편람대로 충실히 계획을 세워 열심히 노력하여 실적을 달성한 사업소가 평가편람 착오를 수정함으로 선의의 피해를 보게 되는 것은 올바른 일이 아님을 역설하였다. 그리고 업무 착오로 사업소에 혼란을 발생시킨 해당 업무 담당 차장과 부장은 징계할 것임을 내부평가 대책회의에서 천명하였다. 이렇게 하여도 A 지사의 지사장과 노조위원장은 본부의 착오를 수정하도록 요구하는 주장을 굽히지 않았다. 게다가 착오 기준을 정정하게 되면 손해를 보는 다른 지사의 지사장과 노조위원장은 그렇게 내부평가 기준을 수정해서 평가하게 되면 앞으로 어떻게 지사에서 본부를 믿고 일할 수 있느냐면서 여전히 기준개정 반대를 계속하여 이익 앞에서는 두 지사 모두 손해를 보지 않으려고 하니 상황은 계속 평행선을 달렸다. 상황은 여전히 난감하여 하는 수 없이 모든 정황은 상세히 모두 다 설명되었고 이해 당사자들의 주장도 충분히 설명되었다고 판단하여 경영평가 대책회의에 참석한 모든 지사장과 노조위원장의 투표로 기준개정 여부에 대한 의사를 결정하기로 제안하여 실행하였다. 비록 당초에 본사 변경내용을 반영하지 못하여 착오가 있더라도 이미 공지된 내부평가 편람대로 실적을 평가하는 안에 대하여 메모지를 나누어 주고 찬성은 ○표를 하고 반대는 ×표를 하도록 투표 후 개표한 결과 반대가 2표이고 나머지는 모두 찬성을 하여 공지된 편람대로 시행하는 방안으로 결정되었다. 이렇게 되자 A 지사장과 노조위원장도 억울한 면이 있지만 어쩔 수 없이 결과를 수용할 수밖에 없었다. 내부평가 대책회의를 끝내면서 거듭 본부의 착오에 대하여 송구하다고 사과를 하였다. 그리고 내부평가 대책회의가 끝나고 감사부서에서 본사의 변경사항 공문지시와 자체 내부평가 편람의 불일치가 발생한 경위를 조사하여 해당 내부평가 업무에 착오를 일으켜 사업소에 물의 야기와 혼선을 초래한 담당 차장과 부장에게 엄중하게 책임을 물어 징계하여 앞으로는 그런 일이 없도록 하였다. 지역본부의 직할 부서들은 사업소를 이끄는 핵심 브레인이므로 업무 수행에 있어서 휴먼에러가 발생하여 본부 전체가 흔들리는 일이 없도록 유의해야 한다.

02

A 교회 민원

하루는 영업운영부장이 골치 아픈 일이 있다고 하며 민원을 들고 찾아왔다. 민원내용을 들어보니 창구직원이 잘못하여 고객의 명의를 전기사용 고객의 동의를 받지 않고 변경하여 바뀐 전기사용 명의자가 자신으로 된 명의의 전기를 단전 요청하여 우리 직원이 현장에 나가 단전했는데 이러한 단전으로 인해 고객의 정전 피해가 발생하였다. 이에 원래 사용자는 전기사용 고객 명의의 원상복구와 함께 피해보상을 요구하는 사항이었다. 이번 문제는 명의를 변경 요청하여 바꾼 사람은 집주인이고 이전의 명의자인 전기사용자는 세입자인데 집주인과 세입자 간의 분쟁에 우리 회사가 휘말린 것이었다. 창구 요금업무 담당자가 업무를 자세히 파악해 보지 않고 집주인이 교활하게 요청한 명의변경을 경솔하게 처리하여 문제가 발생하였다. 어쨌든 단전된 건물의 세입자는 A 교회 목사였는데 자신이 해외 출장을 가고 없는 사이에 자신이 사용하는 교회의 전기를 본인의 동의도 없이 단전해서 지하에 있는 교회가 습기가 차고 환기가 되지 않는 바람에 교회 바닥의 양탄자와 벽지에 곰팡이가 피고 목사가 보관하고 있던 옷장의 옷에도 곰팡이가 피어 사용할 수가 없게 되어 보상을 요구하고 전기요금 고지서의 명의도 원래대로 자신으로 원상복구 하도록 찾아와서 항의하고 민원을 제기하였다고 한다. 그런데 더 큰 문제는 집주인이 자신으로 변경해 놓은 세입자의 전기사용자 명의를 원래 전기사용자인 A 교회로 복원하는데 반대한다는 것이었다. 그래서 이 민원의 전체 내용을 상세히 파악해 보니 우리 회사의 창구 요금 담당자가 조금만 신경을 썼었다면 민원을 예방할 수 있었다. 그 이유는 집주인이 전기사용자의 명의변경을 처음 본부의 콜센타로 전화해서 요청했을 때 콜센터의 상담원이 집주인과 상담하여 전기사용자의 명의는 집주인과 사용자가 다른 경우에는 집주인이 사용자의 전기명의를 변경하려면 사용자의 동의가 필요하니 사용자의 동의를 받아서 전기의 명의변경을 해야 한다고 답변을 하고 이런 민원안내 결과를 요금시스템에 입력해 놓았었다. 그런데 집주인이 전화상으로 명의변경이 되지 않자 직접 사업소로 방문하여 전기사용자의 명의변경을 요청하였는데 사업소 민원창구의 요금 담당자는 이런 고객의 요금시스템 상담기록을 확인해 보지 않고 그냥 5킬로와트 미만의 전기는 계약종별 변경도 주택용이나 업무용으로 원하는 대로 선택하여 변경할 수 있고 명의변경도 가능하다고 안내하자 집주인이 그 자리에서 전기사용자의 명의변경을 요청하여 전기사용자를 목사에서 집주인으로 변경해 주었다고 파악되었다. 이 문제의 해결을 위해서는 집주인과 전기사용자인 목사 간의 반목하는 깊은 내막을 알아야 일이 풀릴 것 같아서 집주인은 왜 이렇게 명의변경을 하면서까지 전기사용자인 교회의 전기를 단전하고자 하였을까 궁금하여 알아보았더니 깊은 사연이 있었다. 원래 A 교회가 이 집주인의 건물로 들어오게 된 배경은 돌아가신 집주인의 선친과 목사가 친한 사이이고 집주인의 선친이 기독교인이라 건물의 지하를 무상으로 사용하도록 목사에게 허락하였던 것이었는데 집주인의 선친께서 얼마 전에 돌아가시자 재산을 상속하게 된 아들이 교회에다가 앞으로는 집세를 내라고 요구하면서 문제가 시작되었다. 사용자인 목사가 교회는 영세하고 가난하여 집세를 낼 형편이 안된다고 하자 젊은 집주인은 건물을 비우고 나가라고 하였고 목사가 다른 곳으로 이사 갈 형편이 안되어서 버티자 집주인은 교회를 내보내고 새로운 세입자를 받아서 집세를 받고자 전기, 수도, 가스 등의 공급을 중단시키려고 애를 썼던 것이었다. 우리 회사는 괜히 집주인과 세입자 간의 다툼에 요금 담당자의 실수로 끼어들어 고래 싸움에 새우 등 터지는 꼴이 되고 만 것이었다. 어쨌거나 이 문제의 해결은 쉽지 않아 우선 목사를 찾아가서 요금 담당자의 실수로 일이 잘못 처리된 부분에 대하여 사과하고 목사가 입은 피해는 자체적으로 보상방안을 검토하여 보상해드리겠다고 약속하면서 이번에 실수로 업무를 잘못 처리한 해당 직원은 회사지침에 따라 징계를 하겠다고 설명하였다. 그러나 목사는 막무가내로 어떻게 하던 우리 회사가 책임을 지고 전기를 집주인 명의에서 자신의 명의로 되돌려 놓을 것과 교회가 입은 피해를 보상해 주도록 조금도 굽히지 않고 단호하게 주장하여 타협의 여지가 없어 고민이 깊어 갔다. 이에 집주인을 만나 목사가 감정적으로 매우 언짢게 생각하는 전기사용자 명의 문제부터 해결하고자 시도하였다. 집주인에게는 사용자 이름으로 된 전기의 명의변경은 집주인이 임의로 신청하여 바꿀 수가 없음을 안내하고 이미 이 사실을 콜센터로 전화하셔서 알고 계신 사항인데 요금 담당자가 업무미숙으로 사용자의 동의 없이 전기사용자의 명의를 잘못 변경처리 하였으므로 원래대로 사용자 명의를 환원하고 일을 잘못 처리한 직원은 내부적으로 징계하겠다고 하였다. 집주인은 이미 전기는 자신의 명의로 되었고 단전이 되었으므로 다시 사용자 명의로 변경하고 전기를 공급하면 법적 절차에 따라 조치하고 상급기관에 민원을 제기하여 항의하겠다고 하였다. 그래도 이 부분은 달라지지 않음을 집주인에게 확고히 말하고 우리가 일 처리를 잘못한 실수이기에 이 잘못으로 인한 결과는 전적으로 우리가 징계를 받더라도 책임지겠다고 하였더니 집주인은 더는 얘기하지 않았다. 그래서 일단 전기사용자의 명의를 원래 사용자인 목사로 변경하고 전기공급을 재개하였다. 그리고 교회에 대한 피해를 어떻게 보상하여 줄 것인가 고민하였다. 여러 가지 방안이 제시되고 검토되었는데 직원들이 십시일반으로 돈을 내서 보상하자는 이야기가 있었으나 그렇게 하게 되면 업무와 관련이 없는 일반 직원들에게까지 돈을 거두어 피해가 가게 되고 직원들의 불만이 발생할 수 있으며 이번에 업무 실수를 한 직원이 전부 부담하기에는 감내해야 하는 금액이 너무 커서 무리라는 생각이 들었다. 그러다가 한 가지 아이디어를 생각해 내게 되었는데 그 방법은 회사에서 직원들과 함께 적립해 놓은 사회봉사단 기금을 활용하여 교회에서 곰팡이 피해를 본 카페트와 벽지를 구매해서 직원들이 노력 봉사로 교체해 주고 옷장에 들어 있던 옷들은 세탁을 해주는 방안을 목사에게 제시하여 진행하도록 하였다. 이 업무를 담당하는 부장이 교회 목사를 설득하는 것은 그동안 업무상 언쟁 등으로 서로 감정이 좋지 않은 것으로 판단하여 사회봉사업무를 담당하는 경영지원부장이 나서서 목사와 협의하도록 하였다. 평소 붙임성이 좋고 사교적인 경영지원부장이 목사를 방문하여 벽지와 바닥은 새로 해드리고 목사의 옷은 세탁소에 의뢰하여 세탁해주는 방안을 목사에게 제시하였고 목사도 전기사용자의 명의변경도 원상회복되고 전기공급도 재개되어 이 방안을 수락하게 되었는데 또 목사도 집주인이 의도적으로 그리했다는 것을 잘 알고 있어 어느 정도 양보하여 합리적인 합의에 이를 수 있게 되었다. 좋은 방법은 아니었으나 이기적인 집주인과 다툼으로 예기치 못하게 피해를 본 교회와 목사의 손해를 큰 무리 없이 사회봉사단의 봉사활동을 통해 보상해 주었고 요금 부서에서 업무를 하면서 실수한 직원의 배상 책임도 원만하게 해결할 수 있게 되어 이번 민원처리 아이디어의 시행 결과는 모두에게 매우 만족스러웠다. 그리고 마지막 단계로 이번 일을 부주의하고 미숙하게 처리한 요금 담당자는 인사위원회 심의를 거쳐 징계하였다.

〈전력수급 비상 피크억제 전기절약 캠페인 광경〉

〈전력설비 인근 지역 사랑의 연탄배달 봉사활동〉

03

석회석광산 단전

A 지사에는 고질적인 악성 민원 고객이 있었는데 석회석광산에서 석회석 생산이 많은 계절에만 광산 설비를 가동하고 그렇지 않은 기간에는 전기를 조금밖에 사용하지 않아 체납하였다가 단전되고 다음 해에 석회석 소비가 많은 계절에 맞추어 체납된 3개월분 요금을 내고 전기를 공급받는 일이 반복되고 있었다. 이에 반복 체납 악성 고객으로 3개월 체납 후 단전하던 것을 1달 체납 후 바로 단전 예고 후 석회석광산을 단전하도록 결정하여 많은 금액이 장기 체납되는 것을 미리 막고자 하였다. 그런데 단전하러 갔던 직원이 광산회사에서 중장비를 동원해 단전하러 들어간 사이에 도로를 가로막아 놓아서 우리 회사 차량이 나오지 못하고 갇혀 있다는 보고를 받게 되었다. 직원에게 차량은 그냥 두고 걸어서 회사로 복귀하라고 하였다. 이후 경찰과 함께 현장에 다시 가서 광산회사의 부당함을 설명하고 차량을 가져

왔다. 석회석광산은 전기가 단전되자 어쩔 수 없이 요금을 내려고 왔는데 전기요금을 고의로 모두 동전으로 갖고 와서 전기요금 수납담당자와 언쟁을 벌이다가 수납담당자의 얼굴에다가 동전을 던져서 싸움이 발생하게 되었다. 직원은 참고 있었으나 담당 차장이 화가 나서 이를 항의하는 와중에 서로 감정이 격해져서 석회석광산의 여자 사장이 남자 차장의 멱살을 잡고 얼굴을 손찌검하여 얼굴에 상처가 나게 되었다. 남자 차장도 격분하여 여자 사장의 빰을 때려서 상호폭행 문제로 비화 되었다. 석회석광산은 지역사회에서 평판이 좋지 않은 회사였는데 이 여자 사장의 남동생이 유명한 조폭이라는 이야기가 돌고 있었다. 석회석광산의 여자 사장은 자기 동생의 이름을 들먹이며 가만두지 않을 거라는 등 협박을 하였다. 현장에 출동한 경찰에서도 쌍방 폭행이라서 어떻게 할 수가 없었던지 특별히 아무런 조치도 하지 않고 상호 알아서 하라는 식으로 이야기하고 돌아가 버렸다. 이에 이번 일은 원칙에 의해 일을 처리하고 이런 사람들이 다시 우리 회사를 얕보지 않도록 뭔가 확실한 조치를 해야겠다고 결심을 하였다. 우선은 향후 동일사례 발생 시 증거자료로 사용할 수 있도록 민원창구에 CCTV를 설치하여 업무 시간에는 항상 방문객과의 대화 내용이 녹화되도록 하였다. 그리고 다툼 중에 부상한 담당 차장에게는 병원에서 진단서를 발급받아 경찰에 정식 고발을 하도록 하였다. 담당 차장은 피해자의 오빠를 의식하여 그냥 쌍방과실로 하여 없던 일로 하자고 고발을 주저하였으나 그렇게 하면 앞으로 절대로 이 고객의 잘못된 관행과 행패를 고칠 수가 없어서 정식적으로 조치를 하여야 한다고 강력히 요구하면서 진단서를 발급받아 경찰에 고발하면 회사에서 공식 변호사를 선임하여 정식 대응하도록 하겠다고 하여 해당 차장을 안심시켰다. 담당 차장도 지사장이 강력히 얘기하니까 어쩔 수 없이 믿고 실행해 들어갔다. 경찰에서도 정식으로 고발장이 접수되니까 공식조사를 시작하게 되었다. 한편 기관장 회의를 통해 알고 지내는 경찰서장에게 전화해서 자세하게 사실을 얘기하고 이번 일은 신속히 합법적으로 처리해 주도록 요청하였다. 곧바로 수사가 진행되자 부담을 느낀 석회석광산의 사장이 그 남동생과 함께 찾아와 자신의 잘못을 뉘우치고 있으니 합의해 주도록 요청하였다. 행패를 부리던 예전 모습과 달리 부드럽게 변한 태도에 직원들 모두는 의외라는 표정이었다. 그래서 그냥 합의할 수는 없고 앞으로 같은 일이 반복되지 않을 것이며 체납된 전기요금을 납부 후 향후는 성실히 요금을 내고 단전 시에도 소란을 피우지 않고 규정된 절차에 따라 밀린 요금을 정상적으로 내고 전기를 공급받을 것이며 우리 회사의 정상적인 업무처리에 다시는 이의를 제기하지 않겠다는 확인서를 작성해 싸인 후 폭행으로 피해를 본 직원에게 사과하고 보상을 해야 합의 가능하다고 이야기하였다. 석회석광산 사장은 자신이 잘못하였다고 인정하고 앞으로는 그런 일이 없도록 하겠다는 확인서를 제출하여 폭행 고소를 취하해 주도록 요청해 왔다. 끝까지 조사를 진행하여 공식적으로 처벌받도록 하고 싶은 마음도 있었으나 고객과의 관계를 원만히 하는 차원과 석회석광산 여사장이 잘못을 뉘우치는 점을 고려하여 담당 차장이 이 정도면 되었으니 합의해 주자고 건의하여 그럼 폭행피해 보상을 받고 담당 차장에게 나머지 일을 일임하여 합의해 주도록 하였다. 그러나 담당 차장은 그렇지 않아도 자신은 그 여사장의 남동생 때문에 많은 부담을 느끼고 있었던지라 오히려 협의하여 처리하게 된 것을 다행이라고 생각하고 피해보상도 받지 않은 채 합의해 주고 말았다. 이렇게 피해보상도 받지 않고 합의해 준 것에 대해 약간의 아쉬움은 있었으나 이번 일을 통하여 고객과의 마찰은 공식적 합법적으로 처리하는 것이 해결의 지름길임을 다시 한번 확인하였으며 고객 민원창구에는 CCTV를 설치하여 민원처리 과정을 녹화해서 고객과 분쟁 시 증거자료로 사용할 수 있도록 하는 것이 좋은 방법이라고 생각한다.

04

커피점 앞 지상개폐기 이설 민원

수표동 도심 커피점 앞에 있는 지상 개폐기를 옮겨 주도록 요청하는 민원이 본사 비서실로부터 전화로 왔다. 사장님의 지인으로 가능하면 들어줬으면 좋겠다고 하는 내용이었다. 현장 확인 결과 해당 지상 개폐기를 옮기게 되면 옆 가게와 마찰 등으로 민원 해결이 어려웠으며 실제 해당 지상 개폐기는 단지 그 커피숍에 출입할 때에 미관을 해쳐서 보기가 좋지 않다는 것뿐 실제 출입 장애라든지 커피점 내부에서 외부를 바라볼 때 보여 미관을 저해하지도 않아 이용에는 아무런 장애가 없는 상태였다. 이에 민원을 요청한 비서실에 전화하여 이번 민원의 경우는 오히려 현재 상태대로 옮기는 작업을 하지 않고 그냥 두는 것이 민원 발생을 막는 길이며 만일에 옮긴다면 오히려 또 다른 민원을 만들어 더 큰 민원이 될 수 있음을 이해 설득시키고 이 내용을 사장님에게 보고하여 주도록 요청하였다. 그리고 지상 개폐기를 옮기는 경우 개폐기와 연결된 특고압 전선들을 함께 옮겨야 하는데 지하에 매설된 관계로 토목 공사비도 상당한 수준에 이를 것으로 판단된다고 하였다. 이런 전후 관계를 설명하여 지상 개폐기를 옮기는 민원이 합리적이지 못함을 이해 설득시키고 민원인에게는 현장에서 직접 만나 상세한 상황을 설명하고 이해를 구하도록 하겠다고 하였다. 현장에 나가서 커피숍 주인을 만났는데 의외로 젊은 사람이었다. 지상 개폐기 이설 과정에 대해 자세히 설명하고 현재 지상 개폐기는 도로상에 있고 커피숍 이용에 지장이 없는 상태이며 옮기려면 커피숍에서 모든 비용을 전액 부담하여야 하는데 토목공사가 수반되어 공사비가 많이 나올 것이며 막상 비용부담을 해서 옮기려고 해도 옆에 있는 가게에서 동의하지 않으면 이설을 할 수 있는 위치가 없어 옮기는 것 자체가 어려운 상황임을 안내하고 크게 불편하시지 않으면 현재 상태로 두는 것이 옆집 가게와의 마찰과 또 다른 민원을 유발하지 않고 비용부담도 발생하지 않는 길이라고 이해 설득을 하자 젊은 사장은 흔쾌히 이해하겠다고 하여 민원을 마무리할 수 있게 되었다. 상부의 지시라고 해서 무리하게 요청사항대로 해결하는 것은 현명하지 못한 일이다. 현장 여건상 수용이 불가능할 때는 불가피한 사유를 설명하고 적극적으로 민원 요청자를 설득하여 무리한 업무 추진으로 인해 재발생하는 또 다른 민원을 방지하는 것이 최선이라고 생각한다.

05

충무로 S형 강관 전주 도괴 사고

충무로 번화가 뒷골목에서 통신 공가선 설치를 위한 조가선 가설작업 중에 기설 S형 강관 전주가 넘어지는 사고가 발생하였다. 현장에 나가보니 번화가인지라 KBS MBC SBS YTN 등 많은 언론사가 현장에 나와 카메라로 취재를 하고 있었고 구경하는 많은 인파로 인해 현장에서 문제를 파악하고 대화를 나누는 것이 불가능하였다. 이번 사고의 현장 문제점과 대책 강구를 위한 현장 활동을 불가피하게 접고 사무실에 들어와서 근본적인 원인이 무엇인지 우선 분석하였다. S형 강관 전주가 넘어진 직접적인 원인은 통신선 공가 작업 중에 조가선을 설치 후 긴선을 위해 시메라로 조가선을 무리하게 팽팽히 당겨 과중한 장력이 전주에 가해져서 S형 강관 전주의 플랜지 결합 부분의 체결 볼트가 뽑히면서 변압기 전주가 넘어져 변압기와 COS 등이 땅바닥에 떨어져서 파손되고 정전이 발생하였으나 천만다행으로 작업 안전펜스를 설치하여 번화가에 지나다니는 많은 사람이 낙하물에 한 명도 다치지 않았고 떨어진 전선이나 변압기 등에 접촉하여 감전되는 사고도 발생하지 않았다. 모든 TV 방송에서 정전 발생 사실을 실시간 보도하였고 이중 YTN을 보신 사장님이 기술본부장에게 직접 나가서 문제점을 파악하고 대책을 보고하도록 지시하여 기술본부장이 현장에 나왔다. 기술본부장은 현장에 본사 품질부서 부장이랑 같이 나와서 자세히 둘러보고 설비를 조사하였다. 이번 사고의 원인은 S형 강관 전주의 상부 플랜지와 하부 플랜지를 연결하는 체결 볼트가 정규 볼트보다 가늘어 조가선이 당기는 큰 굽힘 모멘트를 견디지 못하고 나사산이 문드러지면서 뽑힌 것이 주된 직접적인 원인이었다. 그리고 S형 강관 전주에 통신용 케이블을 추가로 가설하면서 조가선의 장력을 세게 가한 것이 2차 문제점이었다. 다행히 정전복구가 신속히 되었고 체결 볼트가 규격에 미달한 것으로 판명되어 사고의 주원인은 기자재 결함으로 밝혀져 사업소는 설비관리 부실 등의 직접적인 책임은 없는 것으로 판명되었다. 이어 이번 사고의 후속 조치로 본사로부터 전체 S형 강관 전주를 일제히 점검하도록 지시가 내려와서 배전운영실에서 활선 바켙트럭을 타고 전주에 올라가 점검을 한 후 사진을 찍어서 보고하도록 하였다. S형 강관 전주 점검은 플랜지 접합 부분에 볼트가 규정된 대로 체결되어 있는지와 플랜지 틈새가 벌어진 부분은 없는지를 점검하도록 하고 이 점검결과의 사진은 플랜지 상부를 내려 보고 찍은 것과 플랜지 측면에서 상하 접합 부분을 찍은 것 그리고 S형 강관 전주 전신을 찍은 사진을 S형 강관 전주별로 첨부해서 보고하도록 하였다. 지시를 받은 각 사업소는 배전운영실이 S형 강관 전주 점검작업을 시행하고 배전운영 차장이 해당 사업소의 점검결과와 사진을 집계하여 지역 본부로 보고하도록 하였는데 각 지사에서는 배전운영실 직원이 현장에서 찍어온 사진만 단순히 모아서 지역 본부로 보고하였다. 실제로 현장의 각 지사에서 올라온 사진을 하나씩 살펴보니 문제가 많았다. S형 강관 전주의 플렌지 접합부에 연결용 볼트를 체결하지 않아서 플렌지에 볼트 구멍이 비어 있는 상태로 찍은 사진, 원래 출고된 정규 볼트를 사용하지 않고 키가 작거나 큰 임의의 볼트를 사용한 사진, 플랜지 연결용 볼트를 꽉 조이지 않아 틈이 벌어진 사진 등 점검에서 이상이 있는 S형 강관 전주가 꽤 많이 있었다. 본부장이 S형 강관 전주를 점검하고 사진을 찍어 보내라 했다고 지사 설비담당 차장과 부장은 현장에서 올라온 S형 강관 전주의 사진을 자세히 살펴보고 부적절한 것을 시정 하는 노력도 하지 않고 그냥 있는 그대로 사진만 찍어 보낸 것이었다. 매우 화가 나서 사업소의 배전운영 차장과 부장들을 소집하여 지금까지 사진을 보고 파악한 문제점을 일일이 PPT로 만들어 사진을 보여 주면서 지적하고 제대로 시정 후 다시 개선 전과 후의 사진을 찍어서 보고할 것을 강력히 주문하였다. 각 지사에서는 실제 유지보수 업무를 수행하면서 주인의식을 갖고 설비관리를 하여야지 처삼촌 벌초하듯이 수동적으로 하라고 지시한 것만 해서 보내면 되겠냐고 사업소 스스로 주인의식을 갖고 능동적으로 문제를 파악하고 해결해야 하는 것 아니냐고 호되게 교육하여 돌려보냈다. 현장에 시공된 S형 강관 전주의 실태와 표준 시공 절차서 사이에는 큰 괴리가 있는 것이 확인되었다. 분명히 표준 시공 절차서 대로 표준규격 자재로 출고된 볼트를 사용해서 규정된 토크로 조이고 정해진 볼트 숫자를 시공하면 문제가 없는 사항이나 현장에서는 출고된 볼트를 잃어버리고 없으면 아무 볼트나 사용하고 심지어 볼트가 없어 모자라면 구멍을 비워 놓고 볼트를 시공하지 않는 것이었다. 이런 규격볼트 사용과 규정된 숫자의 시공 및 볼트를 제대로 꽉 조이는 것과 같이 아주 사소한 사항들이 현장에서 제대로 시공되지 않고 지켜지지 않아서 결국은 커다란 설비사고가 발생하므로 현장의 세밀한 관심과 정성을 기울인 시공관리가 매우 중요하다.

06

인출케이블 정비 중 안전사고 발생

하루는 점심을 먹고 쉬고 있는데 배전운영실장이 올라와서 같이 가 볼 데가 있다고 하면서 자신의 차에 태워서 어디론가 갔다. 현장에 도착해서 지하로 내려가 보니 수많은 22.9KV 케이블들이 매우 복잡하게 얽혀 있는 지하 전력구의 끝단에 직경 3미터 정도 대형 콘크리트 흄관이 있었다. 여기가 어디냐고 하자 A 변전소에서 지하 전력구를 통해 케이블이 인출되어 철도를 횡단하는 곳이라고 하였다. 변전소 인출 전력구에서 케이블이 인출되어 오다가 전력구 말단에서 모든 전력용 케이블이 이 콘크리트 흄관을 통해 철도를 횡단하여 빠져나가다 보니까 많은 케이블이 두서없이 서로 뒤엉켜 있었다. 이곳에 케이블을 신설할 때마다 제 각자 콘크리트 흄관 내부의 편리한 곳에 마음대로 설치하여 나중에 설치하는 케이블은 공간이 없어서 빈자리를 비집고 이용하다 보니 케이블들이 마치 뱀이 엉켜있는 것 같이 엉망으로 꼬여 있었다. 처음부터 케이블 설치용 케이지와 트레이를 설치하여 케이블이 체계적으로 하나씩 차례차례 아래에서부터 위로 또 좌에서 우로 사용하도록 공간의 사용순서를 정해서 관리했다면 이런 일은 없을 것인데 그냥 급한 대로 본인의 공사만 우선하여 시공하기 편리한 대로 사용하다 보니 많은 케이블이 두서없이 꼬이고 엉켜있어서 도저히 해결할 방법이 없게 된 것이었다. 케이블이 이렇게 일정한 이격거리를 유지하지 않고 함께 서로 얽혀 있다 보니 많은 전류가 흐르는 인출 부분의 특성상 케이블에 열이 많이 나서 여름철에는 특히 이 콘크리트 흄관 내에서 발열로 화재가 발생할까 두렵다는 것이었다. 실제로 그곳에 매설된 콘크리트 흄관은 지표면에서 매설된 깊이가 얕아 땅에서 발생하는 지열과 케이블에서 발생하는 열로 인하여 매우 뜨거웠다. 우선 답답한 대로 통풍용 환풍기를 설치해 놓았으나 여름철 한창 더울 때는 내부 온도가 60도 이상 간다고 하였다. 현장을 살펴보니 설비관리를 담당하는 간부로서 마음이 매우 답답하였다. 그렇지만 복잡하게 얽힌 케이블을 정리하는 공사방법도 마땅하게 없고 시공할 케이블의 공사량도 엄청나게 많으며 변전소 인출 부분이라 한꺼번에 많은 배전선로 회선을 동시에 정전시키기도 어려운 상황이라서 이 케이블을 정리하는 일은 매우 난감한 상황이었다. 현장으로 안내한 배전운영실장은 그러기에 이때까지 지사에 온 설비담당 부장에게 매번 현장을 보여 주고 해결해 달라고 요청하였으나 여태까지 이 문제를 풀지 못하고 그냥 임기 2년이 지나면 가버렸다며 이번에는 본사 출신 부장이시니 꼭 가시기 전에 이 문제만큼은 해결해 달라고 한술 더 떠서 간곡하게 부탁을 하였다. 현장에서 사무실로 돌아와서 이 문제를 어떻게 해결할까 하고 고심에 고심을 거듭하였다. 그러다가 문득 한가지 아이디어를 짜내게 되었는데 콘크리트 흄관 내에 다람쥐 쳇바퀴 형태의 철골 구조물인 케이지를 만들어 넣고 벽에 고정한 다음 케이블 트레이를 만들어 케이지에 넣고 고정해 케이블들을 트레이 위에 1회선 3가닥씩 계단식으로 모두 배치하는 것이었다. 개략적인 케이블 직경과 관통하는 케이블의 회선수와 가닥수를 갖고 구조를 그려서 사이즈를 검토해 보니 설치가 가능한 것으로 판단되었다. 이에 디자인한 구조물 스케치 그림을 주고 최고로 경험이 많은 배전 지중설계원에게 현장에 나가서 콘크리트 흄관의 사이즈를 정확히 측정하고 케이블 설치가 가능한지 상세 설계를 해 보도록 하였다. 며칠이 지난 후 케이블 사이즈와 콘크리트 흄관 내 고정용 케이지와 케이블 설치용 트레이의 설치공간 면적 등을 면밀하게 검토하니 트레이에 1회선씩 케이블을 설치하고 법정 이격거리를 유지하면서 케이지 내에 모든 변전소 인출 케이블의 설치가 가능하다고 보고하였다. 이에 즉시 흄관 내 고정용 철골 구조물인 케이지와 케이블 설치용 트레이를 주문 제작의뢰 하고 변전소 인출 전력구 끝부분의 콘크리트 흄관 내부에 복잡하게 얽혀 있는 인출케이블 정비공사를 설계하여 발주하도록 하였다. 그리고 인출케이블 정비공사 기간에 A 변전소의 인출케이블이 공급하고 있는 모든 부하를 다른 연계 배전선로로 부하전환 하기 위해서 변전소의 회선별 부하전류 3년간 통계 데이터를 확인하고 비교적 부하가 적은 시점을 선택하여 부하를 전환하고 케이블 정비공사를 시행하기로 하였다. 철도횡단 개소에서 복잡하게 얽힌 인출케이블이 전력구를 통해 변전소 CB까지 길게 연결되어 있어서 어디에서 케이블을 절단할 것인가를 결정하는 것도 중요하였다. 배전선로 29회선 87가닥을 한 곳에서 짤라 접속하면 케이블 접속 시 직선 접속재가 한 곳에 집중되어 서로 겹쳐서 부피가 커지고 설치가 어려우며 접속 개소에서 열이 발생하여 나중에 문제가 발생할 수도 있고 설비 점검에도 불편이 예상되어 케이블 접속 개소를 동일 트레이에서는 회선별로 2미터 정도의 간격을 유지하고 상 하단의 위아래는 지그재그로 배치하여 최대한 접속 개소를 서로 겹치지 않게 분산되도록 절단 계획을 세웠다. 그리고 공사시공계획은 일단 콘크리트 흄관 내부에 복잡하게 얽혀 있는 케이블 29회선을 전력구 내부에서 모두 절단하여 콘크리트 흄관에서 빼낸 다음 비어 있는 콘크리트 흄관 내부로 케이블을 정리해서 설치할 수 있는 철 구조물인 케이지를 먼저 집어넣어 콘크리트 흄관에 단단히 고정하고 다음으로 케이블 설치용 트레이를 케이지에 체결한 후 설치할 케이블을 재삽입하여 트레이 위에 고정한 다음 길게 전력구 내로 펴서 길이를 맞게 재단 후 케이블을 모두 한 가닥씩 접속하여 연결하는 것이었다. 그런데 이 중에서 제일 작업의 위험성이 높은 것은 휴전작업으로 진행하는 케이블 절단이라고 판단하였다. 그 이유는 A 변전소가 오래되어 과거 경험으로 볼 때 배전선로 케이블에 설치된 명찰의 선로 이름과 실제 전기를 공급하는 변전소의 차단기 명찰 이름이 일치하지 않을 수도 있기 때문이었다. 과거에 설치가 오래된 배전선로에서 휴전작업을 할 때 배전선로 이름만 보고 변전소에서 해당 이름으로 되어있는 차단기를 차단하여 정전시켰는데 차단기 명찰이 다른 것과 바뀌어 실제로는 배전선로 이름과 차단기 이름이 서로 일치하지 않아 엉뚱한 배전선로가 정전되는 경험을 하였던 관계로 29회선이나 되는 많은 배전선로의 이름과 변전소의 차단기 이름이 반드시 일치한다는 보장이 없다고 판단하여 작업 준비를 완벽하게 하도록 주문하였다. 그리고 당시에는 회선 탐사기와 같이 배전선로에 통신 신호를 주입하여 몇 킬로 떨어진 곳에서 회선을 식별하는 기술도 아직 나오지 않은 때인지라 이러한 착오 발생에 대한 우려는 컸다. 모든 준비는 다 되었고 공사가 발주되어 공사업체도 선정되어 작업 전 안전회의에 직접 참석하여 많은 회선이 지나가고 또 실제로 전력구 내부의 배전케이블에 부착된 명찰의 이름과 변전소 차단기의 이름이 서로 다를 수도 있으니 차단기를 차단하고 휴전이 된 후에 반드시 전류측정기인 후크온메타로 부하전류가 0인 것을 확인한 다음에 배전케이블 절단 작업을 하도록 공사감독과 현장대리인 및 전공장에게 특별히 당부하였다.

하루에 6~8회선씩 작업이 순조롭게 진행되었고 실제로 작업을 하면서 케이블에 부착된 배전선로의 이름과 변전소 차단기의 이름이 일치하지 않는 것도 1회선 발견되기도 하였다. 이렇게 며칠간 작업이 잘 진행되고 숙달이 되어가고 있어서 안심하고 있었는데 하루는 사무실에 갑자기 직원이 헐레벌떡 뛰어와서 안전사고가 발생하였다고 보고하였다. 직감적으로 A 변전소 인출케이블 현장이냐고 물었더니 그렇다고 하였다. 곧바로 차를 타고 현장으로 달려갔다. 현장에 도착하니 이미 다친 전공은 병원으로 이송하여 없었고 작업 현장에는 전력구 바닥에 22.9kV 전기 스파크로 인해 검게 탄 전기아크 흔적이 남아 있었고 약 1m 정도 되는 각목 한 개가 있었다. 현장을 보고 배전운영실에 들러서 절단한 배전선로에 어느 정도의 부하전류가 흐르고 있었는지 확인해 보라고 하였다. A 변전소에 전화해서 알아본 배전운영실 근무자가 대략 170A 정도가 걸렸다고 하였다. 이 정도의 부하전류이면 전류측정기인 후크온메타로 부하전류를 측정했을 때 확실하게 전류가 뜨지 않느냐고 배전운영실장에게 물었더니 배전운영실장은 그 정도면 부하가 6~7천 킬로와트 정도 걸리니까 확실하게 후크온메타로 측정했다면 전류가 공급되고 있다는 것을 단번에 알 수 있다고 확인해 주었다. 사무실로 돌아와서 조금 있으니 해당 전기공사업체 사장이 들어오면서 큰소리를 치고 난리를 피웠다. 어떻게 하여 전기도 정전이 되지 않은 배전선로에서 살아 있는 케이블을 자르라고 지시하였느냐면서 정전이 안 된 것에 대한 안전사고 발생의 책임을 져야 한다고 주장하였다. 당시 작업을 한 전기공사업체 사장은 이 지역의 한국전기공사협회 지회장을 맡고 있는지라 목소리가 컸다. 아무리 사람이 다쳐서 화가 나더라도 여기는 사무실이니 조용히 이성적으로 얘기할 것을 주문하고 전공장이나 현장대리인과 함께 오면 사고 경위를 이야기해 주겠다고 하였다. 전기공사업체 사장은 씩씩거리며 나갔고 잠시 후 안전사고 관련자 회의를 배전운영실에서 공사담당 차장, 공사감독, 배전운영실 보조 감독, 전기공사업체의 현장대리인, 전공장, 사장이 함께 모여서 개최하였다. 자세한 당시 작업 상황 정리 보고와 함께 무엇이 문제인가를 파악해 대책을 세워나기로 하였다. 우선 우리 공사감독원이 사고 발생 경위를 자세히 설명하고 난 다음에 전기공사업체 현장대리인에게 질문하였다. 우리 회사의 작업 전 안전회의에서 배전케이블이 많아서 식별 착오를 방지하기 위해 케이블에 부착된 명찰 확인만으로 정전 여부를 판단하지 말고 케이블을 자르기 전에 반드시 후크온메타로 부하전류를 측정하여 전류가 0인 것을 확인 후에 케이블을 절단하라고 했는데 맞느냐고 질문했다. 전기공사업체의 현장대리인은 맞다고 하였다. 그래서 배전운영실장에게 현재 케이블에 부하전류가 얼마나 걸리냐고 물었다. 배전운영실장은 변전소 기록을 확인한 결과 감전 사고가 발생한 케이블은 인출이라서 부하전류가 170A 정도 흐른다고 하였다. 그러면 후크온메타로 케이블의 전류를 측정하면 전류가 식별할 정도인지 아닌지 다시 물었다. 이 정도 부하전류가 흐르면 전류측정기인 후크온메타로 확실하게 전류가 흐르고 활선이라는 것이 식별된다고 하였다. 그래서 전기공사업체의 전공장에게 계측기 후크온메타로 케이블의 부하전류 측정을 했으면 활선 상태를 쉽게 알 수 있었을 텐데 후크온메타로 전류를 정말로 측정을 했는지 물었다. 그러자 전공장은 처음에는 계측기인 후크온메타로 케이블의 매 전선 한 가닥씩 부하전류를 측정하였으나 며칠 계속 측정해도 부하전류가 나타나는 전선이 없어서 작업을 빨리 진행하려고 전류를 측정하지 않는 대신에 혹시 운이 나쁘게 살아 있는 전선이 있을까 조금 불안해서 케이블을 자르는 그라인더의 손잡이를 한 1m 정도 떨어져 멀리서 각목으로 눌러 케이블을 잘랐다고 한다. 그래서 현장대리인에게 작업 전 안전회의 때 반드시 케이블의 부하전류가 흐르는지를 측정하고 정전이 된 것을 확인한 후 케이블을 절단하라고 이야기하지 않았느냐고 반문하였다. 전기공사 업체의 현장대리인은 그렇게 얘기하였다고 확인해주었다. 그래서 이번 안전사고는 지시된 작업 절차대로 이행하지 않아서 발생한 사고이므로 전적으로 전기공사 업체에 책임이 있으니 공사업체에서 책임지고 해결할 것인지 아니면 공식적으로 안전사고 보고와 산재처리를 한 후 제재를 받을 것인지 공사업체에서 판단하라고 하였다. 우리 사무실에 와서 씩씩거리며 큰소리를 치던 전기공사업체 사장은 그냥 아무 말도 하지 않고 나가 버렸다. 우리 회사에 책임이 있다고 생각했다가 실제로는 자기 밑에 있는 사람들이 일을 올바르게 하지 않아서 발생한 안전사고임이 밝혀졌으니까 할 말이 없었던 것이었다. 이렇게 하여 전기공사업체는 자신이 모든 안전사고에 대한 배상 등 일체의 책임을 지기로 하고 우리 회사에서는 별도로 조치를 하지 않기로 서로 합의하여 처리하였다. 현장에서 안전사고는 아무리 관리하고 챙겨도 막상 실천하는 작업자가 안전사고를 예방하고자 하는 확고한 실천 의지가 없고 작업자가 작업의 능률을 중시하거나 일을 빨리 끝내고자 하는 욕심이 앞서면 결국은 규정된 절차나 안전회의 시 지시한 사항을 지키지 않고 생략하는 등 일을 제대로 하지 않기 때문에 안전사고는 발생할 수밖에 없다는 것을 새삼 크게 깨달았다.

07

긴급 철수한 직원의 피해보상

어느 날 갑작스레 남북관계가 나빠져서 정부의 대북 단전 조치가 단행되었다. 정말 긴박하게 조치가 이루어져 당시 개성에서 근무하던 우리 직원들도 전혀 준비가 없는 상태로 철수를 하게 되었다. 개성근무 직원들은 철수에 필요한 소산 절차에 따라 문서 파쇄, 배전자동화시스템 불능화, 자가 통신 차단과 전기의 단전 절차 이행 등으로 정신이 없었다. 전기의 특성상 개성공단 내부의 다른 기업들이 전기를 사용한 철수 조치가 이루어지고 나서 마지막에 전기의 단전 조치를 하고 국경이 닫히는 마감 시간 이전에 개성을 떠나느라 개인 소지품이나 귀중품을 챙기지 못하고 그대로 개성에 남겨둔 채로 거의 몸만 빠져 넘어왔다. 그 당시에는 얼마간 시간이 지나면 남북관계가 좋아져 다시 가서 근무할 수도 있다는 희망도 있어서 세밀하게 짐을 챙기지 않았던 측면도 있었으나 시간이 흘러 반년이 지나도 다시 돌아갈 기미는 보이지 않고 피해가 심한 개성공단 입주기업들에 비하면 개성에서 근무한 직원들의 피해는 개인적이고 적은 금액이라서 그간 피해보상을 해달라는 말도 꺼내지 못하고 있었는데 정부에서 개성에 물품을 두고 철수한 기업들에 대한 피해를 보상하게 되자 우리 직원들도 피해보상을 받고자 하는 상황이 되었다. 그러나 직원들은 개성공단 입주기업들과는 달리 개인 물품인지라 공식적으로 피해보상을 요구하지 못하고 있었다. 그러던 차에 영업본부장으로 개성에서 돌아온 직원들을 격려하기 위하여 파주지사를 방문하여 철수한 직원들과 간담회를 하는데 이 자리에서 한 배전 전기원이 개성에서 긴급히 철수하느라 놓고 온 개인 물품에 대해 피해보상을 해주는 방안을 본사에서 검토해 달라고 요청하였다. 현재까지 비공식적으로 알아본 바에 의하면 직원들의 개인 사용 물품에 대해서는 피해 보상해 줄 방법이 없다는 얘기를 들었다면서 영업본부장이 공식적인 검토를 하여 억울한 피해를 보상하여 주도록 건의하였으며 저녁 만찬 자리에서도 개성지사장이 직원들을 대표해서 다시 한번 보상을 건의하였다. 본사로 돌아와서 영업처 영업운영부장에게 개성 근무자들의 긴급 철수에 따른 개인 물품 피해에 대한 보상을 우선 남북기금 등 정부에서 보상받는 방안을 적극적으로 검토하고 정부 보상이 어렵다면 회사업무를 수행하다가 정부 정책으로 인하여 입은 피해이므로 회사에서 공식적인 보상이 가능하도록 검토하라고 하였다. 그리고 만일에 이런 방안이 모두 다 성사되지 않는다면 개성공단과 관련이 있는 접경지역 사업소인 경기북부본부, 경기본부, 인천본부가 주축이 되어 여

타 뜻이 있는 사업소와 함께 개성지사 직원돕기 운동을 펴고 각 사업소의 봉사단기금을 활용하여 보상하는 방안을 마련해 보라고 하였다. 우선 정부에서 보상받는 방안은 통일부에 문의하였으나 남북통일 기금으로는 개인적인 피해의 보상이 불가하다는 회신이 왔다. 다음으로 사내 예산으로 보상하는 방안을 검토하였으나 우리 회사의 예산으로 개인 물품의 피해를 보상하는 것은 역시 어렵다는 결론이 나왔다. 그래서 개성공단 철수는 아무도 예상하지 못한 거의 재난에 가까운 사태였으므로 우리 회사가 가입한 손해보험에서 지급 가능한지를 추가로 관련 주무 처로 검토 요청하였다. 한편으로는 보상에 대비하여 개인적인 피해 물품의 세부 목록과 피해 세부내용을 만들어서 각자 신고하도록 하고 피해 규모도 공식적으로 집계하도록 하였다. 세부 피해보상 요구 내용을 받아보니 일부는 서랍에 비상금으로 현금이나 달러를 넣어 두고 왔다고 하는 경우와 양주나 북한 술을 선물하고자 사서 보관했는데 급해서 그냥 나왔다고 하는 경우 등 상식적으로 생각하거나 판단해 볼 때 피해 물품의 입증과 보상이 쉽지 않은 품목들이 있어서 이런 물품들은 보상이 곤란함으로 심의를 거쳐 보상에서 제외하기로 하고 본인들에게는 보상에서 제외함을 안내하고 양해를 구하였다. 그 외에 전자제품, 운동기구, 옷, 건강상 사유로 복용하던 약 등은 모두 심의를 거쳐 보상하기로 확정하였다. 그러는 사이에 우리 회사가 가입한 보험회사에서 이번 경우는 불가항력에 의해 발생한 손해임으로 피해보상이 가능하다고 알려 와서 다행히 개인별로 신고된 피해 내용을 보험회사에 신고하고 개인별로 보상을 받을 수 있도록 조치하였다. 이렇게 하여 개성공단 긴급 철수에 따른 개인 물품의 피해보상이 어렵게 성사되었고 개성지사장을 비롯한 개성지사 일부 직원들은 전화와 이메일을 통해 개인 물품이라서 보상을 받지 못할 것이라고 포기하고 있었던 일인데 지극히 개인적인 일이며 회사 일이 아님에도 적극적으로 나서서 보상을 받게 해준 것에 고맙다며 감사의 뜻을 전해왔다. 우리 회사를 위해 일한 개성 근무자들이 입은 피해는 보상받는 것이 당연하다고 생각했다. 국가의 강제 철수 명령에 따라 입은 피해이므로 국가가 보상하지 않으면 우리 회사에서라도 반드시 보상해야 한다는 확신이 있어 한 일이 좋은 결과를 맺어 기뻤다.

08

송배전공사 감리제도 도입

오래전에 차장으로 본사 배전처에 근무할 때의 일이다. 국회의원 성무룡의원외 33인이 국회에서 당시 사회에서 만연한 부실공사를 방지할 목적으로 전기분야에 전력기술관리법을 도입하고자 토건 분야에서 먼저 시행하고 있는 토목건축공사 관련 법을 참조하여 새로운 법을 제정하고 공포하였다. 막상 새로운 전력기술관리법은 공포되어 국회에서 정부로 넘어왔으나 법을 집행할 세부 시행령이나 규정, 세칙 등의 시행방안은 전혀 마련되지 않은 상태라서 당시 산업부에서 이를 해결하기 위한 정부의 실무 태스크포스(TF)를 구성하였다. 우리 회사에서는 기획처 법규부 사무차장, 송변전처의 송변전차장과 함께 배전분야 대표로 정부 TF에 참여하였다. 이 제도가 시행되게 되면 당시 우리 회사는 많은 재정적 공사감리 비용부담을 안게 되어 예산부서의 경영진인 기획처장과 기획본부장은 정부 정식회의에 참여하기 전에 TF 팀원을 특별히 불러서 우리 회사의 경영 부담을 최소화하도록 주문하였다. 정부 TF에서의 일은 쉽지 않았다. 이 새로운 제도의 시행을 놓고 이권을 챙기려는 이해 단체인 한국기술사회, 한국전기기술인협회 등의 다양한 이해관계자의 의견대립으로 업무 조정이 쉽지 않았다. 게다가 우리 회사 역시 최대한 회사의 비용부담을 적게 하라는 압박을 하고 정부 TF의 진행 상황이 정기적으로 사내에 보고가 되는 상황이었다. 이런 상황에서 정부의 담당 사무관은 전기에 대한 전문지식이 없어 의견 조정이 거의 불가능하여 비교적 객관적이고 중립적인 한전의 의견에 모두 많은 신뢰를 하고 있었다. 전력기술관리법 시행령, 규정, 세칙 등의 법규 체계를 잡는 일은 기획처 법규부 사무차장이 주관해 주로 검토해 나가고 실제 업무 수행에 필요한 현장 실무사항과 이해당사자의 이해 상충에 대한 의견 조정은 송변전처와 배전처에서 참여한 차장이 주로 맡아서 일을 진행하였다. 그런데 이 제도의 제일 핵심인 감리회사의 설립요건과 감리 대상 선정 및 대가 기준 제정이 논의에 돌입하자 첨예한 이해가 서로 대립하여 자기 단체의 이익을 챙기기 위한 다툼이 치열하게 전개되었고 서로 양보가 어려워 쉽사리 합의가 이루어지지 않았다. 먼저 한국기술사협회는 모든 설계를 기술사들이 하도록 모법에서 규정하고 있으니 이는 자신들이 할 수 있게 해야 한다고 주장하였으며 한국전기기술인협회 역시 모든 공사는 법에 따라 새로 탄생하는 감리회사의 공사감리를 받도록 해야 한다고 주장하였다. 그래서 그런 주장대로 하면 한전, 주택공사, 서울시 등 지자체의 전기 관련 직원들은 모두 할 일이 없어서 직장을 잃게 된다고 맞서서 아무리 모법에서 규정되어 있다고 하더라도 현재 각자 수행하고 있는 고유의 업무 영역은 유지해야 한다는 논리를 폈다. 특히 한전에만 약 3천 명이 넘는 전기설계 및 공사감독 전문가들이 있는데 설계는 기술사가 다 해야 한다면 한전 설계원은 모두 일이 없어서 회사를 그만둬야 하고 새로 기술사를 별도로 채용해야 하는데 현재 기술사가 이렇게 많이 배출되어 있지도 않음으로 현실적으로 실현성이 없다고 주장하였다. 그리고 집을 지어 전기를 신청하면 전주에서 주택을 연결하는 단순 인입선 연결공사가 연간 통계상으로 60만 건 정도 발생하는데 강원도 시골에는 설계사무소도 없으며 상주하는 기술사도 없는데 어떻게 이런 것까지 모두 기술사가 다 할 수 있겠는지 반문하였다. 그리고 이런 설계는 한 건 해봐야 수만 원 밖에 대가를 줄 수 없어 서울에서 기술사가 내려가서 출장 설계 시 출장비도 나오지 않아서 적자를 보게 될 텐데 그래도 이런 것까지 모두 다 기술사가 의무적으로 수행하도록 권한을 갖겠는지 물었다. 한국기술사회에서 나온 대표는 자세한 실상을 설명 듣고 나서 현실적인 예시에 나온 그런 적자는 자신들이 할 이유가 없다고 동의하였다. 그래서 설계업무는 전기설계 전문인력을 보유하고 있는 공기업과 지자체에서 자체 소유설비를 신증설 및 유지보수 하기 위하여 설계하는 경우는 법 적용 예외조항으로 신설하여 기술사가 아니더라도 자체 보유인력으로 할 수 있도록 조정하는 것에 대해 한국기술사회에서 합의하였다. 다음은 시공감리인데 이 분야는 한국전기기술인협회가 모든 것을 다 하겠다고 하여 비슷한 양상으로 의견이 대립하고 있어 역시 예를 들어 설득하였다. 시골 면 소재지 지역에 돈이 되지 않는 소규모 공사가 간혹 발생하는 적자 지역에도 한국전기기술인협회 소속 회원이 감리회사를 설립하고 의무적으로 소규모 공사까지 감리하도록 할 것인지 반문하였다. 그러자 한국전기기술인협회에서 나온 대표는 역시 그런 지역은 감리회사의 운영비도 나오지 않는데 누가 어떻게 회사를 설립해 운영하겠느냐면서 그런 지역은 공기업인 한전이 감리해야 한다고 하였다. 그러나 설계부문과는 달리 감리 부문은 공기업과 지자체 공사를 모두 빼면 현실적으로 감리회사의 일이 대폭 줄어 감리할 일이 너무 없게 되고 당초 법 제정 취지인 전기공사의 부실시공 예방의 목적도 달성하기가 어렵다고 판단되었다. 그래서 결국은 절충하여 일정 규모 이상의 대규모 공사는 감리회사에 의뢰하여 외부감리를 시행하고 나머지 소규모 공사는 공기업 및 지자체 전문 기술인력으로 자체 감리를 할 수 있도록 이해관계를 조정하였다. 우리 경영진의 요구대로 회사의 이익만을 고려하면 이 법과 제도 자체가 시행이 어렵고 무용지물이 될 우려가 있다고 판단하여 큰 틀에서는 법 제정의 취지를 지키고 우리 회사 입장도 고려하는 절충방안을 택하였다. 실제로 설계부문의 법 예외적용으로 우리 회사가 자체 인력으로 우리 전기설비를 설계하는 것을 인정받고 일정한 규모 이하의 소규모 공사는 자체 감리하도록 한 것만으로도 우리 회사의 이익은 충분히 챙겼다고 볼 수 있다. 이렇게 하여 큰 틀에서 이해관계자의 의견 상충이 조정되자 나머지는 빠르게 해결이 되었다. 감리회사의 설립 자본금은 신규 진입장벽을 낮추고 퇴직직원들이 손쉽게 창업을 할 수 있도록 하고자 자본금을 최대한 낮추자고 주장하여 자본금은 최소 규모인 5천만 원으로 관철하였다. 그리고 제일 중요한 감리 대가는 감리회사의 운영이 가능하도록 대략 연간 발주 예상물량을 고려하여 적정한 단가를 엑셀로 시뮬레이션하여 어느 정도 감리회사의 수익이 보장될 수 있도록 산정하였다. 후일 감리 대가는 기준이 높게 책정되었다고 조정하여 낮추었는데 이는 초기에는 감리 발주량이 적을 수도 있어서 신생 감리회사의 생존을 보장하고 전기분야 감리제도의 조기정착을 위하여 특별히 배려하였던 것이었다. 어쨌든 감리제도가 고생한 보람이 있게 잘 정착된 것은 다행이었다. 근래 전기공사업체 전기원의 직접 활선작업 중 감전 사망사고가 사회 이슈화되면서 영업본부장으로 내부 공사감독 인력 부족 문제로 우리 회사의 자체 전기공사 내부 감리가 제대로 시행되기 어려운 상황을 해소하고 효율적으로 안전사고를 예방하기 위하여 외부감리 시행기준을 도급비 3천만 원 이상에서 1천만 원 이상으로 확대하도록 감리제도를 수정하였다. 한 가지 아쉬운 것은 품질경영처장으로 전기분야 감리원의 수행능력 평가제도를 만들어 부실감리와 능력이 없는 감리원을 퇴출하는 제도를 만들어 시범운영까지 하였으나 이후 본격적인 제도로 시행되지 못한 점은 매우 안타깝게 생각한다. 그러나 감리업체 선정평가 P.Q 심사에서 책임감리원을 면접하여 실무 수행 여부를 확인하고 감리능력을 평가하도록 감리제도가 일부 개선된 점은 그나마 잘된 일이라고 본다.

〈원전건설 현지 품질관계자 회의 모습〉

〈사막의 버려진 땅에 원자력발전소 건설 모습〉

09

원전 품질관리 조직 독립성 유지

우리 회사가 건설하는 UAE 바라카의 원자력 발전소 제1호기가 수많은 어려움을 극복하고 UAE 원자력 규제기관인 FANR로부터 원자력발전소의 상업 운전허가를 승인받아 발전소에 핵연료를 장전하고 시범 운전을 거쳐서 가까운 시일 내에 본격적인 상업 운전을 한다고 한다. 짧게나마 이 발전소의 건설 관련 품질업무를 2년간 담당했던 사람으로서 수주부터 건설까지 기적과도 같은 이 프로제트의 성공에 진심으로 축하와 경의를 표한다. 그러나 이런 성공은 이 프로젝트에 참여한 수없이 많은 사람이 열정을 갖고 최선의 노력을 다하여 여러 어려움과 난관을 극복하였기에 가능하였으며 이러한 노력은 아직도 여전히 진행 중이며 원자력 발전소 제4호기가 완공될 때까지 계속될 것이다. 이 원자력 발전소 1호기와 2호기의 건설이 한참 진행 중이던 때에 본사의 품질경영처장으로 부임하여 UAE 원자력 발전소 건설

품질관리 업무의 총괄 책임을 맡게 되었다. 그 당시는 원자력발전소 2기를 동시에 건설하는 품질관리 인력이 겨우 5명 정도로 품질관리 환경은 매우 열악하였다. 발전소 건설이 본격적으로 시공되었음에도 품질관리 인력이 증원되지 않아서 업무 수행에 애로사항이 많았으며 외부 위탁관리 회사에 품질관리의 많은 부분을 의존하고 있었다. 원자력 담당 전무에게 품질인력 증원 필요성을 역설하고 우선 급한 대로 인력 3명을 지원받았다. 그리고 한수원에서 원자력 발전소 2기 동시 건설에 몇 명이 품질관리를 하는지 현황을 파악하여 인력의 정원 증원안을 만들어서 원전본부와 기획본부에 뛰어다니면서 설득하여 원자력품질부 1개를 3개 부로 2단계에 걸쳐 늘려서 시공품질관리부와 기자재품질관리부를 신설하고 해외 기자재 검사를 위한 미국과 영국에 기자재검사원을 1명씩 파견하고 국내 기자재 검사를 위해 창원에 기자재검사원 1명을 파견하는 등 원자력 품질관리 조직을 20여 명 규모로 대폭 확대하여 어느 정도 안정적으로 일을 할 수 있게 되었다. 이렇게 원전품질관리 업무가 어느 정도 본궤도에 올랐을 때 UAE 바라카 원전건설 현장의 파워블럭에 시스파비자를 발급받아 두 번이나 건설현장에 들어가 공사용으로 현지에 도착한 기자재의 검수 이후 발견된 문제점과 토목 건설공사 현장의 문제점도 파악하여 품질 제도의 개선을 해가면서 업무가 점차 숙련되어 가고 있는데 문제가 발생하였다. 원전본부에서 품질관리 인력이 너무 많다면서 우리가 확보한 품질인력의 정원 일부를 부족한 건설 인력에 활용할 수 있도록 넘겨 달라고 요청하였다. 이에 확실한 건설 품질을 보장하기 위해서는 인력을 넘겨줄 수 없으니 기획처에서 별도로 부족한 정원을 배정받도록 노력할 것을 주문하며 우리의 품질관리 인력은 한수원의 국내 발전소 동일 규모 건설 시에 투입되는 인력의 절반 정도로 결코 인원이 많지 않다고 주장하였다. 그러자 시공과 품질을 한 곳에서 하면 조직운영을 효율적으로 할 수 있다면서 품질관리 조직 전체를 원전본부로 넘겨 달라고 또 요청하였다. 그래서 이는 품질관리지침에 제일 앞부분에 명시된 품질관리의 기본원칙인 품질관리조직의 독립성 보장을 훼손하므로 수용할 수 없는 일이라고 강하게 거절하였다. 만일 품질조직이 시공부서장 산하로 가게 되면 품질관리 부서의 의견이 무시되고 공기에 맞춰 일이 진행되기 때문에 품질확보가 어렵다고 주장하였다. 원전본부와 품질부서인 기술본부의 의견이 대립하여 해결되지 않자 원전본부는 해외 부사장까지 앞세워 우리 부서에서 양보하도록 압력을 넣었다. 거듭 품질관리의 기본원칙인 품질조직의 업무 독립성이 보장되어야 함을 내세워 반대하였더니 원자력 품질업무의 기획 기능인 원자력 품질총괄부 하나는 기술본부에 두고 현장의 실무를 하는 시공품질부와 기자재품질검사부는 시공부서인 원전본부로 넘겨줄 것을 거듭 수정 요청하며 목소리를 한층 높였다. 그래도 확고한 소신과 신념으로 품질조직의 독립성이 보장되지 않으면 품질은 보장되지 않는다는 원칙을 고수하였다. 그런 후 한동안 소강상태이던 문제가 사장님이 UAE 건설현장을 다녀오시고 나서 공기 지연 만회와 효율적 인력 운영이라는 명분으로 품질조직의 이관을 검토해 보라고 지시하였다. 사장님에게 거듭 원자력 발전소의 건설

품질을 확보하려면 품질관리의 기본원칙인 품질조직의 독립성이 필요하다고 설명하였으나 사장님은 현재 공기 지연으로 어려움을 겪고 있는 시공부서의 어려움을 해결하는 대승적 차원에서 품질관리 조직의 시공부서로의 이전을 지시하였다. 최고경영자의 의사결정으로 이루어진 사항이라서 어쩔 수 없이 돌이킬 수 없는 상황이 되었고 이후 인사이동으로 품질경영처장을 떠났으며 얼마 후 결국 원전품질조직은 원전본부로 이전되고 품질경영처는 실로 축소되었다는 소식을 듣고 매우 안타까움을 느꼈다. 다행히 원자력발전소 건설이 잘 되고 있고 핵연료 장전에 들어가 곧 상업 운전을 개시한다고 하니 반가운 일이다.

10

고장난 리크로저 믿고 고장점 순시 지시

말단 사업소에서 보호 협조 담당 직원으로 근무하던 아주 오래전에 발생한 일이다. 하루는 퇴근하고 하숙집에서 저녁을 먹고 쉬다가 잠자리에 들려고 하는데 배전운영실장이 전화가 와서 이상한 일이 있는데 현장에 나가서 직접 보고 상황을 판단해 달라고 부탁을 하였다. 배전운영실장이 얘기하는 요지는 배전선로의 고장으로 변전소의 CB가 동작하여 정전되었는데 복구 절차에 따라 선로 중간에 있는 리크로저를 차단하고 변전소 CB를 투입하여 고장 구간을 제외 후 송전은 되었는데 고장 순시를 하던 배전 전기원이 고장 구간을 순시하다가 불이 들어온 집을 발견하여 확인하니 분명히 리크로저는 차단된 상황에서 정전구간 내에 불이 들어온 집들이 여럿 있어서 우선 리크로저는 고장이 의심된다는 것이었다. 그리고 리크로저 이후에 부하측 간선을 모두 순시하였는데 고장 점을 찾지 못한 상황이라서 계속 배전선로에 고장이 있는 것으로 보고 고장 점을 찾기 위한 순시를 계속 진행해야 하는지 또는 리크로져 고장으로 보고 배전선로 순시를 중단해야 하는지를 판단해 달라고 하는 것이었다. 당시에는 배전선로 자동화 시스템이 아직 보급되지 않은 상황인지라 자정이 가까워진 시점에 고생하는 배전 전기원들을 무리하게 계속해서 막무가내로 순시하라고 하기 어려운 배전운영실장의 입장도 이해가 되어 곧바로 회사로 나갔다. 하지만 막상 현장에 나가는 작업 차를 타고 가면서 생각은 복잡했다. 여기서 잘못하면 내 실력이 완전히 들통이 나서 실력이 없는 형편없는 사람이 될 수도 있고 또 반대로 능력 있는 기술자로 인정받을 수도 있겠다는 생각이 들었다. 이런 머릿속의 복잡한 생각도 잠시 리크로져가 설치된 현장의 전주 밑에 도착하였다. 현장에 같이 간 배전 전기원이 손으로 발을 받쳐주어 발판 볼트를 붙잡고 전주 위에 있는 리크로져 제어함까지 올라갔다. 우선 리크로져의 제어함을 열고 리크로져의 상태를 판단하기 위하여 원칙대로 리크로져의 테스트 버튼을 눌러 정상적으로 시퀀스가 작동하는지를 확인해 보았다. 곧바로 리크로져의 모터가 구동하면서 세팅해 놓은 시퀀스대로 리크로져는 정상과 같이 동작하고 트립하였다. 그래서 엔지니어로서 기술적인 판단에 따라 리크로져의 한 상은 고장으로 차단되지 않지만 리크로져 본체의 메카니즘은 정상적으로 작동하므로 분명히 리크로져 부하측 배전선로에 고장이 있다고 판단하였다. 배전운영실장에게 무전으로 연락하여 현재 상태로는 차단된 배전선로에 고장이 존재한다고 판단하니 고장 점을 찾아야 하며 지금 차단되지 않고 활선 상태로 있는 C상에는 고장이 없는 것으로 판단하는데 그 이유는 변전소에 있는 CB가 트립되지 않고 정상적으로 전기가 공급되고 있기 때문이라고 하고 고장은 분명히 배전선로의 A, B상 중에 있으니 배전선로 고장 점을 찾는 배전선로 순시는 계속해서 고장 설비를 찾아내야 한다고 설명하였다. 배전운영실장은 내 의견대로 배전선로 순시를 계속하라고 지시하였으나 배전 전기원들은 불만으로 투덜대며 리크로져 고장인데 괜히 자기들만 고생을 시킨다면서 모두 다시 현장으로 나갔다. 배전운영실로 돌아와서 배전운영실장과 함께 기다리고 있는데 한 두세 시간이 지났을까 고장 원인을 찾았다고 하는 무전 연락이 왔다. 한 마을의 분기선에서 특고압 핀애자가 파손되었는데 순시하는 작업차가 그 마을에 도착하자마자 마을 주민이 저기 있는 전주에서 여러 차례 퍽퍽하면서 불이 번쩍였다고 하여 현장에 가보니 특고압 핀애자가 파손되어 있더라는 것이었다. 배전 전기원이 전주에 올라가 특고압 핀애자를 교체하여 임시로 송전하고 내일 날이 밝은 후에 나가서 전선 손상 여부를 점검하고 보강하기로 하였다. 한참 후에 배전선로 고장 점을 찾기 위해 출동하였던 모든 배전 전기원들이 사무실로 돌아와서 한밤중에 배고픔을 채우기 위해 라면을 끓여 모두 함께 먹으며 이야기꽃을 피웠다. 배전운영실장은 밤늦게 나와 줘서 고맙다면서 이번에 보니 아주 실력이 있는 기술자라면서 추켜세우고 인정해 주었다. 그런 후에 문제의 그 리크로져를 철거하여 절연 측정기로 전부 체크해 보았으나 절연에 아무런 이상을 발견할 수 없었다. 그리고 220볼트 구동 전원을 연결하여 동작을 시켜 보니 모든 기능이 정상적으로 작동하였다. 그 당시 말단 사업소에는 특별 고전압을 실험할 수 있는 실험장비가 보급되어 있지 않아서 하는 수 없이 현장에 설치하여 특별 고전압을 실제 배전선로에서 가압하여 이상 유무를 한 번 더 확인해 보기로 하였다. 현장에 리크로져를 운반해 가서 다시 전주 위에 설치하고 배전선로의 특별 고전압을 인가하여 확인하니 역시 C상이 차단되지 않았다. 그래서 할 수 없이 다시 리크로져를 철거하여 회사에서 내부를 분해하여 보기로 하였다. 이 리크로져는 미국 웨스팅하우스사 ESV – 2710 제품이었는데 당시 제조회사가 수출제품의 원가를 낮추고자 미국에서 생산하지 않고 인건비가 싼 필리핀에서 제작하여 우리나라로 수출하였는데 나무판자로 얼기설기 만든 포장에 비닐로 싸서 선박으로 장시간 해상 운송되어 온 관계로 운송과정에 비닐이 찢겨 바닷물이 들어가 부식되거나 제품의 품질 불량 등으로 나중에 여러 가지 문제가 발견되었다. 어쨌든 필리핀 생산공장에서 배송되어 온 제작사의 영문 메뉴얼을 찾아 놓고 리크로져 본체의 상부 붓싱이 달린 뚜껑을 열고 들어올려서 세라믹 진공차단기를 육안으로 자세히 살펴보니 A상과 B상은 정상이었으나 C상은 세라믹 원통 한쪽 끝의 단면 중앙으로 차단기의 가동자를 뽑아내고 진공처리 후 밀봉한 세라믹 뚜껑 실링 부분에 작은 구멍이 나서 진공이 파괴된 것을 확인하였다. 그러나 리크로져 외함 내부에 절연유가 채워져 있고 이 절연유 속에 세라믹 진공차단기가 잠겨 있어서 진공 파괴에도 불구하고 특고압 가압 시에도 절연이 유지되고 있어서 안전은 확보할 수 있었다. 그리고 회사에서 특고압이 인가되지 않은 상태에서는 절연을 측정하면 이 절연유가 진공차단기 내부로 유입되어 있어서 절연에 이상이 없는 것으로 나타났다. 또 한 가지 파악된 것은 진공차단기의 고정자와 가동자 사이의 접점 간격이 3mm 정도로 매우 짧아서 특고압 전압이 가해지면 진공이 파괴된 관계로 접점 사이의 절연이 유지되지 않고 아크로 접점이 서로 달라붙어 떨어지지 않아 특고압이 차단되지 않는 것으로 추정하였고 자세히 보니 구동용 크랭크의 회전용 캠도 고장 전류의 강한 충격으로 휘어져 있는 것이 발견되었다. 이렇게 리크로져 본체를 분해하여 파악한 고장 내용을 리크로져 고장 수리 요청 카드에 상세하게 기재하여 서울 자재보급소로 리크로져 수리를 의뢰하였는데 이때는 한번 고장이 났던 제품은 서로 사용하지 않으려고 하여 수리한 제품은 원래 수리를 의뢰한 사업소로 보냈다. 이후로도 웨스팅하우스 제품의 리크로져는 세라믹 진공차단기의 파손으로 인한 고장이 많이 발생하여 전국의 많은 사업소의 커다란 골칫거리였다. 그 당시는 미국 매크로에디슨사의 기계식 리크로져를 주로 사용하고 있다가 성능이 더 좋은 웨스팅하우스사의 전자식 리크로져가 새로 나와서 전국적으로 교체하는 과정이었으나 필리핀 공장에서 만든 제품의 하자 발생으로 인해 전국에서는 초창기에 예상치 못한 고장으로 인해 영문도 모르고 고생을 많이 했다. 이후 국산 제품이 새로 개발되어 나오고 품질이 향상되면서 이러한 고생과 한밤중에 불려 나가 기술자의 능력을 평가받는 일은 더 이상 없게 되었다.

〈인도네이사 발리 힌두사원 Pura Ulun Danu Beratan Bedugul〉

〈크로아티아 Plitvice 폭포〉

PART 02

조급하면 진다
인내하며 기다려라

PART 02

조급하면 진다 인내하며 기다려라

01

까치집 방지장치 사용요청 민원

어느 날 사장님이 찾으신다는 비서실의 호출에 따라서 사장실로 들어갔다. 사장님은 까치집 축조 방지장치 관련 민원을 이야기하면서 직접 현장에 나가서 살펴보고 해결할 것을 지시하였다. 민원인이 개발한 까치집 축조 방지장치는 일종의 전력용 완금 위에 절연 덮개를 씌우고 덮개 위에 스프링과 칼날 같은 장치가 달려있어 까치가 집을 짓기 위해 이 위에 앉으려고 하면 까치의 무게중심이 쏠리는 데에 따라서 칼날이 좌우로 기우뚱거려 까치가 집을 지을 수 없다는 것이 핵심기술이었다. 우선 A 지역 본부로 가서 민원인의 까치집 방지장치를 시범 사용한 설비 담당자들을 만나서 까치집 방지장치의 설치와 운영현황에 대해서 자세한 설명을 들었다. A 지역 본부에서는 약 300여 개 까치집 방지장치를 설치하였으며 이 중에서 열 개 미만의 방지장치에 까치가 집을 지었다고 설명하였다. 그래서 300개 정도의 까치집 방지장치 설치 장소 중에서 까치가 집을 지었던 적이 있는 전주에 가서 활선 바켙트럭을 탑승하고 직접 활선 상태의 배전선로에 올라가서 배전 전기원과 함께 전주 위에서 까치집 방지장치를 살펴보고 보고용 사진도 찍은 다음 내려왔다. 그리고 까치집 방지장치는 무작위로 300개 전주를 골라 설치하였는지 아니면 까치가 기존에 집을 짓는 개소만 골라서 설치를 하였는지 질문하였다. 이에 대해 사업소에서는 현실적으로 여기저기 흩어져 있는 배전선로 중에서 까치집을 축조한 적이 있는 개소만 골라내어서 까치집 방지장치를 설치하는 것은 어려워 임의로 까치가 집을 짓는 특정 지역을 선정하고 일괄해서 한 지역의 300개 전주 모두에 까치집 방지장치를 설치했다고 하였다. 까치집 방지장치는 설치 이후 단 한 곳이라도 까치가 집을 지으면 까치의 지능이 높아 학습효과에 따라 다른 곳에도 곧 까치가 같은 방법으로 집을 짓게 되므로 효과가 없는 것으로 평가한다고 하였다. 이에 대해 민원인은 설치한 300개소 중에서 까치가 집을 짓지 않는 곳이 약 290개소이고 까치가 집을 지은 곳이 10개 미만이기 때문에 확실히 까치집 방지장치의 설치 효과는 있다고 주장하고 있었다. 그러나 사업소에서는 이것은 사실로 인정하기 어렵고 우리 회사에서는 까치집 방지장치 설치 이후에도 까치가 까치집을 설치하였기 때문에 까치집 방지장치의 설치 효과가 없다고 본다며 민원인과 서로 의견이 상치되고 있었다. 설명을 듣고 사실관계를 종합적으로 확인해 보니 과거 사용했던 많은 유사한 까치집 방지장치와 같이 까치의 학습 효과로 인해 일단 까치가 집을 짓지 못하게 하는 개선 효과는 없는 것으로 판정하는 것이 맞는다는 확신이 들었다. 우리는 까치집 방지장치를 생산하는 공장에도 가보았다. 우리의 공장방문에 굉장히 고무된 까치집 방지장치 고안자인 민원인은 자신이 직접 까치를 붙잡아서 골프 연습장과 같은 모양의 커다란 새장에 까치를 넣어놓고 그 새장 안에 전주, 완금, 애자, 전선 등을 설치하여 실제 특별고압선로와 똑같은 시험선로를 만들어 놓고 직접 22.9kV 전기를 공급하면서 자신이 개발한 칼날 형태의 까치집 방지장치를 설치하여 까치가 집을 짓는지를 관찰하는 연구실을 만들었다며 우리에게 보여주고 자랑스럽게 설명을 하였다. 까치를 며칠간 굶기고 새로 개발한 까치집 방지장치 위에 먹이를 올려놓고 까치가 거기에 앉는가를 지켜보며 테스트하였는데 까치가 배가 고픈 상태에서도 거기에 앉을 수 없었다며 실험실에서 완전히 효과가 입증되었음을 강력히 주장하였다. 그리고 까치집 방지장치가 자외선에 취약한지를 실험하기 위해 여러 가지 재료를 배합하여 만든 까치집 방지장치 제작용 다양한 합성수지 샘플 시편을 보여 주었다. 그리고 A 대학교 교수와 함께 시험하고 있다면서 교수도 인사시키고 다양한 배합비율로 제작한 폴리에칠렌 카본 샘플을 교수가 직접 설명도 하였다. 민원인은 자신의 사촌 형이 우리 회사의 송변전본부의 전무를 지냈다며 친척임을 내세우면서 자신의 까치집 방지장치를 채택하여 확대 사용하도록 요구하였다. 이에 일단 지금까지 확인한 결과로 미루어 보면 확대 사용하기 어려울 것이라고 안내하였다. 민원인이 만든 제품은 까치가 지능이 높아서 학습효과로 까치집 방지장치에 막대를 끼울 수 있는 틈이 많아서 까치가 집을 지을 수밖에 없는 구조임을 설명하고 이를 인식시키려고 하였으나 민원인은 자신이 이미 실제 실험을 하여 만든 것이기 때문에 효과가 확실히 있다고 주장하며 소신을 굽히지 않았다. 심지어 입회한 대학의 교수까지 가세하여 교수 자신이 실험에 직접 참가해 검증하였노라며 이것은 효과가 확실하니 꼭 한전에서 확대 사용해야 한다고 얘기하며 우리를 거꾸로 설득하기에 이르렀다. 이번 까치집 방지장치는 현장에서 까치가 집을 짓는 것이 확인되어 효과가 없으므로 우리 회사에서 채택하여 확대 사용하는 것은 불가능함을 거듭 설명하였으나 자신들의 생산공정을 보여 준다며 우리를 공장으로 데려가서 이미 자기들이 확대 사용하는 것이 확실시된다고 판단하여 제품을 생산해서 박스 포장까지 하여 산처럼 쌓아 놓은 약 4만 개의 재고를 보여 주었다. 여기까지 보게 되자 제조업체의 상황은 생각보다 매우 심각하다는 것을 깨달았다. 이제 이 산더미처럼 생산해서 쌓아 놓은 자재를 팔지 못하면 이 공장은 결국 파산할 수밖에 없는 상황이었다. 민원인은 마지막으로 한전에서 사용이 어렵다고 하면 까치집 방지장치가 효과 있다는 증명을 한전이 발행해 주면 자신들이 한전을 귀찮게 하지 않고 동남아 전력회사에 재고를 판매하여 수익을 창출하겠다고 하면서 심지어 이렇게 할 수 있도록 도와달라고 요청하였다. 이것저것 모두 소원을 들어주기가 현실적으로는 매우 어려운 상황이었다. 그리하여 일단은 모든 것이 어렵다고 얘기하고 돌아가서 검토해서 내부 보고를 하고 다시 와서 자세히 설명하겠다고 하였다. 사무실로 돌아와서 자세한 보고서를 만들어 사장님에게 그간의 진행된 내용을 보고하고 이것은 제가 판단할 때 개선 효과가 전혀 없어서 도저히 확대 사용해서는 안 되는 것이라고 보고하였다. 사장님은 지인을 통하여 연결되어 온 민원이므로 잘 원만하게 해결되기를 기대하였으나 민원 해소가 어렵다면 지인을 만나서 잘 설명하고 이해시키도록 주문하였다. 서울에서 사장님에게 민원을 전달한 지인과 단둘이 만나서 한전이 그동안 전주 위에 까치집 설치 방지를 위해 시도한 다양한 개발품과 시험결과, 문제점, 효과 등을 자세히 사진과 자료를 보여 주면서 설명하고 이런 것이 모두 까치의 지능으로 결국 극복이 되어 문제 해결이 근본적으로 되지 않아서 최근에는 까치와 공존하는 형태로 전력설비를 전환하여 까치가 전주 위에 까치집을 지어도 배전선로 고장이 일어나지 않게 하는 방식으로 전환하고 있음을 설명하였다. 그리고 이러한 배경에서 판단해 보면 민원인이 제시한 까치집 방지장치는 테스트 결과 이미 집을 짓는 것이 증명되어 까치집 설치 방지 효과가 없음이 이미 밝혀졌으므로 이건에 대해서는 우리에게 처리를 일임하여 줄 것을 주문하였다. 다행히도 자세한 설명을 들은 해당 민원 전달자인 사장님의 지인은 자신이 생각해 보아도 이미 다양한 방법이 그렇게 많이 시도되었고 그 결과에 따라 까치와 공존하는 방식으로 가는 것이 결정되어 시행하고 있다면 크게 관여하지 않겠다는 것이었다. 자신이 생각하기에 한전이 까치집으로 문제가 많은데 민원인이 좋은 해결방법을 개발하여 가지고 있음에도 한전의 문턱이 높고 보수적이라서 이 방법을 시도하지 않고 있는 것으로 여겨 민원인이 제시한 방법으로 까치집 문제를 해결한다면 까치집으로 인한 많은 정전이 예방될 수 있다는 민원인의 말만 믿고 사장님에게 이 내용을 전달한 것이라고 하였다. 이렇게 지인을 이해 설득한 다음 그 까치집 방지장치 제조업체를 다시 방문하여 그간의 정리된 내용을 민원인에게 다시 자세히 설명하였다. 하지만 이번에는 민원인의 아내까지 참석하여 자신들이 생산한 제품 4만여 개의 인건비도 못 건지고 판매할 수 있는 길도 막혀 살길이 막막하다며 민원인의 아내가 울면서 해결을 거듭 요청하는 바람에 상황은 더욱 난처하게 되었다. 약해지는 마음을 강하게 부여잡으며 다시 처음부터 자세한 설명을 이어 갔다. 그동안 우리가 여러 가지 까치집 방지를 위하여 시행한 노력의 사진과 그림을 가져가서 구체적으로 설명하고 민원인의 방법이 유일한 방법이 아니며 그동안 우리가 수많은 노력을 기울여 왔음을 자세히 설명하였다. 그러함에도 불구하고 이번에는 지역 대학교수와 민원인 아내까지 가세하여 자신들의 제품이 290개소는 까치집을 짓지 않으니 효과가 있지 않냐고 하면서 꼭 사용해 달라 아니면 시범 사용 이후에 어느 한 지역을 다시 확대 사용하여 한 번 더 시도해 본 후 판정을 해서 효과가 없으면 사용하지 않아도 좋다고 하면서 재차 사용해줄 것을 거듭 촉구하였다. 하지만 여러 가지 경험상 효과가 없는 것이 확실한 터에 이 까치집 방지장치를 평가하기 위해서 또 한 번 더 시범 사용한다는 것은 민원인에게 사용할 것이라는 기대심리와 또한 거듭된 민원으로 인하여 우리가 굴복한 것이라는 잘못된 오해를 불러일으킬 소지가 있어서 이를 들어 줄 수가 없었다. 간곡히 울면서 청하는 민원인의 아내 말까지 뿌리치며 이해 설득시키기는 일은 굉장히 어려운 상황이었다. 현재 개발하신 방법은 까치집 방지 효과가 없음을 거듭 설명하고 자체 생산된 재고는 이미 한전에 사용한 실적이 300개나 있으니 이를 근거로 삼아 동남아전력회사 등에 자체적으로 팔아서 해결할 것을 얘기하고 대신 우리가 돌아가서 지난번에 생산시설의 설비를 둘러보았으니 이 생산설비를 이용해서 우리 회사에 납품할 수 있는 대체 제품을 소개해 주겠다고 하였다. 이렇게까지 한 사유는 혹시라도 이분들이 자신들의 어려움을 비관하여 사실 극단적인 선택이라도 할까봐 우려하는 마음이 크기 때문에 무언가 조금이라도 희망을 드리고 또 실제로 도와주고자 하였기 때문이었다. 그런데 더 곤란한 문제가 생겼다. 돌아오는 우리 차의 트렁크에 그쪽 지역의 특산품인 빵과 자신이 직접 만든 복분자 술을 실어 놓았다고 하였다. 우리 회사 현지 지사에서 차량 지원을 받았는데 현지 지사의 직원으로 차량 운전을 한 사람이 아무 생각도 없이 공장 직원이 주는 것을 받아서 차에 실어 놓은 것도 문제였지만 지금 같은 상황에서 이를 냉정하게 거절하고 가져가지 않겠다면 성의를 무시하는 것이 되어서 상황을 더 악화시키는 길이었기 때문에 일단은 그냥 인사만 하고 공장을 출발하여 나왔다. 우리는 본사로 돌아오기 위해서 기차를 타고자 KTX역에서 내렸다. 그리고 차에서 내린 후 현지 지사의 직원에게 얘기하여 지금 바로 다시 공장으로 돌아가서 빵과 복분자를 모두 되돌려 주라고 하였다. 일단 민원인의 성의는 고맙게 받았다고 이야기하고 그렇지만 이번 일은 이것과 상관없이 객관적으로 공정하게 해결할 것이니 그렇게 이해해 달라고 민원인을 잘 설득하도록 하였다. 민원인이 본인의 성의를 거절했다고 섭섭하게 생각할 수도 있으나 이는 후일 발생할 수 있는 여러 문제를 예방하는 길이기에 어쩔 수 없이 그렇게 할 수밖에 없었다. 본사로 돌아오는 동안에도 마음은 매우 무거웠다. 중소기업에서 개발해 놓은 제품을 사용할 수 없는 것도 그렇지만 사용에 대비해 미리 생산해 놓은 막대한 재고를 처리하는 방법이 없었기 때문에 심정은 더욱 답답하였다. 본사에 돌아온 후에 해당 공장의 제조설비를 사용하여 우리 회사에 납품 가능한 대체 제품을 생산할 방안을 관련자들과 함께 검토하였다. 여러 제품을 검토한 끝에 사용하는 재료와 생산설비가 절연 커버류 제조에 적합하다는 결론을 얻어 현재 같은 제품을 만들고 있는 회사 한 곳에 자문하기로 하였다. 아무래도 우리가 대체품 제조를 설명하기보다는 직접 제품을 만들어 납품하고 있는 회사의 직원이 함께 가서 제조설비를 보고 구체적인 제조 및 납품 과정을 설명하면 더 민원 해결에 효과적이라고 생각하여 도움을 청하였다. 그리하여 절연 커버류 제조회사와 함께 한전의 구매규격, 개발시험 절차, 납품절차 등의 자료를 준비하여 또 한 번 그 까치집 방지장치 생산공장을 방문하였다. 이에 안면이 있는 민원인이 우리를 반갑게 맞이해 주었다. 우리는 절연 커버류 제조 납품회사를 민원인에게 소개하고 공장의 생산설비를 보여 주도록 요청하였고 공장의 생산설비를 다 본 후에 공장 내 사무실에서 절연 커버류의 구매규격, 개발시험 절차, 납품절차 등의 서류 복사본을 민원인에게 건네주고 현재 보유하고 있는 민원인의 장비가 노후 되었으나 제품의 생산 납품에는 큰 문제가 없으니 해당 제품을 생산하여 납품하고 있는 업체로부터 제품을 어떻게 만들고 생산제품은 어떻게 납품할 수 있는지에 대해서 상세하게 설명을 들어보라고 안내했다. 하지만 민원인은 당장에 해당 제품을 입찰해 낙찰되기가 어렵기에 제품 생산 및 납품이 쉽지 않을 거라며 포기 의사를 밝혔다. 민원인이 우리가 제시한 방안을 수용하지 않기 때문에 더 이상의 만남은 무의미할 수밖에 없었다. 민원이 완전히 해결되지 않은 상황에서 민원인과 헤어져 돌아오는 발걸음은 허탈하고 한없이 무거웠다. 본사로 귀임하여 이제까지 진행하였던 모든 내용을 상세히 사장님에게 다시 보고하였다. 사장님도 그만하면 되었다며 이제 민원인의 선택에 달려있으니 그 사람이 알아서 하도록 내버려 두라고 얘기하였다. 서울에서 민원 전달자를 다시 만나서 그간에 추진한 내용에 대해서 상세히 설명하고 더 이상의 조치는 우리가 불가능하고 어렵다는 사실을 이해하도록 요청하였다. 다행히도 민원 전달자는 오히려 자신 때문에 너무 고생을 많이 하셨다면서 그렇게 여러 번 현장 공장을 방문하고 자세하게 설명해주고 민원 해결을 위해서 노력해 준 거에 대해서 감사하게 생각한다고 이야기하였다. 마지막으로 민원인에게 전화하여 혹시라도 마음이 바뀌어 관련 제품을 생산할 의사가 있으시면 실무자에게 연락하라고 해당 실장의 전화번호와 이름을 알려 드렸다. 그리고 민원의 마무리 절차에 들어가는 데 민원인이 확대사용 심의 최종 회의에 직접 참석해 마지막으로 자신의 제품을 명확히 설명하고 발언하는 기회를 달라고 하였다. 마지막 청이라 들어 주지 않을 수가 없었다. 그리하여 까치집 방지장치 확대사용 여부를 최종심의하는 회의 날짜를 알려 주고 민원인을 참석시켜 제품의 설명과 민원인의 주장을 청취하고 배전 기자재 운영심의 위원회에서 민원인의 까치집 방지장치 시범 사용 결과에 대한 최종 확대사용 여부 심의에 대한 결론을 냈다. 위원회 심의 결과는 불채택으로 결정이 났다. 그리하여 민원인에게 공문으로 우리 회사에서 민원인이 제안한 까치집 방지장치는 시범 사용한 결과 채택하여 확대 사용할 수 없음을 민원인에게 회신하였다. 이렇게 하여 지루하고 긴 민원인과의 줄다리기가 끝났다. 이후로 다행히 민원인도 민원 전달자도 더는 우리 회사에 어떠한 이의나 문제를 제기하지 않아 이 민원은 자연스럽게 종결 처리되었다.

02

3종 전력량계 계량 오차 민원

어느 날 사장님이 비서를 통해 호출하여 사장실로 갔다. 사장님은 3종 계량기에 대해서 아느냐고 물어서 간단히 어떤 것이라는 것을 설명하였더니 어떤 변호사가 사장님에게 민원을 제기하였는데 3종 계량기의 발생 오차를 해결할 수 있는 기술을 개발하여 우리 회사에 사용을 해주도록 요청하였으나 우리 회사에서 수년이 지나도록 사용하지 않고 있어서 해당 업체의 피해가 크다고 하는데 자세히 알아봐서 해결하라고 지시하였다. 전력량계 관련 부서에 문의하여 해당 민원의 내용을 파악하고 지금까지 일의 추진 경위를 자세히 들었다. 자세히 확인해 보니 근 10년 가까이 동일 민원을 지속 요청하고 있었으며 해당 민원인은 삼상 계량기의 오차를 해결하는 기술 특허를 내어 이를 사용하여 주도록 우리 회사에 요구하며 자신들의 특허 사용료를 일시불로 내고 사용하거나 건당 특허를 사용할 때마다 매건 단위로 특허료를 줄 것을 요구하였다. 그러나 해당 부서에서는 우리 회사가 이미 특허기술과 대등한 기술을 개발하여 이를 굳이 큰 비용을 주고서 사용할 이유가 없다며 민원인의 기술 사용을 완강히 거부하였다. 한편 민원인과 우리 회사가 다투고 있는 사이에 전력량계의 3종 계량기 오차를 해결해 준다며 기술용역 업체에서 현장을 다니며 오차 문제를 해결하여 주고 고객의 이득이 있는 경우에 고객과 해당 기술용역 업체가 반반씩 이익을 나눠 갖는 형태의 영업이 이미 여러 건 현장에서 진행되었다. 민원인을 직접 만나서 민원인의 변호사와 함께 해당 특허기술에 대한 자세한 설명을 듣고 해당 기술에 대한 의견을 청취하였다. 실무부서에서는 특허기술을 일괄해서 많은 돈을 주고 사용할 수는 없고 3종 계량기는 고객 소유이므로 우리 회사에서 일괄하여 이를 시정을 할 상황은 아니라고 하였다. 원래 고객이 상별로 3대의 변류기를 설치하면 문제가 없었으나 특고압 변류기의 가격이 워낙 비싸 2대의 변류기로 전력량을 계량하기 때문에 3상3선식 고객에서 내부 자가발전 등으로 중성점을 접지하는 경우에 접지선을 통해 흐르는 전류로 인하여 사용전력 계량에 오차가 발생하는 문제였다. 이를 바로잡기 위해서는 3종 계기를 3상4선식으로 교체하고 특고압 변류기(CT)를 1대 추가 설치하면 되는데 고객은 막대한 비용을 부담해야 하고 또한 이를 설치하기 위해서는 정전이 수반되기 때문에 공장을 가동할 수 없어서 이 방안을 잘 시행하지 않고 있었다. 그래서 민원인의 특허는 중성점 접지선에 CT 1대를 정전 없이 추가 설치하고 기존 전력량계를 사용하여 고객부담을 줄이는 방법이었다.

문제는 민원인의 기술이 현장에서 검증되지 않아서 민원인과 해당 부서 사이에서 합의할 수 있는 중재안을 제안해야만 실마리가 풀리는 건이었다. 우선 해당 부서에서 거부감을 가지고 있는 특허권 일괄 구매는 하지 않는 대신에 3종 계량기가 고객 소유이므로 우리 회사에서 고객에게 계기의 오차를 해결하는 방법을 안내하여 CT 1대 추가 부설과 전력량계를 3상4선식으로 교체하는 방법을 사용하든지 아니면 민원인이 제시하는 방법을 사용하든지 고객이 선택하여 기술을 사용하도록 하는 방안을 중재안으로 제안하였다. 그리고 고객에게 비용부담이 발생하는 사항이고 우리 회사에서 비용을 부담하는 사항은 아니기에 민원인이 적극적으로 특허를 이용하여 영업 활동을 전개하고 우리는 고객에게 공문 안내 등으로 민원인을 적극적으로 지원해 주는 방식으로 문제를 풀어나가기로 하고 민원인과 합의를 유도하였다. 민원인은 우리의 적극적인 민원 해결 자세에 지금까지 자기의 민원을 이렇게 적극적으로 해결해 주려고 하는 사람을 만난 적이 없으며 이렇게까지 자신들의 사업을 도와주려는 것에 대해서 고마움을 표시하며 합의서를 작성하기로 하였다. 우리 회사에서 합의서 초안을 만들어 서울에서 만나 합의서 내용을 검토 및 협의하기로 하여 해당 민원인을 양재동 본사에서 만났다. 우리 회사 해당 부서에서 사소한 문구 수정에 대해 이의를 제기하기도 하였으나 회의에 참석한 고문 변호사에게 의견을 청취하여 전체적인 틀에서 큰 문제가 없으면 작은 문구 수정은 합의를 위해 적극적으로 받아들이도록 하였다. 협상이 거의 막바지에 이르러 마지막 싸인 문안을 검토하는 과정에서 민원인은 자신이 이득 볼 수 있는 혜택 공사 건수가 너무 적다며 자기가 이때까지 특허기술을 개발하고 기다린 기간에 비하여 얻을 수 있는 이득이 우리 회사의 적용 지연으로 인해 너무 줄었다며 불만을 토로하였다. 어느덧 아침 10시에 시작한 회의가 지연되어 저녁 8시가 넘고 있었다. 나가서 밥을 먹고 오는 것보다는 거의 합의에 이르렀으니 김밥을 시켜 먹으며 조율을 하자고 제안하여 민원인도 동의하여 직원이 나가서 김밥과 음료수를 사서 가져오도록 하고 사내 고문 변호사는 사정이 있어서 나주로 내려가야 해서 먼저 고속열차로 내려가도록 하고 특별히 법률적으로 자문을 할 일이 생기면 전화로 협의하기로 하였다. 김밥으로 민원인, 민원인의 변호사와 우리 직원들이 함께 식사한 후 민원인의 변호사가 잠시 자체적으로 협의할 사항이 있으니 양측이 따로 휴식시간을 갖자고 제안하였다. 잠시 휴식 후 다시 협상 테이블에 마주 앉아 밤 10시가 넘도록 협상이 이어졌으나 민원인이 합의를 미루고 과거에 쌓인 불만을 계속 이야기하여 우리는 인내하면서 불만을 주로 들어 주는 상황이라서 결국 합의는 이루지 못하였다. 시간은 흘러 자정 가까이 되어 할 수 없이 협상을 중지하고 헤어지며 다시금 잘 생각해 보시고 합의할 의사가 있으시면 언제든지 나주 본사로 방문해 주도록 요청하고 헤어졌다. 온종일 회의에도 성과가 없어 몸은 매우 피곤하고 마음이 몹시 허탈하였으나 장시간의 대화를 통해 민원내용과 민원인의 마음을 읽을 수 있는 소중한 시간이었다고 스스로 위안하고 고생한 직원들을 격려하고 집으로 향하였다. 그러고 2~3주쯤 후에 민원인의 변호사가 전화해서 지금까지 합의한 내용이 매우 어렵게 진행된 사항이기 때문에 가능하면 합의를 하고 싶다고 이야기를 전해 왔다. 민원인의 변호사는 민원인이 막상 합의에 이르게 되자 그동안 고생해 온 여러 가지 감정이 복받쳐 올라오고 이해득실을 따져보니 실제 큰 이득이 없음을 확인하고 합의안에 서명하지 않았으나 자신이 보기에도 우리 회사에서 민원인을 위해 진심으로 할 수 있는 최대한의 노력을 하는 것이 보였기 때문에 이후 더 이상의 결과를 기대하기는 어렵다는 판단을 하였다면서 본인이 민원인을 적극적으로 설득해 보겠노라고 하였다. 며칠 후 민원인의 변호사는 합의된 원안으로 합의하기로 했는데 몇 가지 문구를 수정하였으니 검토해서 합의하자고 제안하였다. 민원인의 수정 요청 문안을 검토해 보고 고문 변호사의 의견을 들어보았다. 고문 변호사는 약간 논쟁의 소지는 있었으나 큰 틀에서는 무리가 없다는 이야기를 하였다. 그리하여 해당 민원인이 변호사와 함께 나주 본사를 방문하여 다시 협상 테이블에서 마주하게 되었다. 협상 테이블에서 우리는 민원인이 합의할 수 있도록 최대한 민원인에게 이득이 되게끔 협상안을 만들었다고 민원인을 설득시키는 한편 민원인이 요구한 문장 수정도 대부분 수렴하여 마침내 양자 간의 합의 도장을 찍고 10년에 걸친 민원을 해결하게 되었다. 그러나 실제로 민원인은 이 특허기술을 이용하여 이후 크게 이득을 보지는 못하여 매우 안타까웠다. 이미 다른 회사에서 유사기술로 대용량 고객을 상대로 오차 문제를 해결해 주고 이익을 나눠 갖은 후였기 때문이었다.

〈칼날형 까치집 방지장치 현장설치 모습〉

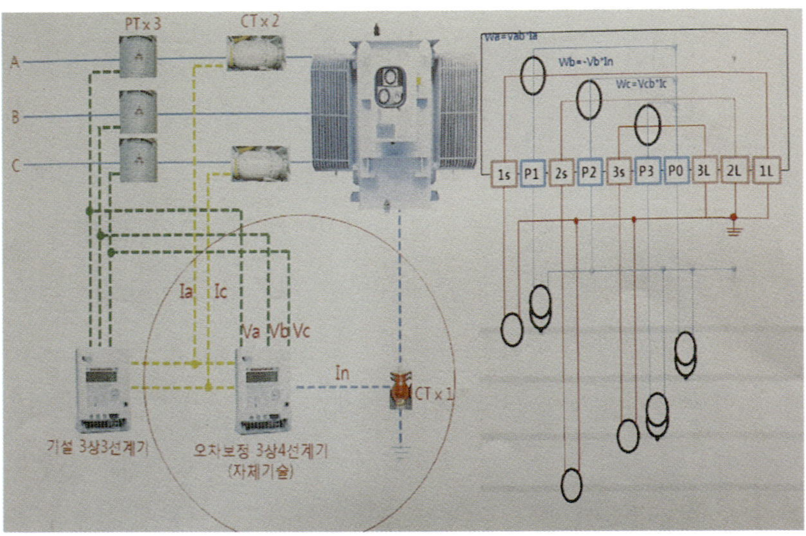

〈3상3선식 전력량계 오차 보정 측정도면〉

03

ERP와 KEPCO EP 대문 통합

하루는 기술기획단장이 불러서 새로 개발한 Powerpia ERP 초기화면과 인터넷 접속용으로 사용하고 있는 Power Net 초기화면을 통합하는 태스크포스 팀장을 업무와 관련이 없는데 맡아달라고 요청하였다.

전산 직군과 통신 직군이 오랫동안 갈등과 반목을 하는 상황에서 전산 직군의 대표 업적인 회계 및 경영지원 업무를 주로 하는 ERP Powerpia 전산시스템과 통신 직군의 대표 업적인 인터넷 접속용 대문인 KEPCO EP 전산시스템의 메인화면을 통합하여 누구의 것을 주로 하느냐 하는 것은 양측에 사활을 건 자존심 싸움이기에 처음부터 해결이 쉽지 않은 상황임을 직감하였다. 그렇지만 상사의 지시인지라 어찌하는 수 없이 중립적인 배전 직군에 팀장을 맡긴다고 하여 직무를 수행하게 되었다. 전산 초기화면 통합이기 때문에 전산 직군의 의견을 들어 초기화면을 통합하고 상호 초기화면에 있으나 상대편에는 없는 것들은 링크를 걸어 한 화면으로 통합하면 되기 때문에 사실 내용도 단순하고 만드는 것도 쉬운 일이었다. 그러나 두 직군의 자존심이 걸린 싸움인지라 누구의 것을 우리 회사 대표 얼굴로 내세우느냐 하는 것은 쉬운 일이 아니었다. 전산 측에서는 회사에서 새롭게 많은 돈을 투자하여 파워피아라는 유용한 경영지원 및 회계 시스템을 만들었으니 직원들이 쉽게 접속하고 잘 사용할 수 있도록 홍보를 겸해 새로 만든 파워피아를 우리 회사의 얼굴로 초기화면으로 하고 파워넷을 링크시켜 사용할 것을 주장하였고 통신 측에서는 직원들이 출근하면 인터넷을 우선 접속하기 때문에 당연히 사용자 편리성 측면에서 기존에 사용하고 있는 인터넷 접속화면인 켑코 EP를 초기화면으로 사용하고 거꾸로 파워피아를 링크시켜야 한다고 주장하며 초반부터 우리 회사의 대문인 메인 초기화면을 놓고 양측의 주장이 팽팽히 맞섰다. 어찌 되었든 서로의 주장이 팽팽히 맞서고 어느 한쪽으로 편들기에는 어려워 각각의 주장과 문제점을 비교 정리한 다음에 나름대로 해결 방안을 정리하여 단장에게 보고하였다. 기술기획단장은 불같은 성격으로 대뜸 양 직군의 TF팀 전원을 소집해서 새로 개발한 전산시스템인 파워피아가 직원들이 많이 사용하고 업무에 이용되도록 홍보하기 위하여 당연히 초기화면이 되어야 한다고 주장하면서 켑코 EP를 여기에 연결하는 것이 더 합리적이라는 논리를 폈다. 그러나 문제는 통신 직군의 주장이 완강하여 이를 수긍하려고 들지 않는다는 것이다. 기술기획단장은 ROTC 후배인 통신 직군 부장에게

이 일을 통신 직군의 주무부서와 협의하여 관철해 주도록 강력하게 요청하였다. 이런 압박을 받은 통신부장은 이를 직접 답변하지 않고 돌아가서 통신 주무부서와 상의해서 결정하겠노라고 하였다. 기술기획단장은 회의를 마치며 팀장이 직접 통신처장을 만나서 이해 설득을 구하도록 별도로 요청하여 통신처장을 만나서 협조 요청을 하였다. 통신처장은 알았으니 내부적으로 검토해 보겠다고 하였다. 한편 우리 TF팀의 통신부장은 내부적으로 통신 주무부서와 상의하였으나 이런저런 사유를 대면서 수용이 어렵다고 하였다. 결국은 기술기획단장이 나서서 얘기하니까 반대 의견을 직접 피력하지는 않았으나 통신 직군의 내심은 수용 불가로 반대를 하는 것이었다. 이런 사실의 보고에 화가 난 기술기획단장은 다시 TF팀 전체 회의를 소집하여 자기의 입장을 강변하며 수용하도록 촉구하였다. 그러나 통신부서에서는 수용하기 어렵다고 되풀이하였다. 그래서 하는 수 없이 기술기획단장이 요청한 사항에 대해 통신부서는 구체적으로 통합이 안 되는 기술적 문제를 열거하고 그 기술에 대해서 어떻게 해결하면 좋은지를 전산 측에서 대책을 마련하도록 하였다. 이렇게 하여 결국 통합 초기화면 구현의 모든 문제점이 나열되고 이를 해결하는 방안이 하나씩 모두 검토됨에 따라 두 초기화면의 통합가능 여부를 판단할 수 있는 근거를 만들 수 있었다. 최종적으로 하나씩 하나씩 기술적 문제가 없음이 밝혀지게 되자 결국은 전체를 통합할 수 있는 상황이 되었다. 그리하여 최종 통합방안을 정리하여 이를 기술기획단장이 직접 결정해 주도록 서면으로 보고하였으나 최종 결재권자인 기술기획단장은 자신이 이를 결정하는 것보다 양자의 회의에서 원만하게 합의하여 진행되는 모양새를 갖추었으면 좋겠다고 이야기하며 결재문서에 최종결재를 하지 않았다. 최종 시행안에 결재를 받지 못한 상태에서 초기화면 통합을 위한 작업이 진행되었는데 막상 작업이 진행되는 도중에 통신 주무부서의 간부들이 초기화면 통합 작업장에 들어와서 작업 중이던 통신 TF 팀원과 KDN 등 협력업체 직원들에게 통신 주무부서에서 동의하지 않은 일을 왜 너희 마음대로 하느냐면서 작업하는 사람들을 빼내 가는 바람에 초기화면 통합작업은 올 스톱되었다. 이런 사실이 기술기획단장에게 보고되자 다시 크게 화를 내며 모든 업무관련자를 소집하고 몇 시간에 걸쳐서 나무라며 어르고 달래며 설득했으나 통신 측이 한사코 입장을 굽히지 않아 일은 결국 원점으로 돌아갔다. 기술적으로 하나하나씩 합의한 TF팀 차장들에게 왜 입장을 번복하였는지 그리고 구현이 가능한 일인데 왜 작업을 안 하는 건지에 대해서 차근차근 따졌으나 그들은 자기 자신이 돌아가서 앞으로 오랜 기간 같이 일하게 될 통신 주무부서의 눈치를 보느라 일을 실행할 수가 없는 상태였다. 그저 죄송합니다만 연거푸 되풀이할 뿐이었다. 할 수 없이 답답한 심정으로 통신 주무부서 직군 장인 통신처장을 직접 만나서 설득하기도 하였으나 그쪽 부서의 입장은 완강하여 초기화면 통합안은 수용이 되지 않았다. 기술기획단장이 직접 결정하고 최종 문서에 결재하여 강제할 수 있는 근거를 만들어 주지 않았기에 더는 초기화면 통합업무의 추진이 곤란한 상태여서 결국 초기화면 통합은 해결하지 못하고 시간만 흘러가게 되었다.

이 통합작업은 결국 TF에서 완료하지 못한 채 최종 시행방안만을 제시하고 공식 활동을 중단하게 되었다. 이 문제를 결정적으로 해결하지 못한 원인은 주로 기술기획단장이 의사결정을 자신이 책임을 지고 확고히 내리지 못하여 구속력 있는 시행방안을 확정하지 못해 결국은 통합을 이루지 못했다고 본다. 최종 결재권자의 의사결정을 문서로 결재하고 이를 실행할 것을 통보하여 따르지 않으면 감사부서에 의뢰해 징계처분 등 강력한 수단을 동원할 수 있음에도 이런 조치를 하지 않았으니 일이 될 리가 만무했다. 나중에 결국 파워피아 ERP와 켑코 EP 2개의 초기화면은 사장이 바뀌고 나서 켑코 EP를 초기화면으로 하여 파워피아 ERP를 연결하는 형태로 통합되었다. 결국은 파워피아라는 새로운 전산시스템을 만들어 이를 적극적으로 홍보하고 초기의 대문으로 사용하려고 하던 계획은 빗나가게 되었고 시간이 경과 후 다수의 사용자가 인터넷에 접속해 사용하는 파워넷인 켑코 EP가 통합 초기화면의 대문이 된 것이다. 처음부터 다수 사용자의 이용 편의성을 고려하지 않고 새로 만든 전산시스템 파워피아 ERP의 홍보 차원으로 일을 무리하게 밀어붙임으로써 혼란이 가중되었고 통신 측의 항변도 합리적 이유가 있었음이 입증되었다. 사후에 시간이 한참 흐른 다음 판단해 보니 모든 사람의 인터넷 사용이 보편화 된 상황에서는 직원들이 아침에 출근하면 다수의 사용자가 인터넷 접속을 우선 사용하므로 당연히 통합 초기화면을 인터넷 접속화면인 켑코 EP로 하는 것이 합당하다는 결론은 분명하게 입증되었다.

〈사창립 33주년 기념 월간한전 33인 표지모델이 되다!〉

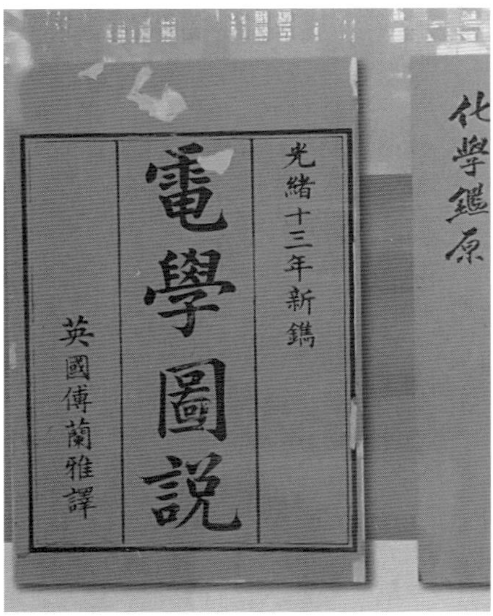

〈조선시대 전기책자 「전학도설」과 화학책자 「화학감원」〉

04

능력 미흡 직원 재교육의 노조반대

어느 날 사이버 지점에 민원이 올라왔다고 해서 확인해 보니 해당 지사의 민원업무 담당 직원이 나이가 많은 직원으로 새로 변경된 규정에 대해서 숙지를 하고 있지 못해서 발생한 일이었다. 이렇게 직원이 업무를 모르는 상태로 두면 안 되겠다는 생각이 들어서 이번 기회에 전체 민원창구 부서 근무 직원들의 업무수행능력 평가를 시행하여 능력이 부족한 사람만 교육원으로 교육을 보내든지 또는 자체 교육을 시행하여 민원응대 업무능력을 배양하여 이와 같은 민원이 재차 발생하지 않게 하고자 마음을 먹었다. 민원업무 담당 부서장에게 직원들의 업무능력평가 문제를 만들고 시험을 응시하도록 하라고 하였는데 이 얘기를 하고 얼마 있지 않아 노조 측에서 불만이 터져 나왔다. 오십이 넘은 나이 많은 사람들도 이 나이에 무슨 시험을 보라고 하느냐는 둥 본부장이 공부하는 것을 좋아하여 시험을 보게 하고 직원들 공부시킨다는 등 여러 가지 불평과 불만이 많이 올라왔다. 그래서 노조위원장을 찾아가 이야기하였다. 민원응대 업무능력이 없는 사람을 선별하여 재교육을 통해 업무능력을 배양하는 것이 맞는 일이지 바쁜 창구직원 중 교육할 필요가 없는 사람들까지 모두 모아서 전체를 교육하는 것은 불합리한 일이므로 이번에는 회사 측 시행안대로 할 수 있도록 협조해 주도록 요청하였다. 그런데 노조위원장은 나이 많은 직원들이 나이 많은 것도 억울한데 본인들이 시험에서 떨어지게 되면 창피한 일이고 망신살로 보니까 그런 것은 피했으면 하는 것이 나이 많은 직원들의 바람이라고 하였다. 말이 안 되는 사유라고 생각되었다. 그렇다고 하여 불필요하게 교육을 받지 않아도 되는 사람들까지 다 교육을 받으라고 하는 것은 너무 낭비적이고 인력이 비효율적으로 운영되는 거 아니냐고 하였으나 노조의 반발은 여전히 완강하였다. 노조위원장과 본부장이 대립하게 되자 결국 노조업무를 담당하는 총무부장과 민원담당 부장이 나서서 본부장이 양보하시고 한발 물러서서 부서장들이 알아서 결정하도록 하자고 하였다. 이렇게 하여 업무능력이 없는 사람만 교육하면 되는 일이었으나 노조의 의견대로 업무능력 평가시험을 보지 않고 전체 사람들이 다 똑같이 교육을 받아서 사이버지점에 제기된 민원과 같은 사례가 발생하지 않도록 조치하였으나 앞으로 이런 나이든 직원의 체면 문화로 조직이 비효율적이고 비합리적으로 운영되는 일은 없어져야 하지 않을까?

PART 03

강한 힘에 굴복하지 말라

PART 03

강한 힘에 굴복하지 말라

01

성희롱 피해자 정식 고용요구

자회사에서 파견 나온 직원의 성희롱 문제가 대두되었다. 성희롱 피해 여직원의 아버지는 일용 계약직으로 있는 여직원을 정식직원으로 채용해 주도록 일종의 무언의 압력처럼 성희롱 민원을 하고 있다고 들었다. 1년간 한시 계약직으로 채용된 여직원의 부친이 경찰관인 관계로 부친의 힘을 이용하여 고용계약이 끝나는 시점에서 과거에 발생한 성희롱 사건을 제기하여 이슈화한 것으로 보였다. 자회사에서 파견을 나온 차장과 일용직 계약 여직원이 한 팀장 밑에서 상하 관계로 일하였는데 자회사 차장은 파견 기간이 끝나서 본래의 회사로 복귀한 상태여서 사실 확인이 어려웠다. 우리 회사 직원이 자회사 차장에게 연락하여 확인한 결과 책임질 일이 없다는 답변이 돌아왔다. 한편 해당 일용직 여직원은 문제가 있었음을 주장하며 사외에 있는 권익위원회 등의 여러 곳에 문제를 제기하여 크게 이슈화할 지경에 이르렀다. 본사 감사실에서 조사를 나와서 사실관계 확인을 하였고 우리 회사는 파견자와 일용직 직원 간의 문제로 직접적인 책임은 크지 않으나 결국 민원이 문제가 되면 가해자와 피해자의 상사인 팀장이 관리자로서 업무감독 책임이 있는 것으로 판단하였다. 본사에서는 당시 국회의 국정감사를 앞에 두고 있는 상황인지라 국감에서 성희롱 민원이 거론되기 전에 선제적으로 징계처분을 내려고 하였다. 이에 우리 사업소에서 해당 관리자의 징계는 가해자와 피해자 간의 성희롱 사실관계가 아직 명확히 규명되지도 않았고 성희롱 피해도 입증되지 않았음으로 이런 일들이 확인된 후 징계는 나중에 하는 것이 합리적이라고 감사실과 인사처로 사업소의 의견을 전달하고 노조 등 여러 경로를 통하여 징계처분을 늦추도록 요청하였음에도 본사에서는 성희롱 사건이 발생하였다는 사실만으로 업무 관리 감독 책임을 물어 관리자에게 감봉 3개월의 중징계를 국정감사가 시작되기 전에 서둘러서 내렸다. 이에 징계처분이 다소 과한 면이 있고 합리적이지 않아 징계처분 결과에 불복하고 항소하였다. 한편 자회사에서는 성희롱에 대한 자체 조사결과 피해자의 직장상사인 가해자는 성희롱 혐의를 완강히 부인하여 성희롱 자체가 성립되지 않았고 징계처분도 하지 않고 있었다. 그리고 외부기관에서도 가해자와 피해자의 주장이 대립하여 아직 성희롱 조사에 대한 결론을 내지 못하는 상황이었다. 이런 상황에서 우리 회사는 항고에 대한 심의가 진행되어 가해자의 소속 자회사의 조사결과 성희롱이 성립되지 않았고 외부기관의 조사에서도 아직 성희롱에 대한 판단결과가 나오지 않았으므로 추후 자회사와 외부기관의 성희롱판단 결과를 본 이후에 관리감독 책임을 물어 징계를 확정하는 것이 바람직함으로 징계를 유보해야 한다고 하였으나 항소심에서도 이를 받아들이지 아니하고 징계처분이 확정되었다. 이에 당시 성희롱 피해자의 차상자이며 가해자의 상사인 관리자에게 성립되지도 않은 죄에 대한 관리책임을 묻는 것이 불합리함으로 법원에 정식으로 행정심판을 청구하여 본인의 억울함을 풀도록 해당 관리자에게 권유하였다. 그리고 이 일은 본인의 명예와 자존심이 걸린 문제임으로 회사를 상대로 소송하더라도 사업소장의 입장에서 아무런 문제가 없다고 판단하며 상사인 사업소장을 의식하지 말고 회사의 부당한 징계처분에 당당히 맞서라고 수차례 권유하였다. 그러나 이 관리자는 회사를 상대로 어떻게 법정소송을 하느냐고 하며 회사를 상대로 소송하는 것에 부담을 느껴 결국 법정소송을 포기하고 징계를 확정지어 본인이 큰 피해를 보는 것을 보고 매우 안타까움을 느꼈다. 그 이유는 이 관리자는 곧 승진 대상자로서 이번 징계처분으로 인해 향후 승진심사에서 성희롱으로 징계받은 사실이 치명적인 약점으로 작용하여 손해를 보고 평생 억울하게 살아가는 것이 마음 아팠기 때문이다. 복불복이라고 생각할 수도 있겠지만 이런 부당함을 만났을 때는 법정 다툼을 해서라도 본인의 억울함을 풀고 권익을 찾는 것은 합당한 방법이라고 생각한다. 시간이 지나서 확인해 보니 자회사 직원은 성희롱 사실이 입증되지 않아 자회사에서는 파견 근무했던 차장의 자체 징계를 보류한 상태로 있었고 외부기관에 확인한 결과 성희롱을 제기한 경찰인 부친이 여러 요로에 진정과 이의를 제기하였음에도 불구하고 이번 사건은 징계할 만큼의 문제가 발생하지 않았다고 판단하여 결국 외부기관에서도 유사한 사례가 발생하지 않도록 주의 조치를 요구하는 선에서 사건이 마무리되었다. 이번 일은 일용직 여직원의 부친이 자신의 신분을 이용하여 딸의 일용직 계약이 만료되는 시점에 성희롱 사건을 빌미로 부당하게 딸을 정식직원으로 채용하여 주도록 요구하는 무언의 압력 행사인 것처럼 보였다. 이에 대해 우리 회사는 국감을 의식해 너무 급하게 그리고 지나치게 과도한 관리자의 징계처분으로 맞서서 회사는 살렸으나 한 관리자는 억울하게 희생시켰다. 앞으로 이러한 희생은 다시 일어나지 않기를 바란다.

02

오피스텔 단전 민원

IMF 사태 이후에 경제가 아직 회복되지 않아 전기요금을 체납하는 고객이 늘어나서 지역 본부마다 전기요금 수금에 어려움을 겪고 있는 시기에 발생한 일이다. 우리 본부 관내 어느 지사에서 전기요금이 3개월 이상 장기 체납되어 어쩔 수 없이 한 오피스텔을 단전하였다. 그런데 다음날 주요 일간지 사회면에 서민들이 IMF 사태로 힘겹게 삶을 살아가며 견디고 있는데 한 오피스텔에 사는 젊은 엄마가 갓난 아기에게 분유를 먹여오던 중 전기가 단전되어 젖병의 세척과 소독을 하지 못해 아기에게 분유를 먹일 수 없는 곤란한 지경에 이르렀다고 하는 자극적인 우리 회사 비판기사가 젊은 아기 엄마의 인터뷰와 함께 보도되었다. 이렇게 주요 일간지에 기사가 나옴으로써 단전이 크게 사회적 이슈화되었는데 사실 단전된 빌딩은 일반 오피스텔로서 주택으로의 사용이 제한된 빌딩이었다. 그러함에도 불구하고 일반

주거용으로 사용할 수 없는 업무용 건물임에도 입주자가 주거용으로 사용하는 것에 대한 문제는 거론하지 않고 오히려 체납 전기요금이 있어서 정당하게 단전한 한전이 비정한 회사라는 이미지만을 부각하여 언론 보도를 한 사항이었다. 실제로 사실관계를 확인해 본 결과 이 기사를 낸 기자와 해당 오피스텔 입주자 사이에 친분이 있어서 이런 내용이 의도적으로 보도된 것으로 확인되었다. 본사 비서실과 홍보실에서는 해당 지사의 요금담당 부장에게 전화를 걸어 보도에 대한 사회적 여론에 대한 부담으로 조속한 전기공급 재개조치를 요구하였다. 이에 지사의 요금담당 부장이 지역 본부와 상의 없이 체납요금을 한 푼도 내지 않았는데도 단전한 오피스텔에 전기를 공급하여 문제를 확산시키게 되었다. 사실 단전은 3개월 이상의 전기요금이 체납된 상태여서 규정에 따라 정당하게 시행되었기 때문에 문제가 없는 사항이었다. 그런데 정당한 단전 조치가 체납된 전기요금의 납부 등으로 사유가 해소되지 않았음에도 불구하고 단전된 빌딩을 임의로 민원이 있다고 하여 아무런 정당한 조치에 대한 해소 사유가 없음에도 불구하고 본사에서 전화로 종용하였다고 해서 전기공급을 재개한 것은 당황한 측면도 있으나 담당 부장의 업무판단 실수였다. 그래서 그 요금담당 부장을 불러서 판단을 잘못해 미납요금도 안 받고 전기를 공급한 것에 대해 경고 조치하고 정식 단전 안내를 거쳐 다시 단전하도록 하였다. 그런데 문제가 하나 더 있었는데 오피스텔 1층에 4개 정도의 상가는 자계좌로 모계좌인 오피스텔로부터 전기를 공급받고 그동안 전기요금도 체납 없이 잘 내고 있었으나 오피스텔의 체납으로 인해 도매금으로 단전되어 민원을 제기하였다. 그래서 이 상가들은 오피스텔을 단전하기 전에 건물 외부의 우리 배전선로에서 전주와 변압기를 연장 설치하여 별도로 전기를 신속히 공급하도록 요청하였다. 이미 오피스텔에는 비어 있는 호실이 많아져서 나머지 거주하고 있는 세대의 요금으로 전체 오피스텔의 전기요금을 부담할 수 없어서 연체를 반복하다가 3개월 이상 전기요금 체납으로 규정에 따라 단전 예고 통지와 사전안내를 하였으나 구체적인 세대별 단전 안내 활동의 증거를 사진 등의 기록으로 갖고 있지 않아서 언론대응이 제대로 되지 않았다. 이에 다시금 오피스텔을 단전해야만 하는 이유를 각 호실에 거주하며 남아 있는 잔여 세대를 방문하여 설명 후 현관문에 단전 예고문을 붙이고 이런 과정의 사진을 찍어서 증거로 보전하도록 하였다. 각 층 엘리베이터 내부와 출입 현관 및 게시판에 단전 안내문을 게시한 후 사진을 찍어 모두 증거 기록을 확보한 다음 재차 단전하도록 지시하였다. 재단전 후 정당하게 단전 사유가 해소될 때까지는 절대로 전기공급을 재개하지 않도록 확실히 하였다. 이에 언론에 피해를 호소한 해당 민원인도 어쩔 수 없는 상황임을 인식하고 잔여 세대가 전기요금을 거두어 일부 전기요금을 납부 후 전기를 공급하였으나 그 후로 이 오피스텔은 이사하는 세대가 점점 늘어나고 잔여 세대가 부담해야 할 전기요금이 점점 더 증가하자 결국 밑 빠진 독에 물 붓는 격이 되어 다시 요금을 내지 못하여 또다시 단전하게 되었다. 이렇게 대규모 오피스텔과 같은 빌딩을 단전할 때에는 대규모 빌딩을 모계좌로 하여 전기를 공급받는 1층 상가 등의 자계좌는 없는지 잘 살펴보고 자계좌가 있을 경우는 모계좌 단전 시 전력공급 대책을 먼저 마련하고 난 다음 단전 실행에 들어가야 한다. 그리고 이번 오피스텔은 단전을 반복할 때에도 철저히 단전 안내 원칙을 지키면서 단전 활동 증빙 사진을 확보하는 등 우리가 해야 할 단전 시 사전조치를 명확히 함으로써 다시는 언론 보도가 되어 사회문제로 비화 되지는 않았다.

이렇게 한바탕 일이 있고 난 다음 우리 회사에서는 전기요금 체납으로 전기를 단전해도 기본 생존에 필요한 필수 전기는 사용할 수 있도록 전류제한기를 부설하여 단전하게 되었다.

03

꽃 상가 단전 민원

어느 날 아침에 출근하니 요금 부서에서 황급히 올라와 지금 단전된 상가에서 상인들이 40명 정도 몰려와서 데모할 것이라고 이야기하였다. 곧바로 민원인 40여 명이 본부장 방으로 들어오면서 큰 소리로 단전의 부당함을 주장하고 자기들의 생업을 위해 전기가 재공급되어야 한다고 하였다. 많은 인원이 한꺼번에 이야기함으로 어떤 말에 집중할지 알지 못하고 더군다나 대화가 되지 않았다. 따라서 하는 수 없이 큰 소리로 대표자가 어느 분이냐 대표자가 없으면 대표자를 뽑으셔서 대표자가 의견을 얘기하고 나머지 분들은 나가서 기다려주실 것을 완곡하게 요청하였다. 그렇지만 상인들은 막무가내로 자기 주장을 하며 심지어 어떤 상인은 책상 위에 있는 휴지통을 집어 들어 던질 것같이 행동하다가 차마 휴지통을 얼굴에다 던지지는 못하고 휴지를 뽑아서 얼굴에다 던졌다. 또 어떤 사람은 책상 위에 있는 다른 집기를 집어 던지는 시늉을 하면서 위협을 하였다. 그러나 조금도 당황하지 않고 당당하게 맞서면서 단전은 정상적으로 이루어진 것이며 요금 미납으로 인한 것이기 때문에 전기요금 미납에 대한 해소가 이루어지지 않으면 전기의 공급 재개는 어렵다고 주장하였다. 이때 상인 중 한 사람이 또 휴지통에 있는 휴지를 뽑아서 몇 개를 던졌는데 휴지는 무게가 없어 얼굴까지 이르지 못하고 도중에 떨어졌다. 몇 번 이런 행위를 반복하다가 소란이 조금 잦아들게 되었을 때 상인들에게 대표자를 뽑아서 이야기하고 나머지 분들은 밖에 나가서 기다려주도록 정중하게 한 번 더 요청하였다. 그러나 상인들은 밖으로 나가지 않겠다고 주장하며 문제가 해결될 때까지 본부장 방안에서 농성하겠다고 하여 그럼 모두 자리에 앉으시라고 이야기하자 모두 다 그냥 맨바닥 자리에 앉아 연좌 농성에 들어가게 되었다. 하는 수 없이 그럼 이 자리에 앉아 계시는 분들은 그 자리에 앉아서 기다리시고 대표자분만 옆 방에 있는 회의실로 오라고 이야기하고 책상 옆에 있는 문을 통하여 회의실로 갔다. 조금 후에 자기들끼리 선정한 대표라고 하는 세 사람이 회의실로 들어왔다. 대표자들이 이야기하는 사항을 들으니 이번 상가는 꽃을 주로 판매하는 상가가 세 개 층이 있는데 자신들은 요금을 잘 내고 있으나 상가 층별로 요금을 일부 내지 않는 점포가 있어 전기단전이 되었으니 전기요금을 잘 내는 점포들이 피해를 보는 일이 없도록 전기를 층별로 구분하여 단전하라는 것이었다. 그래서 전기회로가 층별로 구분이 되어있으면 층별 단전이 가능하나 전기공급이 층별로 분리되어 있지 않으면 하나로 연결되어 있어 층별로 단전을 하는 것이 불가능하다고 이야기하면서 만일 꽃 상가에서 전기배선을 층별로 분리하는 공사를 전기공사업체를 선정하여 시행하고 층별로 전기공급을 받도록 구좌분할 신청을 하면 이를 수용하여 앞으로 전기공급을 층별로 하고 전기요금 미납 단전도 해당 층별로 시행하겠다고 하였다. 대표자들은 수긍하고 기다리는 상인들에게 돌아가 설명을 하고 돌아와서 그렇게 하겠다고 하였으나 당장 점포들의 영업을 위해 단전된 전기는 먼저 공급해 주도록 요구하였다. 그러나 그것은 불가능하다고 하였다. 현재 요금이 3개월 이상 체납된 상태이므로 반드시 미납된 요금을 납부하고 보증금을 예치하여야 하며 여의치 않을 경우는 최소한 한 달 분이라도 전기요금을 내야만 전기공급을 재개할 수 있다고 설명을 하였다. 대표들은 자신들이 돌아가 민원인들에게 지금까지 얘기한 내용을 설명하고 전체의 동의를 구하여 다시 이야기하겠다고 하였다. 잠시 기다리고 있으니까 민원인들의 대표가 다시 자기들끼리 이야기하고 돌아왔다. 민원인 대표는 전기요금을 성실히 납부한 사람들은 계속 납부를 잘하고 있으나 밀리는 사람들은 계속 체납을 하고 있어 이에 대한 불공정성을 주장하며 이번에는 상가 개별 공급을 요구하였다. 상가는 고압으로 공급받고 있어 전기요금이 싼 이점이 있으며 완전히 개별로 공급받고 개별로 요금을 납부하는 것은 전기회로가 개별 점포별로 분리되어 공급되지 않기 때문에 불가능하다고 설명하였다. 일단 상가에서 1개월분 이상의 전기요금을 납부하고 전기요금 납부에 대한 보증을 대표자들이 하면 전기공급을 재개해 줄 테니 그 이후에 전기회로를 상가에서 층별로 분리하고 구좌분할 신청을 하면 층별로 전기 공급을 하고 전기요금 납부와 단전도 층별로 하겠다는 합의서를 만들어 상인대표자들과 싸인하고 상인들이 모두 철수하였다. 우선 한 달분 전기요금을 납부하고 대표자들이 전기요금에 대한 납부 보증을 하여 전기는 공급하였으나 층별 전기회로를 분리하는 것은 많은 공사비가 소요되어 내부 상인들의 공사비 부담 갈등으로 인하여 결국 해결하지 못하였다. 이후에도 이 꽃상가는 몇 번에 걸친 단전과 전기 공급을 반복하게 되었는데 이때도 반드시 단전하기 전에는 규정된 절차를 준수하고 단전 사전안내와 단전 활동 증거를 확보하여 문제는 더 야기되지 않았다.

04

사찰 전력량계 이설 착오 민원

어느 날 사무실로 한 통의 민원인의 편지가 도착하였다. 민원편지는 의외로 절에 계신 한 스님에게서 온 것이었다. 이 절에는 여러 개의 전기사용 구좌가 있었다. 평상시 공급받는 전력량계 외에도 심야전력으로 전기를 공급받는 전력량계가 있었는데 스님은 이외에도 자신의 계량기 2차에서 통신 중계 단말장치가 전기를 공급받고 있어 부당하게 한전이 자신의 전기를 이용하여 통신업체에 전기를 팔아서 이득을 보고 있다면서 스님의 전기로 한전이 전기를 팔아서 번 부당이득을 본인에게 돌려달라는 내용이었다. 특히 스님은 정부위원회 위원으로 활동하고 계셔서 직접 이런 지위를 말씀하시고 해결이 되지 않으면 상급기관에 이의를 제기하겠다고 강한 압박을 가해왔다. 민원내용이 매우 특이한 내용인지라 감사 차장에게 현장을 나가서 직접 사실을 확인하고 보고하도록 하였다. 상세히 내용을 파악한 결과 10여 년 전에 원래 절 입구에 있던 전주를 도로확장으로 이설 하면서 이 전주에 설치된 통신 중계장치들을 잠시 절에 있는 전주 쪽으로 옮겼다가 도로확장 지장 전주를 옮긴 후에 원래 있던 자리로 다시 옮겨야 하였으나 이 일을 깜빡 잊고 원위치하지 않음으로 인해서 통신업체의 중계장치들이 장기간 스님의 전기를 사용하게 된 것이었다. 도로확장 지장 전주 이설공사를 시행하는 기간에는 통신업체에서 전기를 쓰는 비용을 절에 주고 사정을 하여 잠시 전기를 사용하는 것으로 하였는데 아마도 통신업체와 절 모두 이런 사실을 잊어버리고 10년이 넘도록 통신중계기에서 사용하는 전기가 절에서 공급받는 2차 측에 연결되어 통신회사가 스님의 전기를 무단으로 사용한 경우가 되었다. 실제 통신중계기는 우리 회사에 정액요금으로 전기요금을 내고 있었으며 통신중계기에서 소모하는 전기는 절의 전력량계 2차 측에서 공급되어 절의 전력사용량에 계량되어 절에서 통신중계기의 전력 소모량까지 전기요금을 냄으로 전기요금이 과중하게 납부되고 있었다. 스님은 이런 약점을 빌미로 사용하고 있는 심야 전기요금이 과하다며 전기요금을 경감해 줄 것과 그동안 무단으로 절에서 사용한 전기요금을 한전과 통신업체에서 배상해 주도록 요구하였다. 그래서 심야 전력 전기사용 설비의 파악을 위해 현장에 나가 절에서 사용하고 있는 전기설비의 현황을 파악하고 도면으로 상세 부하설비 배치도를 그려 오도록 하였다. 그런데 현장실사에 나간 차장이 일부 방에 손님이 있어서 전등 설비의 전기용량을 파악하지 못했고 전기 온수기의 명판이 벽이 있는 뒷면에 있어 전기용량을 확인하지 못했다고 보고하였다. 민원을 해결해야 하는 상황에서 현장조사가 부실하니 매우 답답하여 재차 현장조사를 하여 전기설비의 명판확인이 어려운 경우는 사진을 찍어 제조업체를 통해 용량을 확인하거나 해당 제품 대리점의 전문가와 같이 가서 용량을 확인하는 등의 방법으로 절에서 사용하고 있는 정확한 전기설비의 용량을 파악해 오도록 하였다. 절에서 사용하고 있는 전기 사용량을 알아야만 총 고지된 전기요금의 사용량에서 차감하여 통신업체에서 사용한 전기 사용량을 알 수 있었기 때문이다. 현장설비 조사 차장은 할 수 없이 현장에 다시 나가서 사진을 찍어와서 시중의 제조업체 대리점에 확인하여 정확한 용량을 파악하여 가지고 왔다. 이에 사실 확인을 해 본 결과 절은 당초 우리와 계약된 용량을 훨씬 초과하여 사용하고 있는 것이 확인되었다. 그래서 두 갈래로 해결 방안을 제시하였다. 절에서 계약용량을 초과하여 사용하고 있는 부분에 대해서는 계약 정상화를 하도록 요구하고 그동안 절에서 과중하게 낸 통신중계기의 사용 전기요금은 정당하게 절에 환불하도록 하였다. 그리고 현재 전기공급이 잘못 연결된 통신단말 장치들은 한전에서부터 직접 연결하여 전기를 사용하도록 전기회로 결선을 변경하였다. 이런 사실을 정리하여 스님에게 일차적으로 구두 설명하였으나 스님은 막무가내로 한전이 완전히 잘못해 놓고 왜 자신에게 전기 사용용량 증설 부담을 지우느냐면서 오히려 적반하장이라고 말씀하시면서 모든 것은 비용 없이 처리해 주도록 요구하였다. 그리고 은연중에 자신이 정부위원회 위원임을 암시하면서 절에서 추가 부담이 없도록 처리할 것을 강력하게 요구하였다. 합리적 설명에도 불구하고 스님이 고집을 부려서 하는 수 없이 사실 내용을 모두 정리해서 공문으로 절과 통신업체에 해결 방안을 통보하고 결정된 방안대로 처리할 것을 요구하였다. 공문을 받은 스님이 전화로 항의하고 직접 찾아와서 항의하기도 하였으나 원칙대로 하는 수밖에 없다고 고수하였다. 결국은 스님이 별도로 통신업체로부터 따로 배상을 받았고 여러 경로로 확인한 결과 용량증설을 하지 않을 수 없음을 확인하여 더는 이의를 제기하지 않았다. 이상에서 부당하게 지위를 이용하여 민원 해결 압력을 행사한 사항에 대해서는 원리원칙에 따라 처리하는 것이 유일한 해결 방안임을 다시 한번 확인하였다.

05

지역구 국회의원 선거 지원 요청

지역 본부장을 하고 있을 때 해당 지역사회에서 활동하고 있는 현역 국회의원이 주관하는 행사에 지원 참석 요청이 왔다. 그런데 문제는 국회의원 임기가 곧 만료되고 새로운 선거가 시작되기 얼마 전이라서 잘못하면 여당과 야당으로 이원화된 격한 양자 대결 구도의 국회의원 선거에서 선거 공정성 시비에 휘말릴 수 있어 행동에 특별히 조심해야 하는 시기였다. 현역 국회의원은 지역 아동들을 위한 지역 도서관 개관에 필요한 책자를 지원 요청하여 사회봉사단 기금을 이용해 도서관 개관에 필요한 책자는 지원하였으나 현역 국회의원이 참석하는 도서관 준공식 행사에는 참석하지 않고 다른 일정으로 바빠서 행사에는 참석할 수 없다고 핑계를 대고 가지 않았다. 현역 국회의원 측에서 자칫 자신이 참석한 지역 아동도서관 개관 준공식 사진을 언론에 공개하고 홍보자료로 활용하면 다른 경쟁 후보자가 특정 후보지원이라고 공정성 시비를 걸어서 본부장의 입장이 매우 난처해지므로 비록 현역 국회의원 요청 일지라도 이런 때에는 매우 신중하게 행동해야 한다. 이외에도 특히 과거에 함께 일해 보니 일을 잘하시고 훌륭하다는 등의 특정 후보를 지지하는 것과 같은 발언을 하거나 평상시 그냥 추켜세워 주는 정도의 단순 립서비스도 이렇게 경쟁이 치열한 시기에는 상대방이 트집을 잡으면 문제가 될 수 있으므로 언행에 아주 신중하여야 한다. 더욱이 직접 친분이 있는 국회의원 후보를 격려하기 위하여 직접 후보 사무실을 격려차 방문한다던가 국회의원 후보자 사무실 개소에 화환을 보내는 것 등은 더 말할 것도 없이 상대 후보로부터 선거 지원 공정성 시비가 될 수 있으므로 당연히 아무리 친분이 있더라도 하지 말아야 한다. 또 노인 복지관 등 특정 국회의원 후보가 지원하는 봉사활동에 참석하는 일도 선거가 임박해서는 당연히 하지 않는 것이 바람직하다. 총선과 대선은 반복해서 시행되고 이번 선거는 다자구도로 지역마다 출마자가 여러 명이 있는 상황이니 지역 사령관인 지역 본부장이나 지사장은 이런 공정성 시비가 없도록 특별히 유의하는 게 현명한 일일 것이다. 그리고 사업소장은 선거 당일부터 개표장 전력 확보 등으로 사업소에서 있어야 하므로 가능하면 사전투표에 참여해 미리 선거 투표를 마쳐서 혹시라도 모를 사업소장이 선거에 참여하지 않았다는 비판이나 오해를 불러일으키지 않도록 사전에 대비하는 것도 중요하다.

06

부정당 하도급 업체 제재 지시

지역 본부장으로 근무하고 있는 어느 날 본사 계약 부서로부터 우리 사업소에서 부정당 하도급이 발생하였다면서 부정당업체 제재를 하도록 지시가 왔다는 보고를 계약 담당 차장으로부터 받았다. 우선 오래전에 있었던 일이라서 세부내용을 파악해서 보고하도록 하였다. 세부내용을 파악해 보니 전력관리처에 발주한 지하 전력구 건설공사 입찰에 참여한 국내 주요 굴지의 건설업체 4개사가 전력구 공사를 구간별로 수주하여 모두 하도급을 주었다는 것이었다. 4개 건설업체 모두 하도급이 적발되어 부정당업체 제재를 하라는 것인데 하도급에 대한 처분 조치는 사업소가 하지만 건설사를 하도급으로 제재를 하는 것은 본사 부정당업체 제재 심의위원회에서 결정할 사항이므로 본사에서 먼저 위원회를 개최하여 제재를 결정해서 사업소로 제재를 집행하도록 공문을 보내줘야 한다고 본사에 얘기하도록 하였다. 그리고 대형 건설사들이 징계가 부당하다고 주장하고 있으므로 건설사들의 의견을 듣고 징계가 합리적인지를 판단하고 만일 억울한 부분이 있다면 정부 주관부서에 질의하여 정확한 유권해석을 받아서 제재를 결정하는 것이 후에 민원 없이 일을 깔끔하게 처리하는 방법이라고 우리 의사를 본사에 전달하였다. 그 후 본사로부터 하도급에 대한 사실관계 확인과 건설사의 의견을 종합해 보내 달라고 요청이 와서 당시 업무 주관부서인 계약 부서에서는 시공부서와 사실관계를 확인하고 우리 사업소의 견해를 정리하였다. 그리고 각 건설사가 억울하다고 주장하는 부분에 대한 의견을 확인하여 참고 의견으로 본사 계약 부서로 보냈다. 본사에서는 대형 건설사들이 제기한 주장을 모아서 정부로 질의하였고 정부 유권해석 결과 건설공사의 공정 중 전부 하도급이 아니고 공사의 일부 공종만 도급한 경우는 하도급에 해당하지 않는다는 유권해석을 받아서 결국은 본사의 부정당업체 제재 심의에서 4개 건설회사 모두 가벼운 징계로 마무리되었다. 당초 본사 지시대로 생각 없이 사업소에서 그냥 징계 조치하였더라면 대형 건설사의 6개월 영업정지라는 큰 파장을 불러 건설사로부터 부당 징계 소송과 함께 손해배상 청구라는 재판으로 이어져 아마도 대법원까지 지루한 법정 공방으로 이어질 수도 있었다. 이번 일이 이처럼 원만히 해결된 것은 다행스러운 일이며 아무리 본사의 지시일지라도 합리적이고 상식적인 방법으로 일을 처리해야 한다는 교훈을 얻었다.

07

저압 단가계약 민원 수습

부산의 한 사업소에서 관리자로 근무하고 있을 때 발생한 일이었다. 그 해에 새로운 전기공사업 단가계약 제도를 개선하여 처음 입찰에 적용하는 때였다. 늘 그렇지만 기존의 단가계약 제도를 변경하여 새로운 전기공사업체를 선정할 때는 언제나 업체 간의 이해득실이 달라서 손해를 보거나 억울한 업체에서 투서하거나 민원을 제기하여 사업소가 시끄러워지는 경우가 많았다. 이번 일도 그러한 사례에 해당한다. 저압 단가계약 제도가 별도로 실행되다가 공사업체가 영세성에서 탈피하여 대형 전문화를 이루고 부실공사를 예방하고자 하는 본사의 정책에 따라 저압 단가계약 제도가 폐지되고 고압 단가 업체에서 저압 공사까지 통합 단가계약을 시행하도록 한 것이 화근이었다. 대부분의 사업소에서는 낙찰받은 고압 전기공사 업체에서 해당 지역의 저압 공사는 기존의 저압 단가계약 업체에 일을 나누어 주어서 문제가 없었으나 이곳에서는 고압 단가계약 업체가 직접 자신이 저압 공사도 하겠다고 하다 보니까 저압 단가 업체는 일이 없어져 망할 지경에 이르게 되어 그동안 같은 지역에서 일하며 알고 있는 고압 단가계약 업체의 하도급 문제 등의 비리를 검찰에 고발하겠다고 하는 소동이 벌어졌다. 아무래도 검찰 고발로 이어져 사업소가 시끄럽게 되기 전에 사태를 수습하는 것이 바람직하다고 판단하여 저압 단가 업체 사장과 잘 알고 지내는 배전운영실장과 단가계약 입찰담당 차장 등이 함께 저압 단가 업체 사장을 설득하러 갔다. 여러 가지 본인이 처한 사정 이야기를 듣고 고압 단가 업체 사장을 불러내어 중재하였으나 서로 자존심으로 고집을 부리면서 협상은 쉽사리 합의되지 않았다. 저녁 식사를 하며 소주도 한잔하면서 고압 단가 업체로부터 양보를 끌어내려고 노력하였다. 저압 단가 업체의 자존심을 세워주고 비위를 맞춰 가며 협상을 유도하였다. 한 잔씩 술을 해서인지 속마음 얘기를 터놓다가 보면 또 싸움으로 이어져 분위기가 험악해졌다가 겨우겨우 진정시켜 이해를 구해 놓으면 또 싸우기를 밤 10시가 넘도록 반복하였다. 결국은 서로가 속에 쌓인 앙금을 다 털어 내놓고 나서야 겨우 합의가 되었다. 합의한 내용은 각자가 하던 일을 자기 영역에서 계속할 수 있도록 하는 선에서 합의를 하고 고압 단가 업체는 일정 부분의 공사관리 비용을 갖는 것으로 서로 최종 합의하여 민원을 매듭지었다. 다음날 숙취로 머리는 띵 하지만 마음은 가벼웠다.

08

공사 중 아파트화재 발생 민원 수습

어느 평화로운 오후에 배전담당 차장이 헐레벌떡 달려와서 큰일이 났다고 하였다. 신규공사를 담당하는 배전담당 차장은 큰일이 날 것이 없어서 안전사고가 발생했느냐고 물었더니 아니라고 했다. 그래서 무슨 일이냐고 했더니 공사 중인 전주가 넘어지며 아파트 베란다에 걸쳐 베란다에 쌓아둔 신문지에 아크로 인한 화재가 발생해서 아파트 내부의 안방 일부가 불에 타고 소방서가 출동해서 진화했다고 말하였다. 그러면 아파트 주인에게 화재로 인한 재산피해를 보상해 주면 되지 무슨 문제가 될 것이 있냐고 반문하였다. 그러자 사실 이번 공사는 외지 업체가 낙찰받은 입찰 공사인데 관내 업체에서 그 공사를 하도급을 받아 시공하고 있어서 경찰에서 화재 조사를 하게 되면 공사 하도급 사실이 밝혀져 감독 부서인 우리 회사에 문제가 발생한다고 하였다. 이제야 상황이 심각하다는 것을 깨닫고 부랴부랴 대책 마련에 나섰다. 다행히도 관내 업체가 이번 공사에 낙찰된 외지 업체의 보증 업체로 등록되어 있어서 원청업체가 자신의 사유로 공사계약을 포기하면 관내 업체인 보증 업체가 정식으로 공사계약자가 되어 모든 문제가 해결되는 상황이었다. 그래서 외지 업체가 단가계약하고 있는 사업소에 도움을 요청하고 협조를 얻어서 우리 관내 업체와 함께 외지 업체를 찾아가 만나서 자초지종을 이야기하고 외부 업체가 관내에서 다량의 공사 발생 등 자신의 내부 사정으로 우리 공사를 포기하는 것으로 하여 최종 합의를 유도하였는데 외지 업체에서는 자신의 공사낙찰 이윤을 보장하라고 요구하였다. 그런데 그 비율이 통상적인 공사관리 이윤율에 비하여 터무니없게 훨씬 높은 수준으로 요구하여 양자 간의 합의가 쉽지 않았다. 다급한 사정이 있는 우리 관내 업체로서는 어쩔 수 없이 울며 겨자 먹기로 자신의 이익을 양보하여 외지 업체의 요구대로 공사낙찰 이윤율을 보장해 주기로 하고 외지 업체로부터 합의를 얻어냈다. 그리고 회사로 돌아와서 계약 부서에 공사업체를 변경해 주도록 공사계약 변경을 요청하였는데 문제는 계약 부서에서 자신들은 이런 사유로 계약 변경을 할 수 없다고 버티는 것이었다. 상황은 한시가 급한데 모두 자신의 이익과 안위만을 생각하고 협조를 하지 않으니 사태가 수습되지 않고 답답하여 하는 수 없이 지사장에게 보고하고 문제 해결을 요청하였다. 지사장은 우선 당장 급한 문제 해결에 초점을 두라고 하면서 계약 변경은 당장 아무런 문제가 되지 않는 데 왜 협조하지 않느냐고 계약 부서에 강하게 얘기해서 겨우겨우 계약자 변경을 이룰 수 있었다. 그러는 사이에 배전담당 차장은 경찰서에서 전기공사 중 아파트 화재사건에 대한 조사를 받았으며 수사를 받던 중간에 잠시 짬을 내어 회사로 전화를 걸어서 경찰서의 조사 담당 형사가 공사 관련 서류와 계약서를 가져오라고 한다는 연락을 해왔다. 그동안 힘들여서 어렵게 매듭지은 공사계약 서류를 경찰서로 제출하여 조사는 일단락되었다. 그리고 아파트 주인에게는 화재피해에 대해 전액 보상을 약속하고 아파트 베란다부터 안방까지 화재피해를 장롱을 포함하여 모든 물품은 새로 사주고 벽지 도색 등도 새로 해주었다. 이렇게 하여 겨우 사태를 수습하고 나서 어찌 된 일인지 자세히 내용을 파악해 보니 말단 주상변압기 전주에서 신규로 배전선로를 연장하면서 주상변압기 전주의 녹슨 지선을 교체하려고 전공이 아무런 생각 없이 지선을 뚝 잘라서 지선의 장력으로 버티고 있던 말단 변압기 전주가 기울어지면서 하필이면 옆에 있는 아파트 건물에 걸쳐 변압기 인하선이 철제 베란다에 닿아 삼상 합선이 일어나고 불꽃이 튀어 베란다에 모아놓은 신문지에 불이 붙어서 발화되어 안방 내부까지 불이 번졌던 것이었다. 이때 공교롭게 주인은 외출하고 없었고 아파트 문이 잠겨 있어서 내부로 들어가 불을 끌 수가 없었으며 소방서에 화재 발생 신고를 하였으나 소방서가 출동하는 사이 이미 불이 번져서 안방 내부까지 확산하였고 소방차가 와서 불은 가까스로 진화하였다고 했다. 그런데 이 사건은 시간이 지나 잊어버리고 있었는데 몇 년 후에 외지 업체가 도산하면서 그 업체에서 상무로 일했던 사람이 다시 이 사건을 들먹이며 돈을 요구하여 우리 관내 업체에서 할 수 없이 옛날 일을 다시 꺼내어 확대되는 것을 원하지 않아 추가로 비용을 주었다는 얘기가 들려왔다. 이때는 이미 두 업체 모두 다른 사업소 단가계약 업체로 진출했는데 그 외지 업체의 상무가 과거 협상의 내막을 잘 알고 있어서 자신의 회사 도산으로 해고되어 먹고 살기가 어려워지자 과거 약점을 빌미로 일종의 삥땅을 뜯어간 셈이었다. 세상은 참으로 요지경 속이다 이렇게 조그만 틈만 보이면 약점을 비집고 들어와 물고 뜯어먹는 약육강식 현상이 나타나니 말이다. 다른 사업소로 전출하여 근무하고 있었지만 이런 좋지 않은 소식을 전해 들었을 땐 마음이 몹시 씁쓸했다.

PART 04

미리 준비하고 대비하는 자는 산다

PART 04

미리 준비하고 대비하는 자는 산다

01

크리스마스이브 종로 정전 소동

지역 본부장으로 부임한 지 얼마 되지 않아 큰 정전 사고가 발생하였다. 퇴근하여 집에서 텔레비전을 보고 있는데 동대문 근처 종로에서 정전 사고가 발생하였다고 연락이 왔다. 상황을 파악해 보니 동대문시장 근처에서 고압전선이 단선되어 정전되었다는 것이다. 비상근무조를 투입하여 즉시 복구하려고 하였으나 크리스마스이브인지라 도로 사정이 매우 혼잡하였고 거리에는 수많은 사람이 북적이고 있어서 정전 복구공사는 순조롭게 진행되지 않았다. 우선 구리시 남양주에 있는 자재 야적장으로부터 비상 복구용 자재를 싣고 종로 공사현장으로 들어오는데 차량이 밀려서 이동에만 약 2시간이 소요되었다. 이후에도 현장에서 전선 가선 공사를 위해 전선을 펼치는데 많은 인파로 인하여 사람을 통제하고 안전조치를 하는데 또 많은 시간이 소요되어 복구공사에만 2시간 반이 걸렸다. 전체 전선 단선을 복구하는데 무려 4시간 반이나 소요되었다. 당연히 TV 뉴스에서는 매시간 사건 사고로 종로 정전이 보도되고 있어서 마음속은 까맣게 타들어 갈 수밖에 없었고 가시방석에 앉아 있는 것 같았다. 그래도 복구공사 완료 보고를 받을 때는 쓰린 마음을 꾹 참고 밤늦게 크리스마스이브에 출동해 고생 많이 했다고 격려해 주었다. 그리고 다음 날 아침 출근하자마자 본사로부터 어제 정전과 관련하여 본부장이 직접 전무님에게 고장 원인과 복구대응을 어떻게 했는지 보고하라고 연락이 왔다. 무거운 마음으로 고장복구 보고서를 준비하여 전무님에게 정전으로 물의를 일으켜 죄송하다는 말씀을 드리고 준비해간 보고서를 발생한 사실대로 보고드리고 어제같이 도로가 밀리고 인파로 복잡한 도심 한가운데에서 공사가 어려운 상황을 고려하면 빨리 조치한 것이라고 보고하였다. 전무님은 지역 본부장의 보고 자세가 이렇게 안일하니 사고가 난다며 나무라면서 전선이 왜 단선이 되었는지 사고원인을 상세히 분석하고 재발 방지대책을 마련하여 다시 보고하라고 하였다. 소문에는 사장님이 전무님에게 정전 복구조치가 늦었다고 원인을 파악해 대책을 마련하라고 지시하였고 전무님 역시 사장님에게 죄송하다는 사과를 했다고 들었다. 크리스마스이브에 교통이 혼잡한 상황에서 차량 이동시간을 빼면 실제로 2시간 반 만에 고장 정전을 복구한 것인데 잘했다고 칭찬해 주지 않고 나무라는 전무님에게 야속한 마음이 들었으나 다시 준비해 보고하겠다고 하고 나왔다. 그리고 사무실로 돌아와서 변전소 계전기 동작 사항을 파악하고 현장 물증을 토대로 사고원인을 재분석한 결과 공사장에서 날아온 비닐이 전선 두 가닥 사이에 걸쳤고 때마침 내린 약간의 진눈깨비로 합선을 일으켜서 고장이 발생한 것으로 분석되었는데 문제는 절연전선인데 어떻게 합선이 일어났는가였다. 보통 절연전선은 현수애자에 전선을 고정할 때 피복이 있어서 전선이 미끄러지는 것을 방지하기 위해 절연전선의 피복을 일정 길이로 벗긴 후 나전선 상태로 데드앤드크램프로 잡아 현수애자와 연결하고 완금에 고정한 다음 노출된 데드앤드크램프와 나전선 부위는 절연커버를 씌우는데 이 절연커버가 경사져 낮은 전선 중앙부로 밀려가지 않도록 데드앤드 커버의 전선이 나오는 양쪽 끝부분을 자기융착 절연테이프로 테이핑을 시공한다. 그런데 이 테이핑을 제대로 하지 않아서 절연커버가 강풍에 경간 중앙으로 밀려가면서 나선 부분과 데드앤드 클램프가 노출된 충전 부위에 공사장 비닐이 날아와서 걸렸고 여기에 진눈깨비가 쌓여서 합선을 일으켜 문제가 된 것으로 판단되었다. 이런 문제점을 작성하여 다시 보고하고 배전선로의 유사개소와 공사현장을 일제히 점검하겠으며 비상 복구용 자재를 도심으로 전진 배치해서 고장 시 정전 복구시간을 줄이겠다고 하여 보고는 일단락되었다.

전무님은 절연전선인데 비닐이 젖어서 합선을 일으켰다고 해도 비닐이 금방 후루룩 타고 말 텐데 어떻게 전선이 단선까지 되었는지 의문을 제기하였다. 그러나 현장에서 확인해 보아도 비닐이 녹아서 떨어진 자국과 데드앤드 커버가 밀려서 경간의 중간에 가 있는 것 외에는 달리 합선을 일으킨 흔적을 찾을 수 없고 계전기 동작 사항도 선간 단락으로 일치하자 더 얘기하지 않았다. 이런 일이 있고 나서부터 접속 개소의 관심이 커져 매일 점심 식사 후 사옥 주변을 운동 삼아 산책할 때도 유심히 배전설비를 관찰하는 습관을 갖게 되었는데 지중 인입선이 입상되어 연결되는 저압 케이블 접속장치의 전선 연결 부분이 자기융착 테이핑이 되어있지 않거나 비닐 테이핑한 테이프가 풀려 비가 올 때 방수가 되지 않아서 빗물이 케이블 속으로 유입되어 지중 인입 케이블의 열화를 촉진하고 합선 고장으로 이어질 수 있는 개소가 많았다. 평소 사소하게 테이핑을 제대로 하지 않은 것이 고장을 일으킨다. 이에 매번 점심 식사 후 산책을 할 때 가보지 않은 지역으로 점차 영역을 확대해 가면서 발견되는 문제점들을 시정조치 하도록 전파하곤 하였다.

02

또 한 번의 정전 소동

이런 한 번의 호된 본부장 부임신고를 한 지 한 달쯤 지났을까 다시 한번 고장 정전이 중구에서 발생하여 1시간 반 정도 정전되는 일이 발생하였다. 노후 애자 파손으로 인한 단순 고장이었으나 지난번에 마련한 대책에도 불구하고 복구가 상당히 늦었다고 생각되어 직접 문제를 파악해 보았다. 우선 배전센터에 들러 고장 조치상황을 보고 받은 뒤 1시간 반 동안 배전사령원이 배전선로 고장 복구지시를 어떻게 했는지 지령내용이 녹음된 녹음파일을 모두 다 들어보자고 하였다. 배전사령원은 당황하면서 본부장이 요구하니 어쩔 수 없이 녹음된 파일을 틀어주었다. 그 자리에 앉아서 처음부터 끝까지 1시간 반 분량의 고장복구 지령 녹취음성 파일을 일일이 다 들어보았다. 다 들은 후 그냥 수고했다고 말하고 자리로 돌아와서 배전운영부장을 불렀다. 그리고 관내 두 개 배전센터 배전사령원들의 고장복구 대응능력 시험을 보고 자격미달자는 재교육 후 시험 응시기회를 세 번 주되 세 번의 시험을 보아도 기준점수인 60점을 통과하지 못하는 사람은 배전사령원으로 능력이 없으므로 배전사령원 업무에서 배제토록 지시를 하여 야단법석이 벌어졌다.

하지만 녹취된 음성파일을 다 들어 본 후에 왜 그리해야 하는지 이유를 명확히 하였기 때문에 아무도 지시를 반대할 수는 없었다. 이번 고장이 특이한 것은 사실이었다. 보통 배전자동화시스템에는 고장 발생 시 고장 지점이 자동으로 컴퓨터에서 검출되어 모니터에 고장 발생 구간을 표시해 주는 FI(Fault Indicator) 신호가 표시된다. 그런데 이번 고장은 변전소 차단기가 동작하여 정전되었음에도 배전자동화시스템의 배전계통도에 FI 신호가 올라오지 않아서 배전사령원과 보조원이 어떻게 조치할 것인가를 두고 갑론을박하느라 이십 분이 그냥 지나가 버렸다. 이후 조작지시를 내렸으나 배전 전기원은 현장에서 개폐기 위치를 잘 찾지 못하여 이리 갔다 저리 갔다 길을 못 찾아서 배전사령원이 다른 개폐기를 조작하도록 변경하는 등 우왕좌왕하며 시간을 허비하였다. 만일 고장 지점이 어디인지 모른다면 과거 배전자동화시스템이 없었던 때처럼 배전선로의 가운데 1/2 지점을 우선 분리한 후 배전선로의 끝부분에서 연계된 정상 배전선로에서 전기를 공급받아 보고 전기가 공급되면 고장은 변전소와 가운데 절분점 사이에 있는 것으로 판단하면 된다. 그러나 전기가 공급되지 않고 배전선로가 트립된다면 고장 지점은 배전선로 가운데 절분점에서 배전선로 끝 사이에 있는 것이다. 그러면 변전소의 차단기를 투입하여 배전선로의 가운데 절분점까지 건전구간에는 전기를 공급하고 나머지 고장 구간으로 판단되는 부분을 다시 절반으로 나누어 전기를 공급해 보고 전기가 공급되지 않는 구간이 어느 쪽인지를 판단하는 방법으로 고장 구간을 줄여나가면 최종적으로 좁혀진 고장 구간을 현장 순시하여 고장 지점을 찾으면 고장 개소를 빨리 찾고 정전시간을 최소화할 수 있었다.

이렇게 트라이얼 앤 에러 방법을 적용하면 단 두 번의 개폐기 조작 지시로 고장 구간을 1/4로 축소할 수 있다. 전기회로 이론의 가장 기본적인 방법을 사용하여 신속히 고장 구간을 압축하여 찾고 이 배전선로의 고장 구간을 현장 순시해서 고장 지점을 빨리 찾을 수 있었는데도 이런 기본적인 전기회로 이론을 무시하고 배전사령원끼리 고장 지점을 추측하는 토론을 벌이느라 아까운 시간을 허비하였다. 배전사령원에 대한 능력테스트와 고장복구조작 훈련에 이어 배전 전기원이 지령받은 개폐기 위치를 못 찾아 특히 야간에 헤매는 일이 없도록 하고자 핸드폰을 이용하여 배전 개폐기 위치를 안내할 수 있는 새로운 네비게이션 시스템을 개발하도록 하였다. 과거 NDIS(신배전정보시스템) 개발 확대 보급한 경험을 이용하여 저압 보수차 탑재용으로 개발된 배전설비 위치 안내 시스템의 배전설비 위치 데이타베이스를 스마트폰용의 상용 네비게이션 프로그램인 김기사와 연동하여 배전 전기원이 차를 운전하면서 조작할 개폐기 번호를 화면에 말로 얘기하면 음성인식으로 개폐기가 있는 위치를 찾고 길 안내를 해주는 시스템을 새로 개발하여 사용하도록 조치하였다. 기존에 보급된 10인치 별도 화면의 차량 설치용 배전설비 위치 안내 시스템은 지도가 잘 업데이트되지 않고 불편하여 배전 전기원이 잘 사용하지 않고 있었다. 서울은 배전설비도 많고 구도심은 골목길도 복잡하여 개폐기의 위치를 찾아가기가 쉽지 않았고 특히 좁은 길은 차에서 내려 걸어가야 하는데 핸드폰용 김기사 네비게이션 시스템은 최종 조작할 개폐기까지 길 안내를 계속해 주어서 아주 편리하였다. 이번 고장을 계기로 배전사령원의 능력을 배양시키고 배전 전기원이 고장 시 조작할 개폐기 위치를 신속히 찾아갈 수 있는 새로운 네비게이션 시스템을 편리하게 만들었다는 것에 대해 큰 의미를 두고 싶다.

03

변전소 화재 신속복구 전원 무 징계

두 번의 고장 발생경험을 계기로 신속 고장복구대응 체계를 마련하고 훈련한 결과는 뜻하지 않은 B 변전소의 주변압기 유분출 화재사고 시 유감없이 발휘되었다. 배전선로 36개로 서울 시내 4만여 호에 전력을 공급하는 변전소 화재로 기존 변전소에서 공급하고 있던 모든 정전된 배전선로를 건전한 다른 연계된 배전선로를 통해 비상 부하 전환하여 다른 변전소로 모두 전기를 공급하는데 약 34분이라는 신기록을 수립하였다. 이는 배전사령원이 미리 수립된 표준절차서(SOP)에 따라 배전 지능화 시스템을 통한 배전 개폐기의 원격제어와 배전 전기원이 현장 출동하여 일부 자동화되지 않은 개폐기의 수동조작을 통한 부하전환까지 포함한 것이라 더욱 의미가 크다. 보통 고객들이 정전 발생 시 참을 수 있는 한계 시간이 약 30분 정도라고 하니 대략 고객이 인내할 수 있는 정도의 시간에 정전 가복구 조치가 완료된 셈이었다. 그래서인지 이번 정전 고장에 대한 민원이나 피해 보상 요구는 거의 없었는데 공식적으로 피해보상을 하겠다고 안내하였으나 PC방 등에서 3건 정도만 경미한 보상을 요구하는 민원이 접수되었을 뿐이었다. 과거 서울에서 비슷한 변전소 화재사고인 월계 변전소 화재로 인한 정전 고장이 있었는데 이때에는 가복구 조치를 하는 데만 3일이 소요되어 엄청난 민원과 비난 여론이 있었다. 물론 당시에는 배전자동화시스템도 도입되지 않았고 배전선로의 변전소 간 연계가 지금처럼 촘촘히 되어있지 않았던 것은 사실이다. 그러나 비슷한 시기에 발생한 대구 등 지방 변전소 화재 시에도 보통 빠른 경우가 1시간 반 이상의 시간이 소요된 것에 비하면 매우 이례적으로 신속히 조치가 이루어진 것이었다. 이러한 신속한 조치 덕분에 다행히 아무도 징계받지 않고 대형 정전 고장을 잘 수습할 수 있었으며 이는 평소 미리 준비하고 비상 발생 시에 대한 대비를 철저히 한 결과라고 생각하며 상세한 그 당시의 상황 살펴보자.

사실 B 변전소 화재사고가 발생한 그 날은 지역 본부장에서 본사의 처장으로 발령이 난 직후였다. 금요일 퇴근 무렵 본사로 인사이동 발령이 났고 토요일 저녁에 화재사고가 발생하였다. 집에서 가족들과 함께 쉬고 있는데 갑자기 B 변전소에서 화재사고가 발생하였다는 긴급한 연락이 왔다. 아직 신임 본부장이 부임하지 않아서 책임을 직감하고 곧바로 B 변전소를 향해 차를 직접 운전하여 갔다. B 변전소 부근에 도착해보니 화재진압을 위해 출동한 30여 대의 소방차와 주요 언론사 취재 차량으로 북새통을 이뤄 차가 더 전진할 수가 없는 상황이었다. 도로변 적당한 장소에 차를 바로 주차한 후 아무도 모르게 조용히 쪽문을 통하여 변전소 내로 들어갔다. 거기에는 이미 전력지사장과 담당부장 등 실무자들이 나와서 분주하게 움직이고 있었다. 현장 상황을 보고 받은 결과 다행히 배전센터에서 정전된 36개의 배전선로를 모두 신속하게 건전한 다른 변전소의 연계된 배전선로로 부하를 전환 완료하여 정전된 고객은 없다고 하였다. 그러나 임시로 부하전환을 해 놓은 배전선로 중 과부하로 운전되고 있는 배전선로의 조치와 변전소의 피해 상황파악 및 가복구 그리고 언론대응이 문제였다. 그래서 먼저 과부하로 공급되고 있는 배전선로를 해소하기 위해 주변압기 피해 상황을 파악하고 건전한 주변압기부터 우선 전원을 가압하여 배전선로로 부하를 공급하는 가복구 방안 검토를 위해 변전소 전면 고장 시 복구 절차인 SOP를 찾았으나 본부에 보관되어 있고 전력지사에는 비치되어 있지 않았다. 그래서 시간이 촉박하여 본부에서 가져올 수 없어 대구 변전소 화재 등 최근 발생한 변전소 화재 시 대응사례집을 가져오라고 하였으나 이 역시 전력지사에 보관된 것이 없다고 하여 매우 황당하였으나 그냥 넋을 놓고 있을 수는 없었다. 그래서 백지를 꺼내 놓고 본사에서 을지연습 훈련할 때처럼 우선해야 할 일들을 적어서 순서를 부여하고 담당 책임자를 지정해 나갔다. 제일 먼저 변전부장은 고장복구를 지휘해야 하므로 송전부장을 언론담당 책임자로 지정하고 모든 언론의 질의답변과 상황발표를 전담토록 하여 언론과 외부로 통일된 목소리를 내도록 하였다. 다음으로 주변압기 설비상태를 정비팀과 함께 진단하여 건전한 주변압기를 우선 살려 배전선로 과부하를 조기에 해소하도록 조치하였다. 주변압기 점검결과 4대의 주변압기 중에서 고장이 직접 발생한 1대는 전소되었고 옆에 있는 주변압기는 방화격벽이 있었으나 고장이 난 주변압기의 부싱이 파손되면서 파편이 날아가 옆에 있는 주변압기의 부싱이 파손되고 화염에 그슬려 사용을 할 수가 없는 것으로 판단되었으며 다행히도 가장 좌측에 있는 주변압기에서 발화하여 방화격벽으로 3번째 주변압기는 부싱만 그을렸을 뿐 절연 측정결과 이상이 없었고 4번째 주변압기는 건전한 상태로 진단되었다. 당일 부로 3번과 4번 주변압기 2대의 전원을 살려서 전체 변전소에서 인출되는 배전선로의 절반인 18개 배전선로를 정상적으로 복원하여 배전선로의 정격을 초과하여 공급하고 있는 과부하가 심한 배전선로의 부하를 재조정하여 공급하였다. 화재로 인한 열기가 식은 후 자세히 파악해 보니 소손된 주변압기 2대 중 화재가 직접 발생한 주변압기의 상태는 부싱이 파손되면서 주변압기 함 내부로 파손된 부싱이 밀고 들어가 주변압기 안으로 주저앉아 불이 붙어 전소되고 권선도 손상이 되어 교체가 불가피하였다. 나머지 소손된 2번 주변압기도 화재가 직접 발생한 주변압기의 파손된 부싱 파편이 날아와 부싱 일부분이 파손되고 외함이 화염에 일부 소손 되어 중수리가 불가피한 것으로 판단하였다. 변전 운영부서에서는 관련 자재를 수배하여 교체하는데 약 3개월 정도가 소요되는 것으로 파악했다. 이렇게 긴급한 조치는 완료하고 보고서를 만들어 본사와 언론사 등으로 배부하여 일단 급한 불은 끌 수 있게 되었다. 밤새도록 숨 가쁘게 정신없이 진행한 긴급복구를 대충 마무리하고 아침이 되어서 다 같이 해장국집에 들러 피곤한 몸과 마음으로 해장국을 먹으면서 그래도 큰 민원이나 불만을 제기하는 고객이 없음에 한숨 돌리며 안도하게 되었다. 기획실 홍보팀과 영업부의 고객 민원팀에서 고객의 피해 신고를 접수하고 보상하는 방안을 검토하도록 하고 일단 잠을 좀 자야겠다고 집으로 돌아왔다. 뒤에 밝혀진 사실이지만 이번 사고의 직접적인 고장 원인은 자기제품으로 된 주변압기 부싱 내부에 밀봉된 절연유가 오래되어 절연성능이 저하되어 파손이 일어난 것으로 판명되었다. 가장 큰 문제는 이 제품이 제작 시 밀봉된 주변압기 부싱의 구조상 절연유를 추출하여 열화 상태를 시험하거나 열화된 절연유를 교체할 수 없다는 점과 주변압기 부싱이 절연파괴로 파손되면 부싱을 잡아주는 고정장치와 같은 홀더가 처음부터 규격에 없어서 부싱이 그대로 주변압기 내부로 밀고 들어가 변압기의 권선을 손상하여 대형고장으로 이어진다는 점이었다. 한 가지 더 아쉬운 점은 주변압기의 유분출 방지용 방압변의 크기가 작아서 주변압기 내부 고장 시 급격하게 일어나는 유분출 압력을 일시에 해소할 수 없고 주변압기 아래에 설치된 변압기 절연유 방출용 유조로 기름을 신속하게 빼낼 수도 없어 화재가 장시간 지속한다는 것이다. 이외 한 가지 의문점은 왜 하론 소화설비가 갖추어져 있었음에도 화재가 초기에 진화되지 않았나 하는 점이었다. 전력지사는 주기적으로 변전소의 소방 점검을 하고 있었으며 심지어 화재 직전에도 소방설비 점검 전문업체로부터 변전소 전반에 대한 소방설비 점검까지 받았으나 점검결과 이상이 없는 것으로 기록되어 있었다. 고장 발생 후에 화재진압을 위해 설치한 하론 가스 분출 설비를 면밀하게 점검한 결과, 하론 가스통의 비상시 가스 배출 밸브의 연결이 일부 잘못된 것으로 밝혀졌다. 전체 하론 가스통 10개 중 3개의 가스 배출 밸브가 반대 방향으로 연결되어 실제 화재 발생 때 하론 가스가 배출되지 않은 것이었다. 이렇게 된 원인을 추정해 보니 아마도 하론 가스 재충전 후 가스통 연결 시 잘못 연결하였거나 처음 하론 가스 설비를 신설 때부터 잘못 설치할 수도 있으나 정확히 언제 잘못한 것인지 구별은 어려웠다. 따라서 사소한 일이지만 주기적인 소방설비 점검 시에는 하론 가스 재충전 후 방출 밸브 방향이 제대로 연결되었는지를 반드시 확인해 놓아야 이와 같은 대형 화재를 예방할 수 있다.

또 하나의 작은 문제점은 변전소마다 주변압기실에 화재 감시카메라가 설치되어 있는데 화재 당시의 녹화 영상을 살펴보니 불이 활활 타기 시작하는 시점부터 녹화가 되어 다 활활 전소되는 장면만 찍혀 있고 화재 감시기능과 비상 알람의 역할을 전혀 하지 못한다는 것이었다. 화재 초기 영상이 전혀 촬영되지 않아 어디에서 어떻게 발화가 되었는지 원인을 식별할 수도 없었다. 그 이유는 화재가 크게 확산하기 전에는 감시 및 녹화 시스템이 배터리 절약, 녹화 메모리 한계 등으로 슬리핑 모드로 운영되고 있다가 화재가 발생하여 불이 크게 번져 탐지되면 웨이크업해서 영상 녹화를 시작하기 때문이다. 이런 무인변전소 감시 및 녹화 시스템은 평소 몇 초 간격으로 영상을 계속 찍고 있다가 영상식별 기능으로 직전 촬영 영상과 직후 촬영 영상을 계속 비교하면서 연기가 조금씩 피어나거나 불꽃이 일어나는 초기에 바로 인지하는 방안 또는 별도로 연기의 냄새나 불꽃의 빛을 감지하는 센스를 통해 화재를 인지하는 방안으로 개선하여 화재 발생 초기에 감지되어 알람이 되고 영상이 촬영되는 형태로 기술이 어떻게든 진보되어야 한다고 본다.

또 다른 작은 문제점으로 고객정전 안내시스템의 개선이 필요하였다. 당시 고객정전 안내시스템은 배전선로 단위와 배전선로의 구간 단위로 해당 고객의 정전안내를 할 수 있게 정전안내 메뉴가 구성되어 있었다. 그래서 변전소의 주변압기나 변전소 전체 정전시에는 고객정전 안내를 주변압기나 변전소에서 공급받는 전체고객에게 일괄로 할 수가 없고 일일이 정전된 배전선로를 하나씩 선택하여 정전안내를 함으로써 고객 정전안내에 시간이 지연되는 문제점이 발견되어 고객정전안내시스템의 메뉴에 주변압기와 변전소 단위 정전안내를 추가해서 고객을 사전 그룹핑해 놓고 정전안내 문구도 미리 만들어 상황에 맞게 수정하여 즉시 정전유형별로 고객 정전안내 문자메세지를 신속히 안내 할 수 있게 개선하도록 하였다.

대형사고는 사실 이같이 자세히 파악해 보면 여러 가지 문제가 복합적으로 해결되지 않고 얽혀 있다가 우리가 모르는 사이에 일어난다. 지금도 전국의 어느 변전소에는 이같이 B 변전소와 같은 문제점을 가진 채 운전되고 있는 설비가 있는지 한 번 더 살펴보고 잘 대비해야만 할 것이다.

〈크리스마스이브 종로 장시간 고장 정전 언론 보도〉

〈소방서 출동 변전소 화재 진화 모습〉

04

평소 소방서와의 유대 강화

사업소장을 경험해 보니 사업소의 운영에 있어서 소방서와 유대를 강화하는 것이 중요하다는 것을 느꼈다. 특히 언론 보도와 관련된 사항은 소방서의 소방재난본부로 보고되는 사항들을 언론사의 취재기자가 정보로 취득하여 보도하는 경우가 많았다. 그래서 사업소장은 해당 소방서와 유대관계를 잘 유지하여 필요한 경우에 소방서와 협조할 수 있도록 하는 체계를 구축하는 것이 매우 중요하다고 생각한다. 막상 일이 발생하면 그 사고 당시에는 서로 부탁을 해도 들어주기가 어려움으로 사전에 평상시 사업소의 사회봉사단을 통해 꾸준한 봉사활동, 위문방문, 상호협력 등으로 유대관계를 돈독히 하고 소방서를 지원하여 좋은 관계를 맺어 놓아서 어려울 때 도움을 받는 것이 매우 효율적인 방법이라고 생각한다. 일례로 건물에 화재가 발생하였는데 화재 원인이 규명되지 않으면 대개 누전으로 추정한다든가 또는 고객의 수전설비 고장으로 정전이 발생하였는데 그냥 어디에서 몇 호의 정전이 발생하였다고만 하면 일반 국민은 당연히 한전 설비에서 고장이 발생하여 정전되었다고 생각하기 마련이다. 이럴 때 현장에 출동한 소방서의 소방관과 한전 배전 전기원이 서로 봉사활동 등으로 잘 알고 지내는 사이라면 이 건의 원인은 무엇이라고 정확히 안내하여 신뢰하는 우리 의견이 반영되어 소방서 계통으로 보고가 올라가기 때문에 불필요한 오해를 받지 않게 할 수 있다. 또 평소 소방서에 친분이 있다면 필요한 경우 직접 고장 정전의 원인을 알려줘서 고객 설비의 정전임에도 한전의 정전으로 오인되는 것을 막을 수도 있다. 그래서 평상시 사업소의 사회봉사단을 통한 봉사활동이나 소방서 위문방문 등으로 유대를 돈독히 하고 꾸준히 상호신뢰 관계를 구축하는 것이 필요하다고 생각한다. 이것은 언론사의 취재기자가 사건 사고 보도를 할 때 주로 경찰서와 소방서에 확인해서 정보를 얻기 때문이다. 전국에서 여러 가지 일로 출동하는 소방서의 활동 사항들은 언론사의 취재기자가 소방재난본부를 통해 한 번에 쉽게 종합해서 알 수 있고 출동 시 촬영된 영상자료와 보고내용 등을 보도 근거로 사용할 수 있어 실제로 언론 보도되는 경우가 많다. 따라서 사업소에서는 언론 보도와 관련 하여 필요한 때 오해를 받지 않고 협조를 얻으려면 평소 소방서와의 유대를 잘 맺고 신뢰 관계를 잘 유지하는 것이 매우 중요하다.

05

오지 지역 지자체의 화장실 관리에 놀라다

오래전 A 지사 근무 시 배전선로 순시를 나갔었는데 지자체에서 관리하는 산속에 있는 오지의 화장실이 매우 깨끗하게 관리되고 있는 것을 발견하고 깜짝 놀랐다. 시내에 있는 화장실도 아니고 산중에 그것도 오지에 설치된 공중화장실이 깨끗하게 청소가 되어있는 것은 물론이거니와 화장실 내에 휴지가 비치되어 있었고 출입문 뒤쪽에는 거울까지 설치되어 있어서 용변 후 편리하게 사용할 수 있도록 아주 깨끗하게 잘 관리되고 있었다. 이런 오지 지역 지자체의 화장실 관리 실태를 사진으로 찍어서 직원교육에 활용하였다. 공무원인 지자체에서도 오지 지역의 화장실을 이렇게 잘 관리하고 있는데 우리는 공기업 직원으로서 자기가 담당하는 전기설비를 제대로 관리하고 있는가 반문해 보고 각성을 해야 한다고 하였다. 실제로 당시 현장 배전선로를 둘러보았더니 관리 상태가 좋지 않았다. 예를 들면 인근 공사장에서 자신들의 공사장에 임시전력을 공급하기 위해 세운 각도 진 전주가 쓰러지지 않도록 우리 전주에 버팀줄을 매어 놓아 우리 전주의 지지력이 부족하여 공사장 쪽으로 딸려가서 기울어진 일도 있었고 또 다른 회사의 통신선이나 시설물들이 허가 없이 설치된 일도 있었으며 절연전선에 주상변압기 설치를 대비하여 전선의 피복을 벗긴 후 변압기 인하선 연결을 위한 분기고리를 미리 설치해 놓았는데 활선으로 노출된 분기고리의 절연을 위한 분기고리 커버는 설치하지 않아서 가로수 접촉에 의한 고장이나 이사짐 운반차의 사다리 등이 분기고리 활선 부위 접촉 시 안전사고가 발생할 우려도 있었다. 그리고 산중의 선로에서는 나무가 성장하면서 케이블이 나무에 닿아 나무 사이로 전선이 파고 들어가 있었으나 오랜 기간 적출 시정을 하지 않고 있는 등의 사례가 있어서 이러한 사진들을 찍어서 배전선로 순시 담당자들에게 보여 주며 프리젠테이션을 하고 주인의식을 갖고 배전선로를 관리하도록 교육하였다. 매년 반복되는 수목 전지의 경우 배전선로 밑에서 자라고 있는 나무의 윗부분 순만 전지했다면 한 계절만 모면하려는 주인의식이 없는 일 처리를 한 것이고 나무의 밑부분을 전지하여 순이 자라더라도 쉽게 배전선로에 닿을 수 없도록 일 처리를 했다면 자기 담당 배전선로에 대한 주인의식을 갖고 일하는 것이라고 볼 수 있다. 그런데 산속을 순시했을 때 나무 끝에서 60센티 정도 또는 3분의 1 정도 만 전지하여 올해 또는 다음 해에 나뭇가지에서 순이 나와 나뭇잎이 자라면 또 수목 전지를 반복하도록 일한 곳이 여러 개소 있었다. 그래서 이런 사진을 보여 주고 교육하면서 여기 배전선로의 담당자들은 누구인지 물어보고 배전선로 담당자들을 확인한 다음 다른 직원들에게는 이 사람들이 사진으로 보아 주인의식을 갖고 일하였는지 주인의식이 없이 일하였는지를 물었다. 직원들은 답을 얘기하지 않아도 한눈에 사진을 보고 주인의식이 없이 일한 것이라는 것을 느낄 수 있어서 이렇게 처삼촌 벌초하듯 대충 일을 해서는 안 된다고 한 번 더 강조하였다. 그리고 우리 회사의 전주에 다른 시설물의 주체들이 자신의 시설물 쓰러짐을 방지하기 위하여 우리 전주에 버팀줄을 매어 우리 전주가 경사지게 버려두고 있는 것은 이 전주가 자신의 집 기둥이라면 이런 버팀줄을 매어 자기 집의 기둥이 삐딱하게 기울어지고 있는데 이것을 그냥 내버려 둘 것인가 반문하여 주인의식을 갖도록 촉구하였다. 이렇게 확실한 비교 대상을 갖고 증거 사진을 보여 주면서 교육을 하니 직원들도 고치겠다는 의식을 갖는 등 교육 효과는 아주 확실하였다. 직원들 교육이 끝나고 노조위원장을 겸하고 있는 배전운영실장이 따로 찾아와서 먼저 고맙다고 하였다. 그 이유는 자신이 아무리 얘기해도 잘 통하지 않는데 오늘 교육 한 번에 직원들 마음을 휘어잡아서 모든 배전운영실 직원들이 각성하고 앞으로는 제대로 단단히 일하겠다고 다들 의지를 확고하게 다졌다고 하면서 다른 한편으로는 미안하다고 하였다. 그동안에 배전선로 관리를 제대로 하지 않아서 배전설비 관리 상태가 엉망인 현장 사진을 보고 현장을 총괄관리 하는 책임자로서 자신의 치부를 보여 주는 것 같아서 크게 부끄러움을 느꼈다며 앞으로 자신부터 솔선수범하여 배전설비를 잘 관리하도록 하겠다고 하고 돌아갔다. 이후로는 직원들이 자신이 맡은 배전선로의 순시를 확실히 하고 불량설비, 위해설비, 취약설비의 도출과 시정이 잘 관리되어 전년도에 본부 내에서 꼴찌였던 고장 발생 실적은 직원들의 주인의식 고취로 획기적으로 개선되어 1등을 하였고 그 후로 배전 고장이 거의 발생하지 않았다. 한 번 마음을 먹고 처음에 힘을 들여서 하기가 어렵지 일단 요령을 터득하고 나면 축적된 노력으로 힘들이지 않고도 쉽게 이룰 수 있다. 언제나 그렇지만 고장 예방을 위한 고생은 지금 사람들이 하지만 고장 감소 혜택은 다음 사람이 보게 된다. 결실은 정직하다. 모든 것이 땀 흘려 노력하고 가꾸어야 튼실한 열매를 맺는 법이다.

06

긴급 전력공급 중단조치 실행

어느 날 갑작스레 정부의 개성공단 철수 방침이 정해지고 문산에서 개성의 평화변전소로 공급하던 전력공급을 중단하는 절차를 긴급히 검토하게 되었다. 그동안 개성공단 전력공급 선로에 대한 설비 고장 시 전력공급 방안에 대한 복구 절차서(SOP)는 수립하였으나 남북 간의 대립이 계속되고 상황이 악화하였어도 막상 전면 전력공급 중단에 대한 검토는 없었다. 그냥 단순하게 문산 변전소에서 전기공급을 차단하면 될 것 아니냐고 할 수도 있겠지만 만일을 대비하여 개성공단과 인근 개성시 일부의 물 공급을 위한 정수장 운영에 필요한 전력공급은 인도적 차원에서 계속할 수 있게 하면서 단전하는 방안과 개성공단에 있는 입주기업들의 냉장과 냉동 설비의 전력까지를 공급하고 나머지를 차단하는 방안 그리고 전면적으로 모든 전기를 차단하는 방안 이렇게 세 가지 방안이 검토되었다. 그러다가 개성공단이 전면 철수 쪽으로 기울면서 전력 전면 차단과 인도적 차원에서 필수적인 물 공급을 하면서 차단하는 두 가지 방안으로 전력공급 차단을 검토하였다. 개성공단은 대량의 전기를 공급하기 위하여 문산 변전소에서 송전선로를 통하여 개성공단 평화변전소로 전력계통이 연결되어 있고 다른 한편으로는 개성공단 시작 초기 단계에 소규모 전력을 공급하기 위하여 설치한 배전선로 두 개를 송전선로 고장 등 비상시에 활용하도록 철거하지 않고 배전계통에 연결해 두고 있었다. 우선 전면적으로 전력공급을 차단하려면 송전선로와 배전선로를 모두 차단하면 된다. 제일 간단한 방법이다. 그러나 인도적 차원에서 개성공단과 개성시 일부에 물을 공급하는 정수장에 전기를 공급하면서 개성공단 전력을 차단하려면 정수장 공급 배전선로만 남측에서 연계된 배전선로에서 전기가 공급되도록 하고 송전선로와 나머지 공단 내 기업들을 공급하는 배전선로는 모두 차단해야 한다. 즉, 남측 배전선로를 통해 정수장까지만 전기가 공급되도록 배전계통을 조작한 다음에 정수장 이후 가까운 개폐기를 차단하여 개성공단 내 기업생산 시설에는 전기가 공급되지 않도록 나머지 송전선로와 배전선로는 모두 차단해야 하므로 전기를 차단하는 절차는 훨씬 복잡하게 된다. 물론 개성공단 내에도 개성지사에 배전 자동화 시스템이 설치되어 운영되고 있었으나 모든 배전 개폐기가 자동화되지 않아서 수동개폐기 조작도 필요한 상황이었다. 상황이 아주 급하게 돌아가서 일단은 두 가지 방안에 대한 대비를 모두 하도록 안을 만들고 실행 계획을 수립하였다. 전력차단계획을 수립하고 하루가 되지 않았는데 개성공단 철수가 진행되었다. 우리 회사도 철수 소산 절차에 따라 할 일이 많았다. 정부의 철수 절차 진행상 전력과 통신은 마지막에 철수를 진행하기 때문에 시간적 여유가 없이 차단계획을 시행하고 국경의 출입국 문이 닫히기 전에 귀국해야 하는 긴박한 상황에서 정부의 개성공단 관리사무소와 함께 협조하여 전력 단전 조치를 진행하였다. 초기에는 단전 방안에 대한 정부 방침이 결정되지 않아 일단 개성시 일부에 수돗물을 공급하는 정수장은 전기공급을 할 수 있도록 배전선로를 연결해 놓고 정부에서 방침이 내려오면 따르도록 하는 방안을 시행하도록 주문하였다. 개성지사 배전 전기원이 현장에 나가서 개폐기를 조작하면서 철수 소산 절차도 진행하느라 정신이 없었다. 개인 서류와 문서 파기, 배전 자동화 시스템의 불능화, 통신 차단 조치 등 여러 가지 일이 아주 짧은 시간에 촉박하게 진행되었다. 정부의 전면 철수 결정에 따라 속속 짐을 챙겨 기업들이 개성에서 돌아오는 것이 언론에서 긴박하게 보도되고 있었다. 전력공급 차단계획을 검토하고 실행에 들어갔으나 현장에서는 여유가 없어서 정수장 공급 선로만 따로 분리 후 나머지는 모두 차단되게 배전계통을 구성해야 하는데 급하게 하다 보니 잘못하여 나머지 선로가 모두 연결되게 조작해 놓았다. 그러나 다행히도 막판에 전면 철수와 더불어 전면 단전으로 정부의 방침이 정해져 통보가 왔다. 이제 개성공단 전력공급 전면 중단을 위해 단전 절차를 실행하여야 하는데 공식 단전 지시를 우리 회사에서 누가 명령을 내리느냐로 잠깐 혼선이 있었다. 송전선로는 전력그리드본부장 소관이고 배전선로는 영업본부장 소관이었다. 결국은 개성지사 철수 대책 본부장을 책임지고 있는 영업본부장이 차단 명령을 내리면 철수대책본부의 반원인 송변전처장이 지시하여 송전선로는 전력그리드본부의 해당 지역 급전소를 통해 SCADA로 전력 차단을 실행하고 역시 철수대책본부의 반원인 배전처장이 배전선로는 영업본부의 해당 지역 배전센터를 통해 DAS로 전력 차단을 실행하기로 하고 정부의 지시를 받아 전력공급 전면 차단 명령을 내렸다. 우리 문산변전소에서 개성의 평화변전소로 공급하는 송전선로 CB를 차단 후 접지를 하였으며 경기북부 배전센터에서 배전 자동화 시스템으로 개성으로 공급하는 배전선로 개폐기를 원격으로 모두 개방 후 북측으로 가는 선로 중간의 수동개폐기를 열고 접지하여 개성공단 단전 조치를 완료하였다. 결국은 개성공단의 전력공급을 전면적으로 중단하여 별다른 문제가 없었으나 만일 인도적 차원에서 정수장 공급시설을 살려 놓고 단전하라고 지시가 내려왔다면 현장에서 긴박한 상황 속에 여러 가지 일을 동시 진행하다 보니 실제로는 계획대로 실행하지 못한 문제가 노출될 수도 있었다. 모든 일은 언제나 사전에 철저하게 준비하고 대비하는 것만이 살아남는 길임을 다시 한번 뼈저리게 깊이 실감하는 계기가 되었다. 개성지사에 전력공급 전면 차단 임무와 철수 소산 절차를 신속하게 진행한 후 국경의 출입국사무소 폐쇄 전에 가능하면 최대한 빨리 귀환할 것을 전달하였음에도 불구하고 개성지사장은 현장의 공장들이 다 철수했는지를 개성공단 관리사무소와 확인하고 개성공단 관리사무소 사무실에 들러 최종 확인까지 하느라고 안전귀국을 염원하는 본사의 애를 무척이나 태웠다. 신속하고 안전하게 철수를 완료하는 것이 제일 중요한 아주 긴급한 상황인데 모두가 철수한 다음 맨 마지막으로 시행되는 절차이다 보니 혹시라도 북쪽에서 마음이 변하여 일찍 문을 닫아 버리면 어쩌나 또 막판에 볼모로 잡히는 게 아닌지 혹시라도 너무 늦게 출입국사무소에 도착하여 이미 문이 닫혔으면 어쩌나 별의 별별 생각들이 머리를 스치며 긴장감과 초조함으로 손에 땀이 나면서 가슴이 답답한 채 숨죽여 TV를 지켜보며 우리 회사의 철수하는 직원들이 전원 국경의 개성 출입국사무소를 무사히 통과하여 철수를 완료하였다는 최종 보고가 오기를 학수고대하고 있었다. 더욱이 개성에서 출발하기 전에 마지막 보고를 유선으로 하고 통신선을 차단하였고 이후에는 연락할 방법이 없었기 때문에 긴장감은 더욱 고조되었고 1분이 한 시간처럼 길게 느껴졌다. 통상 직원들은 개성으로 근무하러 출경할 때 출입국사무소에 핸드폰을 보관하고 퇴근해 입경할 때 핸드폰을 찾아서 전화하므로 개성 출발부터 출입국사무소를 통과할 때까지는 통신 연락이 두절 되는 공백이 생기는 것이었다. 마침내 초조하게 기다리던 선발대의 귀환 전화가 오고 한참이 지난 후 그토록 기다리던 전원 귀환 완료 보고를 받고서 본사의 개성 철수 대책본부는 박수와 함께 안도의 눈물을 흘렸다. 마치 한 편의 영화와 같은 긴박한 일들이 마무리되고 TV에서 굳게 닫혀 한 사람도 없는 개성 출입국사무소의 모습을 보며 마음은 착잡하였다. 우리는 언제나 이런 일 없이 통일된 한국에서 살 수 있을까 하고 말이다.

〈평생 한번의 소원은 들어준다는 갓바위 돌부처〉

〈뜨거운 타일 벽을 기어오르는 담쟁이!〉

07

자체 내염 · 내뢰기준 제정 운영

부산 영도는 남동해 바닷가에 위치하여 과거부터 배전선로에 소금기인 염분이 부착되어 전력설비 피해가 많은 지역이다. 본사에서 근무하다가 승진하여 이곳 배전설비담당 부장으로 와서 살펴보니 과거에 염해로 인한 전력설비 피해가 많이 발생하였으나 염해 대책이 잘 마련되어 있지 않았다. 그리고 영도 지역은 바닷가에 봉래산을 중심으로 고지대에 위치하여 여름철 우기에 낙뢰가 많았는데 피뢰기 불량으로 인한 고장도 많았고 태풍 내습 시 염해로 피뢰기가 섬락(Flash over) 되는 고장을 막기 위해 피뢰기 리드선을 모두 끊어 놓고 있었다. 그래서 무더운 여름철에 염해와 낙뢰 고장을 예방하고자 영도 지역의 전력설비를 전국의 일반지역보다 강화하여 특별히 보강할 수 있는 자체 기준을 제정하는 일에 모든 노력을 집중했다. 과거 염해 고장 발생 데이터와 기상청의 낙뢰 발생 현황 및 연간 낙뢰 발생빈도 등의 자료를 수집하였다. 이를 근거로 설계기준에서 정한 가이드라인에 따라 자체 전력설비의 내염 · 내뢰 강화 기준을 만들고 내부 결제를 득하여 비교적 예산의 제약이 없는 배전설비 신규공사에 우선 적용하도록 하고 배분된 예산 내에서 집행하는 배전설비 유지보수공사도 기술기준 미달, 안전사고 우려 등의 시급한 사항을 제외하고는 염해와 낙뢰 대책설비에 집중투자하도록 하였다. 그리고 전력선으로부터 리드선의 연결을 끊어 놓은 모든 피뢰기는 절연을 측정하여 이상이 없는 피뢰기는 전부 리드선을 전력선에 연결하고 사용하도록 하였다. 배전운영실장이 이렇게 하면 고장이 많이 난다고 불만을 표하며 피뢰기 리드선 연결에 이의를 제기하였으나 피뢰기를 연결하지 않으면 여름철 낙뢰 발생 시 배전계통으로 유입되는 유도뢰 써지로 인해 애자류의 절연파괴 고장과 절연전선 단선 고장이 발생하며 만일 단선된 전선이 아스팔트 위에 떨어지면 배전선로 고장감지가 잘 되지 않아서 리크로저 등의 배전선로 보호장치가 동작하지 않게 되고 그러면 전기가 차단되지 않아서 길을 가던 행인의 감전 사고와 같은 안전사고 발생 위험도 커진다고 설득하였다. 그래서 배전선로에 피뢰기 리드선을 연결하여 고장이 조금 증가하더라도 피뢰기를 운영하는 것이 더 바람직하다고 배전운영실장에게 피뢰기 리드선을 연결할 것을 재차 주문하였다. 그리고 본사에 요청하여 신개발 내염 기자재의 시범 사용량을 최대한 우리 사업소로 배정해 주도록 요청하였다. 이렇게 하여 한정된 유지보수 예산 이외에 추가로 시범 사용하는 장경간 현수애자, 내염 COS 등 많은 내염 기자재를 설치하여 배전설비를 보강하였다. 어느덧 계절이 바뀌어 여름철이 되자 태풍이 내습하였다. 태풍은 서해안으로 상륙하는 것도 있지만 제주도를 거쳐 부산 쪽으로 대한해협을 통과하는 태풍도 많았다. 이들 태풍 중에서 특히 쁘라삐룬(태국 작명 : 비의 신)을 비롯하여 부산 쪽을 스쳐 가는 태풍을 이곳에서 직접 체험해 보았다. 영도 중리 해안가는 태풍의 바람이 직접 마주치는 지역이라서 바람이 매우 센 곳인데 이곳의 배전선로 순시를 담당하는 배전 전기원과 저압보수차를 타고 나가 보니 전선이 태풍의 강한 바람에 횡으로 진동하며 마치 뱀이 기어가는 모습처럼 좌우로 흔들리며 춤추고 바람이 워낙 세서 사람도 바람에 떠밀려가는 상황이었다. 바닷가 방파제에 부딪힌 파도는 방파제를 뛰어넘고 있어 사나운 기세가 맹렬하여 모든 것을 집어삼킬 듯한 기세였다. 윙윙거리는 사나운 바람 소리를 뒤로하며 사업소로 돌아와서 모든 접수되는 고장은 집계 후 바람이 잦아들어 출동이 안전하다고 판단될 때 나가서 수리하라고 얘기해 놓고 TV로 실시간 태풍 상황을 지켜보았다. 과거에는 태풍이 불고 있는 상황에서도 고장 수리를 위해 출동하였는데 그러다가 몇 해 전 경남지역에서 태풍이 불어오는 중 배전선로 고장복구를 위해 저압보수차를 몰고 가던 배전 전기원 두 사람이 태풍의 강풍으로 도로표지판이 떨어져서 바람에 날아와 자동차의 앞유리창에 떨어지는 바람에 현장에서 사망하는 안타까운 일이 발생하였었다. 이 사고 이후로 태풍 중의 고장복구 출동은 금지하고 태풍이 잦아들어 안전하다고 판단될 때 고장복구를 위해 출동하도록 태풍 시 행동요령이 바뀌었다. 태풍 진로에 속한 사업소 현장에서 근무하며 처음으로 태풍의 강한 위력을 직접 체험하였으나 예상과는 달리 배전 고장은 평소의 2~3배 정도로 그다지 많이 발생하지 않아서 다행이었다. 그다음 해에 본사로부터 내염용 장간형 현수애자 시범사용 결과 확대 사용중지와 같은 작은 변화는 있었으나 자체적으로 제정한 배전설비 내뢰 및 내염 기준에 따라 열심히 내염기자재와 피뢰기, 가공지선과 같은 피뢰설비들을 꾸준히 설치해 나갔다. 그리고 몇 개의 태풍이 더 지나갔으나 다행히 설비 보강 덕분인지 염해로 인한 고장은 별로 없었고 낙뢰 써지로 인한 고장도 배전운영실장의 우려와는 달리 별로 발생하지 않아서 그동안 직원들과 함께 노력한 결과가 나타나는 것 같아서 좋았다.

08

진공차단 개폐기 하자처리 개선

본사의 품질부서장으로 부임하여 가장 머리가 아픈 일은 기자재의 하자를 처리하는 문제였다. 하루는 배전 품질담당 차장이 요즘 사업소에서 많이 발생하고 있는 배전용 진공차단 개폐기의 하자 처리방안을 결재받고자 검토한 서류를 갖고 왔다. 하자 처리방안 검토서의 내용을 자세히 살펴보니 국산화한 진공차단 개폐기에서 접지방식을 변경하여 내전압이 차단된 개폐기의 진공 차단부에 인가되어 몰드 파손과 절연파괴로 이어지는 것이 주요한 원인이나 하자 처리방안에 문제가 있어 보였다. 우선은 사업소에서 당장에 고장이 난 진공차단 개폐기를 규격 개선 등 문제점이 보완되어 새로 보급되기까지는 같은 개폐기로 교체할 수 없어서 불가피하게 SF6 가스 차단기로 대체하여 교체하는 하자 처리방안이 결재받고자 올라온 것이었다. 그런데 진공차단 개폐기의 가격이 SF6 가스 차단 개폐기보다 훨씬 비싼

데도 불구하고 그냥 1 : 1 방식으로 교환하는 것으로 보상방안이 작성되어 있었다. 그래서 담당 차장에게 한 가지 예시를 들었다. 우리가 좋은 만년필을 사서 사용하다가 고장이 나서 항의하니 문구점에서 만년필 대신 볼펜을 대신 사용하라고 준다면 우리는 당연히 만년필 값과 볼펜값을 비교해서 차액을 보상받고 볼펜을 사용하든지 또는 볼펜을 사용하지 않고 만년필 값을 전액 돌려 달라고 해야 할 것 아니냐면서 재검토를 하도록 요청하였다. 담당 차장은 그동안 업체와 운영부서 등이 모여서 여러 차례 회의와 협상을 거쳐서 어렵게 마련한 합의 방안이라면서 업체에서 수긍할지 모르겠다고 하였다. 그러나 이렇게 처리하게 되면 아무리 합의 처리한 것이지만 회사에 손해가 있는 것이 명백하므로 차후 감사 등에서 문제가 될 수 있음을 상기시키고 하자 업체와 재협상을 하도록 하였다. 그리고 분명한 논리가 있으니 이런 논리대로 설득하면 하자 업체에서도 이해할 것이라고 하였다. 이렇게 하여 진공차단 개폐기 제작 3개 업체와 하자처리 재협상을 하여 결국은 차액을 현금 또는 현물로 보상받도록 하였다. 진공차단 개폐기 제작업체 업체 중 규모가 비교적 큰 업체는 현금으로 차액을 보상하고 소규모 업체는 현금보상이 어렵다고 하여 SF6 가스 차단기를 나머지 차액만큼 추가로 더 납품하는 것으로 하자 처리방안을 수정하여 마무리하였다. 어려운 일이지만 어떤 일이든지 미리 문제를 찾아내어 해결해야 훗날 뒤탈이 없는 법이다.

09

밀양 송전탑 건설반대 사옥 불법 점거시위

어느 일요일 오후에 평화롭게 쉬고 있는데 시위대가 우리 지역 본부의 사옥에 올라가 밀양 송전탑 건설반대 시위를 하고 있다고 당직자로부터 긴급한 연락이 와서 바로 회사로 나갔다. 이 시기에는 밀양 송전선로 건설반대 시위가 시민단체를 중심으로 희망연대 버스 등을 통해 전국에서 참여하여 격렬하게 진행 중이었는데 우리 회사는 합법적으로 승인받은 사업의 원활한 진행을 위해 각 지역 본부에서 인원을 지원하여 밀양 송전선로 건설현장에 방호업무를 지원하고 있었으며 건설공사 현장에서는 지역 주민을 중심으로 건설반대 시위자와 시공자 간에 몸싸움도 심하여 연일 언론에 밀양 송전탑 건설반대 시위가 보도되는 민감한 시기였다. 한편으로는 대구에서 세계에너지총회가 개최될 예정이어서 사장님이 총회 개최 준비위원장이라 사전점검 기간과 총회 기간에는 대구지역본부에서 업무를 보기로 하여 집무실을 대구로 옮겨 근무하고 있는 상태였다.

우리 지역 본부 사옥은 도심지 번화가의 중앙에 있는데 민중○○당 소속 당원을 중심으로 한 시민연합 시위대가 우리 회사의 민원창구로 들어가는 현관의 빗물방지용 슬라브(캐노피) 위에 열댓 명이 올라가서 지나가는 사람들에게 밀양 송전탑 건설반대 유인물을 살포하고 사옥의 벽에 붉은색 스프레이로 "밀양 송전탑 건설반대", "살인마 한전 사죄하라" 등을 쓰고 구호를 외치며 시위를 벌였다. 근무 중이던 당직자가 나와서 제지해도 소용이 없어 경찰서에 사옥 불법 강제점거를 신고하고 경찰이 와서 시위대에게 해산을 요구하여도 말을 듣지 않고 시위를 계속하여서 경찰이 강제 진압 절차에 들어가 소방서가 출동하여 에어쿠션 매트리스를 바닥에 설치한 다음 경찰이 현관 위의 슬라브로 소방서의 고가사다리차를 이용해 올라가서 시위대를 강제로 에어쿠션 매트리스로 끌어 내려 해산하고 불법행위의 조사를 위해서 모두 경찰서로 연행해 갔다. 그래서 시위대가 현관 위의 슬라브에는 손도 닿지 않는데 어떻게 올라갔는지 궁금하여 사옥에 설치된 CCTV의 촬영된 영상을 확인해 보니 시위대가 사다리를 미리 준비해 갖고 와서 현관 슬라브에 걸쳐놓고 올라간 다음 사다리를 치우는 것이 보였다. 우리 본부 사옥은 도심지에 빌딩 형태로 울타리가 없이 바로 벽이 보도와 접하고 있어 보도로 사다리를 갖고 와서 5분 남짓한 짧은 시간에 시위대가 현관 슬라브 위로 올라가는 것을 확인하였다. 당시 당직자가 사옥에 올라가는 것을 인지하였더라도 당직실이 있는 신관에서 슬라브가 있는 구관까지 오는 시간이면 이미 슬라브 위로 올라가서 사실상 제지는 불가능했을 것으로 판단하였다. 이제 사후 사태 수습이 중요하다고 판단하여 우선 직원들을 동원해 사옥 주변에 뿌린 밀양 송전탑 건설 반대 유인물은 모두 수거하고 사옥 재점거에 대비하여 사옥 순찰 및 경비에 필요한 인원을 긴급히 비상 소집하도록 하고 사옥 외곽 순찰조와 사옥 내부 방호조를 구성하여 직원이 도착하는 대로 바로 투입하여 비상 근무를 시작하였다. 그리고 시위대가 사옥의 벽에 쓴 밀양 송전탑 건설반대 구호를 신나 등으로 깨끗이 지우고 민원창구 출입구와 신관 출입구 현관 위의 슬라브에는 다시 사람이 올라갈 수 없도록 철조망을 바로 설치하라고 하였다. 경영지원부장과 설비운영부장은 벌써 저녁인데 일요일 밤에 어떻게 인력과 자재를 수배하여 공사할 수 있냐면서 난색을 표명하였다. 그러나 오랜 회사 경험으로 볼 때 내일 아침이 되면 경영진에게 시위사건이 보고가 될 것이고 그러면 그 때 반드시 경영진이 사업소에서는 어떻게 대응했고 재발 방지를 위해서는 무엇을 했는지 물을 것이기 때문에 어렵더라도 꼭 오늘 밤에 얘기한 사항을 조치 완료하도록 거듭 강하게 주문하였다. 그리고 작업 전과 후의 사진을 촬영해서 필요할 때 사용할 수 있게 준비하고 보고서에도 첨부하라고 하였다. 사옥의 벽에 쓴 구호는 야간에 사다리를 놓고 청소하여 빨리 지웠으나 철조망 설치는 자재와 공사업체를 수배하느라 야간에 공사가 어려웠고 공사업체를 설득하여 새벽 일찍 공사에 들어가 아침에 7시 반에 출근해 보니 공사가 완료되었다. 핸드폰으로 현관 슬라브 위의 철조망 설치 사진을 찍고 사무실로 올라와 사옥 순찰과 방호가 밀양 송전탑 건설이 완료될 때까지 장기간 해야 하므로 발전소와 변전소를 경비하는 특수경비 청원경찰(특경)을 본사에 얘기해서 정원과 예산을 조치해 주도록 시위사건 보고서에 넣어서 건의하였는데 구체적으로 특경은 정원을 5명으로 하여 야간은 2명씩 2개 조로 주간에는 1명이 기존 청원경찰 1명과 직원 각 1명씩 2개 조로 편성하여 사옥을 순찰하는 것으로 구성하여 특경 인력과 예산을 산출해 본사로 신청하였다. 그리고 잠시 후 9시가 지나자 관리본부장이 전화하여 상황을 자세히 물어보고 역시 예상했던 대로 시위대가 왔을 때 우리 본부에서 한 일은 무엇이고 재발 방지를 위해서는 어떻게 하고 있는지를 질문하였다. 그래서 벽에 쓴 글씨는 모두 지웠고 현관 슬라브에는 철조망을 설치 완료하여 앞으로 사람이 올라갈 수 없도록 조치하였다고 하자 관리본부장은 벌써 완료하였냐고 하면서 더 묻지 않고 본사에서 지원할 사항은 사장 보고 후 조치하겠다고 하였다. 그리고 잠시 후 비서실장으로부터 사장님이 묻는다면서 전화가 왔는데 사장님은 근무자가 있는데 왜 사옥 점거를 막지 못하였는지 물었다고 하였다. 그래서 우리 본부 사옥은 울타리가 없고 바로 벽이 도로와 접해 있는데 시위대가 사옥 내부를 점거한 것이 아니고 사옥 외부의 벽면에 있는 현관 슬라브에 사다리를 놓고 순식간에 올라가서 시위하여 막을 수가 없는 상황이며 이런 상황이 녹화된 CCTV가 있다고 하자 파일을 보내 달라고 하면서 재발 방지대책은 어떻게 하였냐고 해서 이미 현관 슬라브 위에는 철조망을 설치하였고 지금은 직원으로 자체 방호인력을 편성하여 사옥을 순찰하고 있으며 본사로 특경을 배정 요청하였다고 하자 철조망 설치 사진을 핸드폰으로 보내 달라고 하여 관련 녹화 파일과 사진을 보내 주고 보고는 일단 끝났다. 이렇게 밀양 송전탑 건설반대 사옥 불법 점거시위는 사태 발생 이후 사후 조치를 신속히 잘하여 당직자 등에 대한 책임 문제가 거론되지 않고 조용히 해결되어 다행이었다. 그러나 본사에서 특경 채용을 위한 정원 배정과 예산 승인이 빨리 되지 않아 전 직원이 동원되어 주야로 열흘 이상 사옥 방호업무를 수행하다 보니 직원들의 피로가 누적되고 불만이 슬슬 나오기 시작하였다. 그래서 본사의 기획처장과 통화하여 사장님에게도 보고가 된 사항이고 직원들이 밀양으로 송전탑 방호 현장 지원도 가고 자체 사옥 방호에도 동원되어 이중으로 방호업무를 수행하여 피로감을 호소하고 있어 신속한 도움을 요청하였더니 기획처장이 먼저 예산 배정을 해줄 테니 우선 특경 채용은 지역본부에서 직접 용역업체와 협의하여 긴급계약을 하면 정원은 배정하겠다고 하였다. 기존에 청원경찰을 파견하고 있는 용역업체와 협의하여 특경을 추가로 파견해 주도록 용역계약을 변경하고 적정 인력을 추천받아 즉시 근무에 들어갔다.

이렇게 하여 특경을 중심으로 주야 상시 사옥 순찰과 방호업무가 수행되면서 직원들이 이중으로 방호에 동원되는 일이 없어지고 모든 문제가 원만히 해결되어 직원들도 평소와 같이 안정을 되찾았다. 이런 돌발사고가 갑자기 발생하더라도 미리 준비하고 대비하는 자는 산다.

〈밀양 송전탑 건설반대 사옥 불법 점거시위 해산〉

〈현관 슬라브 위에 불법 시위 방지용 철조망 설치〉

PART 05

작은 말 한마디가 큰 화가 될 수 있으니 언행에 신중하자

PART 05

작은 말 한마디가 큰 화가 될 수 있으니 언행에 신중하자

01

폐애자 방치 언론취재 유발

때로는 사소한 말 한마디가 큰 화가 되는 일도 있다. A 지사장으로 근무하고 있을 때의 일이었다. 지사에서 제일 높은 산 쪽으로 뻗어 있는 배전선로의 취약개소를 보기 위하여 도보로 산속을 순시하게 되었다. 배전선로를 따라 산에 올라가 보니 배전선로 밑에 과거 불량 애자를 교체하고 철거한 애자를 회수하여 폐기 처리해야 했으나 이를 회수해 가져오지 않고 그냥 산속에다가 철거 애자를 버려놓은 것이 많았다. 아마도 숲속을 헤치고 다니면서 폐 현수애자를 모아서 짊어지고 인력으로 도로가 있는 곳까지 운반하려니 몹시 힘도 들고 시간과 비용도 소요되고 하니 또 사용할 수 있는 것도 아니라 값어치도 없고 하니 그냥 산속에다가 버렸던 것으로 생각된다. 이렇게 폐애자를 산속에 버리면 환경오염이고 폐기물 방치가 된다. 폐애자는 도자기와 같은 방법으로 고온에 구운 것이라서 매우 단단하고 시간이 오래 흘러도 분해되거나 썩어 없어지지도 않고 현장에 폐기물로 장기간 방치되어 남기 때문에 곧 버린 당사자의 폐기행위의 물증이 된다. 따라서 공사 후 폐애자는 반드시 수거하여 절차에 따라 폐기물로 처리하는 것이 좋다. 이렇게 배전선로 순시를 마치고 식당에서 저녁 식사를 하던 중 폐애자에 대한 문제점을 직원들과 얘기했다. 그런데 뜻밖에도 바로 옆방에서 지역 방송국의 기자들이 밥을 먹고 있었던 모양이었다. 식사하면서 이런 얘기를 들은 지역 방송국 기자들은 다음 날 산에 올라가 취재하여 방치된 철거 애자들을 영상으로 촬영하여 이를 중앙 프라임 뉴스타임에 방영하겠다고 하여 야단법석이 일어났다. 본사에서 이런 사실을 인지하고 바로 연락이 와서 회사에 부정적 보도가 나가지 않도록 어떻게 해서든지 막아 달라고 하였다. 어쩔 수 없이 지역 방송국과 연락을 하여 이번 일은 지역 문제이니 우리 지역에서 해결하고 중앙 방송에 보도하지 않도록 요청하고 다른 한편으로는 지인인 지역 유력인사를 통하여 방송국의 보도국장에게 이해를 구하였다. 이렇게 하여 결국 중앙 언론 보도는 되지 않았지만 이런 일을 계기로 하여 어디 가든지 언행에 조심하는 습관을 갖게 되었다. 특히 식당 또는 커피숍 등 공개된 장소에서 문제의 소지가 있는 이야기를 공개적으로 하는 것은 바람직하지 않다. 언제 어디에서 어떤 사람이 이런 내용을 듣고서 이것이 문제가 되어 부메랑으로 자신에게 돌아올 수 있을지 알 수 없기 때문이다.

02

변전소 담장 붕괴 언론 보도 확대

사소한 일이 크게 보도된 또 다른 사례가 있다. 지역 본부장을 할 때 일인데 휴일이라 집에서 쉬고 있는데 당직실에서 급한 연락이 왔다. YTN, KBS 등 주요뉴스에 우리 관내 변전소의 담장이 무너졌다는 언론 보도가 되고 있다는 것이었다. 아주 사소한 일이라서 보도가 될 상황이 아님에도 불구하고 언론 보도가 되었다. A 변전소는 오래되어 부지가 민간에 매각되고 철거공사를 하기 위해서 공사가 계획 중이었는데 마침 태풍으로 인하여 언론이 민감한 시기에 한전의 변전소 담장이 태풍의 강한 바람에 의해 붕괴했다고 하여 언론에 호재로 보도된 상황이었다. 그런데 이 변전소는 변전소 기능을 정지하고 매각 후 빌딩 신축을 위해 철거 작업 예정 중이라서 당연히 건물과 담장 등의 일체 유지 보수작업을 하지 않아 취약한 상황이었다. 그리고 매각 후 빌딩 신축을 위해 소유주가 건설회사를 선정해 철거 중으로 변전소의 기능을 하지 않고 있어서 이 시설은 중요도가 매우 낮은 것이었다. 그러함에도 불구하고 언론에서 한전의 변전소 담장이 비바람에 붕괴했다고 하니 중대한 기사로 나오게 된 것이었다. 상세한 보도 경위는 주변을 지나가던 사람이 소방서에 변전소 담장 붕괴 사실을 신고하여 소방서에서 출동하여 확인 점검을 하고 우리 직원에게 확인을 받아 갔었는데 이것이 언론에 보도된 것이었다. 이때 만일 현장에서 확인해 준 우리 회사의 담당자가 이 변전소 시설은 이미 폐지되었고 현재 매각되어 우리 회사의 시설이 아니고 민간에서 건물을 짓기 위하여 철거 작업을 진행 중인 것이라고 이야기하였다면 굳이 언론에서 변전소 담장 붕괴라고 보도가 나오지 않을 수 있었던 상황이었다. 그렇지만 현장에 출동했던 우리 회사 담당자의 대응 미숙으로 인하여 그냥 아무 생각 없이 변전소 담장 붕괴라고 하는 소방서의 확인에 동의한 것이 소방재난본부로 보고 집계되어 기자가 이것을 받아 언론 보도를 하였다. 정말 사소한 사항이 언론에 큰 문제가 있는 것처럼 보도하여 마치 우리가 설비관리를 평상시에 제대로 하지 않기 때문에 또는 설비관리를 잘못하여 태풍으로 변전소의 담장이 무너졌다는 것으로 인식되는 매우 심각한 상황으로 진전된 사례였다. 이 일을 계기로 소방서와 함께 지역사회의 어려운 이웃을 돕기 위한 봉사활동도 하고 평소 고생하는 소방서를 찾아 위문도 하면서 협조 관계를 유지할 수 있도록 서로 유대를 돈독히 하였다.

03

강남과 강북 지중화 격차 언론 보도 확대

어느 날 중앙 일간지에 생뚱맞은 기사가 보도되었다. 그 내용은 빈부격차 차원의 문제점을 다루면서 강남은 부촌이며 시설이 다 잘되어 있고 강북은 빈촌이라서 시설 인프라가 열악하다며 대표적으로 전선 지중화율을 격차로 예를 들며 빈익빈 부익부라며 비판하는 기사가 신문 가판에 조그맣게 나왔다. 이에 대해 처장은 별로 얘기하지 않았으나 부처장이 기사를 안 나오게 하라고 하여 편집 데스크에 다녀오기도 하고 사실이 아님도 해명하였으나 신문기사가 보도되고 말았던 것이었다. 실제로 강남은 계획도시라서 처음부터 대부분이 지중선로로 공급되었고 지중화가 안 된 지역은 구청이 비용을 부담하여 적극적으로 지중화를 한 결과이고 강북은 구도심인지라 처음부터 가공선로로 공급된 지역으로 간선도로변은 지중화를 하였지만 좁은 뒷골목은 케이블을 지하로 매설하는데 각종 상하수도 등 이미 좁은 도로를 선점하고 있는 지하매설물들이 있어서 케이블 설치용 관로를 매설할 수 있는 지하 공간 자체가 없는 곳이 많아서 지중화가 어려운 것이 현실인데 이런 여건을 알 리가 없는 신문기자가 빈부격차로 강남은 지중화가 많이 되고 강북은 가난하여 지중화가 안 되어 지저분한 하늘을 머리에 이고 산다는 뜻으로 기사화한 것이었다. 이대로 그냥 두었으면 사그라들 일이었는데 우리 지중담당 차장이 신문에 보도한 해당 기자 이름을 보고 전화를 하여 왜 잘 알지도 못하면서 논리도 맞지 않는 기사를 작성해서 보도하냐고 항의를 하자 기자가 앙심을 품고 다시 비슷한 내용을 이번에는 기사가 아닌 신문 사설로 보도를 하였다. 말하자면 괘씸죄로 신문 사설에 게재가 된 것인데 신문 사설에 게재되자마자 산업부에서 해명자료를 내라 국회에서도 사실 확인이 오는 등 문제는 더 커졌다. 이렇게 하여 거센 언론 보도 후폭풍에 시달리게 되었지만 그렇다고 열심히 일한 차장을 뭐라고 나무랄 수도 없었다. 투덜대며 울분을 참지 못하고 씩씩거리는 차장도 달래야 하고 처장과 전무님께 해명 보고도 하며 죄송하다고 하고 또 정부와 국회에 해명하고 양해를 구하다 보니 중간관리자는 가운데서 그야말로 샌드위치 격이 되었다. 어쨌든 언론과 논쟁을 벌이는 것은 계란으로 바위 치기에 불과함을 느꼈다. 언론을 상대할 때는 언행에 신중하여야 한다. 더 말할 것도 없이 언론과 언쟁을 벌이는 것은 무모하고 매우 어리석은 일이다.

04

회사 업무출장에 집사람 동반 오해

정년을 몇 해 남겨두고 마지막 보직 자리에서 직원의 꽃이라고 할 수 있는 상임이사 부사장에 지원할 무렵 이상한 청렴 관련 음해 사건이 하나 발생하였다. 감사원으로 민원이 접수되어 지역분원으로 민원이 이첩되어 감사원 분원에서 사실관계 확인요청이 왔고 같은 내용이 권익위원회와 본사 감사실에도 접수되어 확인요청이 왔다. 물론 이런 사실이 없었기에 당당하게 사실확인에 응할 수 있었으나 상임이사 도전을 앞둔 중요한 시기에 일종의 흠집 내기와 같은 악의적인 음해 사건이 아니었나 싶었다. 왜 이런 구실을 주었나 하고 곰곰이 생각해 보았다. 어느 날 홍보팀장이 회사홍보를 위하여 업무 관련 사진만 넣으면 홍보하기가 너무 딱딱하니 업무 외에 가족과 함께 촬영한 사진을 골라서 몇 개 좀 달라고 하였다. 그래서 생각 끝에 최근에 집사람과 함께 여행한 사진과 가족끼리 여행하면서 여러 곳에서 찍은 사진 등을 발췌하여 홍보팀장에게 전해주고 이 중에서 필요한 사진을 골라서 사용하라고 하였다. 그런데 이 사소한 일이 상임이사 지원과 경쟁을 하는 중요한 시점에 엉뚱한 문제를 유발하게 되었다. 홍보팀에서 근무하고 있는 차장이 사업소의 부장 승진 후보자 경쟁에서 투표로 탈락하게 되었는데 이것이 마치 자신을 지원해 주지 않아서 탈락한 것으로 오해하여 독심을 품고 애매하게도 이 사진을 이용하여 사업소장이 업무상 해외 출장을 가면서 부인을 동반하여 갔다고 음해하는 투서를 하였다. 한편 이 차장은 우리 회사 근무 경력이 오래되긴 하였으나 우리 사업소로 전입하여 근무한 기간이 1년밖에 안 되어 기존 사업소에서 오랜 기간 함께 근무한 차장과 경합하고 있는 상황에서 본인에게 먼저 사업소 대표로 출전하여 승진할 기회를 달라고 조르고 또 본사의 지인에게 부탁해서 연락이 오는 등으로 쉽사리 대표를 결정하기가 어려운 상황이라서 사업소 내의 전체 부서장이 참여한 투표에서 우리 사업소의 승진 출전 대표 주자를 선정하였는데 여기에서 패배하였다. 그리고 마침 당시에는 모 회사 사장이 미국 출장을 가면서 자녀를 업무상 출장에 동행하여 문제가 되어 언론에 집중적으로 보도되었는데 이 회사 사장의 철없는 딸이 자랑삼아 아버지 회사 비용으로 아버지와 함께 해외여행을 한 것으로 SNS에 글을 올린 것이 계기가 되어 공무상 해외 출장에 가족을 동반하여 언론에 지탄받고 한참 사회적인 문제가 되던 상황이었다. 권익위원회와 감사원에서 사실관계 확인을 요청하고 본사 감사실에서 확인을 요청하는 등으로 청렴하지 못하다는 의심을 받고 명예가 실추

되며 사실이 아님을 입증하는 관련 서류를 제출하는 등 번거로운 일을 당하였다. 우선 이러한 일이 사실이 아님을 증명하기 위하여 집사람의 해외출입국 사실확인증명서를 떼고 본인의 여권상 해외 출입국 기간과 장소가 겹치지 않음을 입증하여 해외 출장을 부부동반으로 가지 않았다고 증명을 해야만 했다. 최근 3년간 각각 해외 출장을 갔던 기간의 해외출입국 기록 대조를 통하여 둘이 동시에 해외에 나간 기간이 겹치는 것은 한 건 있었으나 해외 출장을 간 국가가 달라서 번거롭기는 하였으나 의혹은 쉽게 벗어났다. 그러나 어쨌든 사소한 홍보용 가족사진으로 인하여 개인적으로 중요한 시점에 회사 비용으로 부부동반 해외 출장을 갔다는 오해를 불러일으키게 된 것은 리더로서 남으로부터 오해받을 소지를 없도록 하는 것이 가장 큰 덕목인데 이런 오해를 불러온 것은 어쨌거나 자신의 불찰이라고 생각한다. 새삼스레 옛 속담인 자두밭에서는 갓끈을 고쳐서 매지 말고 참외밭에서는 신발 끈을 고쳐서 매지 말라는 말이 생각나고 남으로부터 오해받을 소지가 있는 일을 하면 안 된다는 교훈이 의미심장하게 느껴졌다. 물론 상임이사에 도전하는 후보자를 흠집 내고자 고의로 했을 수도 있고 승진 탈락을 복수하고자 역심을 품고 했을 수도 있다. 하지만 근본적으로 이런 오해의 소지를 준 나의 잘못이 더 크다고 생각하였다. 일부의 사람들은 그 차장을 감사실에 얘기하여 사업소장 명예훼손과 무고죄로 징계를 요청하라고 주장하였으나 그렇게 하는 것이 오히려 누워서 내 얼굴에 침을 뱉는 격으로 리더로서는 부적합한 처사라고 판단하여 이후로도 그 차장을 벌하거나 탓하거나 하는 일은 하지 않았다. 그다음 해에도 이 차장은 승진 후보 경쟁이 심하여 초반에 경쟁에서 탈락하였고 다른 두 사람 간의 승진 경쟁이 심하여 결국은 소속 부서 내의 상하 전 직원이 참석하는 투표로 역시 사업소의 승진 대표주자를 민주적으로 선정하였다. 리더는 부하직원으로부터 오해받을 소지나 행동을 하지 않는 것이 중요하다고 생각하며 어떤 면에서는 오해를 불러일으킨 자신에게 더 문제가 있다고 생각했기에 이럴 때는 "이 또한 곧 지나가리라"는 명언처럼 그냥 조용히 보내는 것이 상책이다. 이런 일을 계기로 조직의 리더는 행동을 더욱 신중하게 하고 사소한 일일지라도 남에게 오해받을 소지는 만들지 않는 것이 현명한 일이다.

05

전력설비 전산화 현장조사원의 체포

과거 오래전에는 주상변압기의 부하 관리는 변압기 카드를 만들어서 1년에 한 번씩 하계와 동계 피크부하 기간에 현장에 나가서 후크온메타로 부하전류를 측정해서 해당 변압기 카드에 기재하고 다시 변압기의 부하를 측정하기 전 중간에는 신규 전기공급 신청이 들어와서 부하를 추가 공급하게 되면 전기 신청용량의 환산 부하전류를 수작업으로 계산하여 변압기 카드에 기록하고 기존 부하측정 전류와 합산하여 1.3배 이내이면 먼저 신규 공급하고 주상변압기의 과부하 소손방지를 위한 교체공사를 사후에 시행하고 있었다. 이러한 불편하고 인력이 많이 소요되고 담당자의 재량에 따라 신규 고객의 전기공급이 좌우되는 수작업 주상변압기 부하관리 업무를 새로이 전산화할 때 일어난 일이다. 주상변압기의 부하 관리를 전산화하기 위해서 주상변압기의 제조회사, 제작연도, 공급전압, 결선방식 등의 데이터를 현장에 나가 조사해서 입력 장표를 만들어 전산입력 하는 일을 하고 있었다. 매일 조사원 30여 명에게 배전설비 지적 도면을 청사진으로 복사해 나눠주면 현장조사원이 도면을 들고 현장을 찾아가서 주상변압기의 제원을 파악해서 기재해 오고 이 데이터를 사무실에서 고용한 아르바이트 대학생이 전산입력 장표로 만들면 이를 종합 검토하는 작업을 수행하였다. 매월 입력한 데이터의 양과 누계 전산 입력한 물량이 전체 대상 물량의 몇 퍼센트 정도 진척되었는지가 사업소 경영목표로 설정되어 평가되고 있었기 때문에 사업소 간 경쟁으로 매우 힘든 일이었다. 과거에는 주상변압기가 과부하로 소손하는 일이 많았기 때문에 주상변압기 현장조사와 함께 고객이 어느 변압기에서 공급되는지 인입 전주와 공급받는 변압기 전주 번호를 고객별로 조사하여 입력하는 일도 병행하였다. 이렇게 전산화를 하면 변압기별로 공급하는 고객이 입력되니까 고객별 전력량계의 전력사용량 검침 수치 입력으로 변압기에서 공급하는 모든 고객의 월간 전력사용량을 요금 데이터베이스로부터 쉽게 파악할 수 있다. 이렇게 하여 고객의 사용 용도별로 주택, 상가, 공장의 사용량을 집계하고 용도별 고객 샘플 조사를 통해 알고 있는 사용량을 부하전류로 환산하는 계수를 적용해서 주상변압기의 월별 최대공급 부하를 추정하여 기준용량에 대비한 과부하율과 매월 전력량 증가 추이로 산정한 예상 과부하율을 알 수 있다. 이제 이 예상 과부하율을 활용하면 변압기의 소손을 예방하기 위하여 배분하는 교체 예산의 배정기준으로 변압기 예상 과부하 대수를 토대로 예산을 배분할 수도 있고 배분된 예산으로 주상변압기를 교체해야 하는 대상 변압기의 선정과 교체 시기 선택 정보로도 사용할 수 있게 되는 것이었다. 이런 작업을 몇 달째 계속하면서 주상변압기 부하관리 전산입력 마감 시간에 쫓길 때는 목표달성을 위해 사무실에서 밥을 시켜 먹고 부장님의 손님 접견 쇼파에서 자고 일어나 아침에 일찍 일하기도 하였다. 그러던 어느 날 점심시간이 가까워질 때쯤 이상한 전화 한 통을 받았다. 이때는 국정원 지부를 ○○○ 문화사라고 위장해서 부르며 아주 위세가 대단한 시절이었다. 그런데 말로만 듣던 그 문화사를 기웃거리는 사람이 있어서 체포하였는데 본인이 한전 직원이라고 한다면서 신원을 확인해 달라고 전화가 왔다. 전산화 업무로 몰입해 바쁜 상황에서 전화를 받다 보니 우선 이름이 우리 한전 직원이 아니라서 그런 사람이 없다고 하였다. 그러다가 한참 후에 점심을 먹으러 가려고 하는데 다시 찾는 전화가 왔다고 하여 전화를 받으니 한전에서 전산화 작업으로 변압기 조사를 하고 있느냐고 물었다. 그래서 그렇다고 하자 변압기 조사하는 사람이 그 문화사의 출입문이 아닌 곳으로 들어오다 잡혀 있다면서 와서 신원을 확인해 주고 데려가라고 하였다. 회사 차를 타고 현장에 가서 신원을 확인하는 사인을 해주고 전산 조사원을 사무실로 데려와서 자세한 이야기를 들어보았다. 배전선로를 따라 주상변압기를 조사하면서 산 쪽으로 계속 말단 변압기까지 조사하기 위해서 올라가다가 마지막에 있는 주상변압기를 조사하려고 선로를 따라 숲속으로 들어갔는데 그때 갑자기 철모를 쓴 군인들이 나타나서 자기를 연행해서 갔다고 하였다. 그리고 어디론가 사무실로 데려가 여기는 왜 왔느냐 무슨 일로 기웃거리냐고 해서 한전 직원이라고 했더니 신분증을 내놓으라고 하여 없다고 하자 확인 전화를 걸더라는 것이다. 그래서 사실은 직원이 아니고 한전 전산화 작업 조사원인데 주상변압기를 확인하러 올라왔다고 하자 다시 확인을 해 보려고 기다리라고 하더니 신원확인이 되자 풀어 주었다는 것이었다. 처음부터 사실대로 얘기했더라면 고생을 덜 했을 것인데 괜히 한전 직원이라고 잘못 말하여 조사를 더 받고 고생만 더 한 것 같았다. 이렇게 하여 이번 일은 하나의 해프닝으로 끝났으나 하마터면 당시 엄격한 군대 문화에 말 한마디 잘못하여 크게 다칠 뻔한 일이 될 수도 있었다. 그래서 항상 언행에 신중해야 한다.

PART 06

남의 말만 믿지 말고 내 눈으로 확인하자

PART 06

남의 말만 믿지 말고 내 눈으로 확인하자

01

핵안보 정상회의 기간 중 불기둥이 치솟다

서울에서 50여 개국의 정상들이 모여 핵안보 정상회의를 개최하여 서울의 모든 사업소가 전력설비 특별점검으로 매우 바쁜 시간을 보내고 있었다. 각 정상이 묵는 호텔과 회의가 개최되는 코엑스를 비롯한 여러 회의 장소의 전력공급 설비를 내선설비까지 현장 점검하고 만일의 돌발고장 발생에 대비한 다중 전력공급 대책을 수립함은 물론 실제 작동 여부를 비상 발전기까지 돌려 보면서 꼼꼼히 점검을 마무리하였다. 미국 정상을 비롯한 주요국의 정상이 묵는 숙소는 직접 방문하여 배전계통, 내선설비, 비상발전기, 스위트룸의 내부 전등, 과부하 및 누전차단기까지 직접 살펴보고 최종 확인 점검을 하였다. 각국의 정상들이 속속 입국하여 호텔에 투숙하고 행사가 본격적으로 시행되어 매일 전력설비 상황을 파악하며 긴장한 상태로 행사에 대비하고 있었다.

그런데 핵안보정상회의 기간 중 사람이 북적이는 명동 소로길에서 저압선이 합선되어 불기둥이 30센티 이상 치솟았다는 보고를 받고 깜짝 놀라 현장을 나가 보았다. 현장에서는 핸드홀 저압 접속함의 금속 뚜껑이 시커멓게 거슬린 자국이 있었다. 저압 접속함의 뚜껑을 열어보았더니 내부의 저압 케이블이 합선되어 탄화한 흔적이 발견되었다. 자세히 살펴보니 오래된 삼상 저압 케이블의 각상을 서로 분리해서 떼어 놓지 않고 겹쳐놓았다. 이것보다 더 큰 문제점은 삼상 케이블의 접지선이 대지접지가 되어있지 않은 것이었다. 저압 접속함 내부에서 저압 케이블의 각 상 전선을 연결한 후 동심 중성선을 접지하지 않아 상간의 저압 전선이 합선될 때 단락 전류를 대지로 신속하게 빼내지 못하여 합선에 의한 스파크 불꽃이 저압 접속함의 뚜껑 구멍과 틈새를 통해 지상으로 30센티 정도나 솟구쳐 올라왔던 것이었다. 그리고 저압 케이블은 가공전선에 비하면 전류용량이 훨씬 크기 때문에 단락전류도 수십 배 커서 이런 불기둥을 형성한 것으로 판단되었다.

이러한 문제점을 파악하고 즉시 명동에 있는 모든 저압 접속함 내부를 점검하여 오래된 저압 케이블은 각 상의 케이블이 서로 닿지 않게 분리해 놓을 것과 저압 접속함 내부에 대지접지 실시 여부를 확인하고 긴급히 접지 보강공사를 시행하였다. 그 후 이 일을 계기로 시간이 있을 때마다 오래된 설비 현장을 찾아가 보고 꾸준히 설비를 개선하였다.

02

변전소 순시 방문 시 앵무새 보고의 개선

새로 사업소장으로 부임하여 변전소 순시를 시행하게 되었다. 처음으로 한 변전소에 나가 보았는데 해당 변전소에서는 준비된 브리핑을 하였다. 브리핑 내용은 이 변전소가 언제 준공되었고 현재 설비용량은 얼마이며 전력계통은 어디에서부터 와서 어디로 가며 몇 명이 근무한다는 것이 주된 내용이었다. 처음에는 그냥 현황 설명을 듣는 것으로 만족하고 설비를 보러 갔다. 설비운영부서에서 준비한 계통보호반, 차단기, 주변압기 등의 설비를 차례로 보고 돌아왔다. 다음에 다른 변전소를 보러 갔는데 지난번과 똑같은 식으로 보고가 이루어져서 이상하다고 생각하게 되었다. 분명히 다른 변전소인데 왜 똑같은 형태의 보고를 하는 거지하고 말이다. 그래서 이번에는 보고자들이 준비한 절차와 순서에 따르지 않고 가서 보고 싶은 것을 보기로 마음먹고 미리 준비해 놓은 장소 이외에 추가로 옆에 있는 설비들을 보러 갔다. 그런데 보여 주려고 준비된 곳은 청소가 깨끗하게 되었고 설비도 잘 정비되어 있었으나 설명이 예정되어 있지 않은 곳으로 들어가자 청소도 되어있지 않고 먼지가 수북이 쌓여 있었다. 담당자는 당황하는 기색이 역력하였으나 개의치 않고 다른 모든 설비를 지하에서부터 옥상까지 변전소 전체를 한 번에 순시하였다. 그리고 이때부터 많은 것이 제대로 되어있지 않음을 알 수 있었다. 변전소의 지하부터 옥상까지 모든 설비를 다 보고 나서 담당 직원에게 아무런 얘기도 하지 않고 사무실로 돌아왔다. 그리고 앞으로 시간이 날 때마다 계속 변전소를 순시 점검하여 관내 48개 변전소를 모두 순시하겠다고 선언하였다. 그리고 본부장은 외부인이 아니고 내부 사람이므로 같은 편이라 생각하고 해당 변전소에 도착하면 형식적인 의례의 브리핑은 생략하고 실제 변전소의 운영 실상에 대하여 있는 그대로 알려줘야 한다고 이야기하였다. 즉 이 변전소에는 현재 어떠한 문제가 있어 어디까지 고쳤으며 아직 고치지 못하고 있는 문제점들은 앞으로 언제까지 어떻게 고칠 계획이라고 하는 것을 준비하여 다음 변전소 순시부터 보고하도록 하였다. 그래서 전체 변전소에 비상이 걸렸다. 본부장이 방문하면 변전소의 지하부터 옥상까지 모든 부분을 청소해야 하는 고생이 따랐기 때문이었는데 이에 따라 변전부장은 본부장이 순시 나가기 1주일 전에 변전소 리스트를 가져오면 미리 방문할 변전소를 직접 지정해 달라고 하여 순시할 변전소의 선정은 그렇게 하기로 하였다. 여러 변전소를 정밀 순시한 결과 오래된 변전소들에서 여러 가지 문제점들이 나타났다. 어느 변전소의 케이블처리실에는 과거 발생한 단락 고장 전류의 진동으로 케이블을 선반에 고정하는 케이블타이가 강력한 힘으로 터져 있었으나 이를 수리해서 고정하지 않아 다음에 고장이 발생하면 케이블이 요동쳐 바닥에 떨어지거나 접속 개소에 무리한 기계적 힘이 가해지도록 방치된 것도 있었고 케이블 관로를 타고 물이 흘러들어 와서 지하 배수펌프가 계속 가동하여 전력이 낭비되는데도 관로구 방수 장치를 설치하지 않은 곳도 있었다. 지하케이블 처리실의 케이블 접속 개소의 접지선이 변전소의 메쉬 접지인 대지접지와 연결하지 않은 것도 있어 고장 전류가 대지로 빨리 빠져나가지 못해 역섬락이나 파급고장을 유발할 수 있는 것도 있었고 옥상에 변전소 건물 낙뢰보호용 피뢰침과 피뢰선이 제대로 차폐각 내에서 전력설비가 보호되도록 설치하지 않아 변전소 건물이 낙뢰로부터 완벽히 보호되지 못하고 변전소 계전기의 원인불명 오동작을 유발할 수 있는 곳도 있었다. 변전소 지하 벽의 누수는 물론이거니와 심지어 어떤 변전소에서는 주변압기 밑에 물이 고인 줄 알고 물청소를 했냐고 물었더니 담당자가 머뭇머뭇하다가 주변압기의 방열판에 실 구멍이 나서 기름이 샌다고 하였다. 그러면 기름이 새는 것은 미리 발견해서 보고했는가 하고 반문하였더니 보고는 되지 않았다고 한다. 그럼 최소한 사전에 인지했다면 기름 새는 곳에 깡통이라도 받쳐 놓아야 하는데 이런 조치도 하지 않은 것을 보아 변전 순회 정비팀과 근무자의 변전소 순시가 제대로 이루어지고 있지 않음을 직감할 수 있었다. 그냥 매일 변전소에서 기록하여야 하는 계기의 수치만 보고 바닥에 먼지가 쌓이고 설비에서 기름이 새어 나와도 고정된 눈금을 읽는 위치만 방문하여 계기의 수치만 기록하고 있을 뿐이라서 이런 것을 사전에 인지하지 못하고 있는 것이었다. 또 다른 변전소의 어느 곳에는 들어가자마자 기름 타는 냄새가 났다. 여러 곳을 살펴보다가 차단기를 동작시키는 압축공기 콤프레샤의 모터가 있는 함을 열자 베어링에서 윤활유가 새고 있어서 함 내부의 바닥에 기름을 흡수하도록 휴지를 깔아 놓았고 재봉틀 기름치는 고깔 형태의 기름통을 비치해 놓고 조금씩 기름을 보충하면서 압축 공기용 모터를 돌리고 있었다. 이러다가 과열로 화재가 발생하면 어떻게 하려고 그러냐며 바로 수리하도록 하였다.

이 외에도 지하실에는 잘 내려가 보지 않음으로 지하실에 있는 냉각수 순환 펌프가 누수되는 경우, 소내 변압기실의 온도가 45도가 넘어서 왜 그런가 하고 냉방설비를 살펴보니 천정으로 뜨거운 공기가 빠져나가도록 설계되어 있으나 냉기를 공급하는 급기구가 바닥에 있지 않고 눈높이 정도의 위치에 설치되어 있어서 냉기가 실내를 냉각시키지 못한 채 그냥 천정으로 빠져나가고 있어서 전혀 냉각 효과가 없는 경우, 항온항습실에 에어콘이 켜져 있었으나 외부에서 들어오는 통신선을 창틀 모서리에 설치하여 창문이 완전히 닫히지 않고 전선만큼 벌어져서 창틈으로 냉기가 빠져나가서 에어콘을 계속 틀어놓는 비효율적인 경우, 변전소 건물 벽에 폐지를 수집하는 사람이 신문 등 폐지를 잔뜩 쌓아 놓아서 담배꽁초 등으로 폐지에 화재 발생 시 변전소로 불이 옮겨붙을 소지가 있는 경우, 페인트가게에서 우리 변전소 담장을 넘어 무인변전소 구내에 자신의 판매용 페인트와 신나 등을 쌓아 놓고 담장을 넘어 다니면서 무인변전소를 자기 집 창고처럼 사용하고 있었으며 만일 야적해 놓은 페인트와 신나에 화재가 발생하면 대형 화재로 발생할 소지가 있는 경우, 무인변전소가 밀폐되어 주변압기실의 온도가 50도가 넘어서 바람이 부는 방향으로 무인변전소의 한쪽 건물 벽 아래쪽과 반대편 위쪽에 새로 통풍구를 뚫어 냉각해야 하는 경우 등으로 현장에서 많은 문제점이 발견되었다. 이렇게 점검하는 중간에 송변전 전력노조위원장이 찾아와서 이 정도 하셨으면 이제 직원들이 본부장님의 의중을 파악하였으니 그만 직원들과 사업소에 맡겨 주면 세밀히 순시해서 문제점을 도출하고 자체적으로 잘 해결하겠다고 말하였다. 그러나 이것은 직원들을 벌주기 위한 것이 아니고 실제 현장에서 어떤 문제가 있는지 직접 눈으로 파악해 보려고 한다며 순시를 계속하였다. 사실 눈치가 있으니 직원들이 피곤해한다는 것도 안다. 하지만 이 상태에서 그만두면 전체 실상을 파악할 수 없다고 판단하여 순시를 계속하기로 마음먹고 이렇게 하는 것이 올바른 길이라고 판단되어 밀어붙였다. 그랬더니 두 달 정도 지나자 이상한 현상이 벌어졌다. 그간 변전소 전체를 물청소하며 힘들어했던 각 전력지사의 직원들 사이에서 갑자기 서로 자기 변전소를 먼저 방문해 달라고 하는 기이한 현상이 벌어졌다. 어안이 벙벙하여 어찌 된 영문인지 확인해 보니 그간 사업소에서 방치해 놓고 있던 문제들이 본부장이 방문하여 지적하면서 잘못을 징계하거나 크게 나무라지 않고 또 그동안 개선사항을 도출해서 보고해도 고쳐 주지 않던 것이 본부장이 다녀가면 바로바로 시정공사가 이루어져 하나둘씩 문제점이 해소되는 것을 목격한 직원들이 자신의 변전소에도 문제가 있어 설비를 불안하게 운전하고 있느니 빨리 점검을 받고 해결이 되지 않고 있던 문제점을 해결하여 마음 편안하게 근무하는 것이 좋겠다고들 판단하여 오히려 본부장이 점검 나오는 것을 반긴다는 얘기였다. 사실 그동안 변전부장에게 순시에서 발견된 문제점들을 즉, 완, 급으로 구분하여 매주 시정 경과를 보고하도록 피드백한 효과가 크게 나타나고 있었던 것이었다.

이렇게 하여 처음에는 변전소 방문에 괜히 청소하고 직원들 고생만 시킨다고 거부감을 가지고 있던 직원들과 노조도 자신들을 허물없이 대해 주고 순시만 하고 본부로 바로 돌아와서 저녁을 먹는 등 사업소에 민폐를 끼치지도 않고 자신들이 해결하지 못하는 기술적 문제점인 가려운 부분을 긁어 주는 역할로 인식하여 본부장과 함께 설비 점검하는 것을 반기며 즐기는 분위기 속에서 결국 모든 변전소 48개소를 전부 순시하였다. 본부장이 관내 모든 변전소를 다 순시한 것은 처음이라고 하였다. 그간 순시를 수행하며 고생한 변전부서 직원들과 별도로 회식을 하며 그동안 있었던 일과 어려움에 대한 소회를 나누면서 변전소 순시 업무를 모두 마무리하였다. 그리고 다음 날 그동안 변전소 순시를 하면서 발견된 적출사항과 평소 변전소 순회 정비반에서 주기적 점검을 통하여 도출한 여러 가지 변전소 보수사항을 변전소별로 즉, 완, 급으로 구분하여 정비할 대상을 표로 만들고 정비가 완료될 때까지 진행 경과를 보고하는 새로운 변전소 정비실태 보고제도를 만들도록 하였다. 그래서 본부의 변전운영부장은 관내 변전소 전체 설비의 이상 적출사항과 시정조치 결과를 일주일 단위로 각 전력지사에서 보고받아 관리하고 전력관리처장은 2주에 한 번씩 전체 변전소의 진척 상황과 걸림돌을 확인하여 제거하도록 하고 본부장에게는 매월 정기적으로 관내 변전설비에 어떤 문제가 있어서 이런 사항은 이렇게 조치했고 아직 고쳐지지 않은 사항은 자재구매조달 등으로 언제쯤 조치할 예정이라는 것을 주기적으로 보고하는 시스템을 만들라고 하고 변전소 순시 업무를 마무리하였다.

사업소장은 반드시 현장을 내 눈으로 직접 확인하여 문제점을 파악하고 경험에서 우러나온 대책을 제시하여 문제를 해결할 필요가 있다.

〈변전설비 현장 점검 브리핑 모습〉

〈변전설비 현장 점검 모습〉

03

사옥 준공 전 확인은 비 오는 날에

어느 날 지사 신축사옥이 완공되어 토건부장이 준공식을 하기 전에 현장을 한번 나가 보자고 하였다. 과거 사례로 볼 때 늘 우리 회사의 새로 건축한 건물들은 유독 비가 오면 물이 새는 것이 문제가 되었던 것이 떠올라서 일단 현장에 가는 것을 미루고 기다렸다가 비가 많이 오는 날에 나가 보자고 하였다. 그렇게 기다리던 중 정말 비가 많이 오는 날에 토건부장과 함께 건설처에서 완공한 지사 사옥 신축 현장에 나가 보게 되었다. 현장에 나가보니 공사가 거의 끝나가고 마무리 작업 중에 있었다. 우선 전체를 모두 보기 위하여 맨 밑에 있는 지하 최저층부터 한 층씩 올라가면서 옥상까지 보기로 했는데 지하 주차장에 도착하니까 빗물이 흘러 내려오는데 배수가 잘되지 않아 물이 배수로를 넘치고 있었다. 자세히 보니 일부 배수로에 구배가 맞지 않아 물이 자연스럽게 흘러가지 않고 고여 있던 것인데 여기에 공사 부산물이 걸려 보처럼 배수로를 막아서 발생한 것이었다. 토건부장에게 배수로의 구배를 제대로 개선하도록 요구하라고 하고 1층으로 올라갔는데 1층에서는 현관으로 들어가는 회전문 위에 캐노피가 설치되어 있지 않아서 빗물이 그대로 회전문 내부 바닥에 떨어지고 안으로 타고 흘러들어와 실내로 유입되고 있었다. 확인해 보니 회전문 위에 빗물이나 눈의 유입을 방지하는 일종의 지붕 성격인 캐노피가 애초부터 설계되지 않아 설치하지 않았다는 것이었다. 빗물이야 닦으면 되지만 겨울철에 눈이 오면 회전문 안으로 눈이 쓸려 들어와 얼어붙으면 미끄러워서 고객이 들어오다 미끄러지는 안전사고가 발생할 수 있어 캐노피를 설치하여 비와 눈을 방지하도록 주문하였다. 2층으로 올라가 보니 2층에 미관 장식용으로 핀란드 목재로 창틀 밑면을 선반 형태로 시공된 곳이 있었는데 이곳에는 창틀의 밀폐가 제대로 되지 않아 빗물이 새어 들어오고 있었다. 창틀의 밀폐와 방수공사를 보완할 것을 주문하고 옆 사무실로 갔다. 이곳은 직원들이 외부로 나가서 바깥 공기를 마시며 담소를 하는 베란다 같은 공간인데 샷시가 설치되어 있지 않아 비가 풍치면 그대로 비를 맞게 되어있었다. 토건부장은 그렇게 시공한 사유가 직원들이 베란다에 나가서 담배를 피울 수 있도록 하기 위함이라고 하였다. 하지만 베란다에 샷시가 설치되어 있지 않으면 비가 그대로 베란다로 떨어지고 특히 겨울철에는 북측이라서 눈이 쌓여 얼어붙으면 문을 여닫을 수 없는 상황이 될 수도 있고 샷시를 설치해도 담배를 피울 때는 샷시의 창을 열고 피우면 되니까 사용의 편리를 위해서 베란다에 샷시를 설치하도록 주문하였다. 그러자 토건부장은 샷시는 건물 준공필증이 나오기 전에 설치하면 허가 위반이라서 안 되므로 건물 완공 후 설치하겠다고 하여 그렇게 하도록 하였다. 그리고 도로 방향 전면의 1층과 2층은 상가 점포로 임대하도록 설계되어 있었는데 1층은 상가 출입구와 직원 사무실 출입구가 분리되어 있었으나 2층은 상가 출입구와 사무실의 출입구가 분리되어 있지 않아 직원들이 근무하는 사무실로 상가를 방문하는 고객이 불쑥불쑥 들어와 불편할 것이 예상되어 2층도 상가 점포와 직원 사무실의 출입구를 분리하여 줄 것을 주문하였다. 이렇게 신축 사옥을 옥상까지 다 올라가 보았으며 나머지는 특별한 문제가 없었지만 1층 뒷마당으로 내려와서 보니 시정 할 수 없는 하나의 문제가 발견되었다. 배전 고장 수리를 위해 출동하는 배전 저압보수차가 복잡한 상가 쪽 기존도로를 이용하여 출입하도록 주 출입구를 만들어 놓았다. 이 주 출입구는 상가 쪽 골목길이라서 오가는 사람이 많아 자동차가 들어오고 나갈 때 사람들을 피해서 다녀야 하기에 매우 불편함이 예상되고 저녁에는 술에 취한 사람들까지 다니기 때문에 안전사고 발생 위험성도 매우 높아 보였다. 만일 반대편 쪽으로 차량 전용 출입 도로를 내어서 주 출입구를 만들었으면 북적이는 인파와 차량이 혼재되지 않고 훨씬 차량 출입이 편리했을 터인데 이미 지하 주차장으로 연결되는 유도로와 진입구 콘크리트 구조물이 완공되었고 지하로 들어가는 차량 진입구가 현재 주 출입구 쪽으로 완성되어 이를 반대편으로 옮겨 출입구를 변경하는 것은 현실적으로 불가능하여 어쩔 수 없이 그냥 수용할 수밖에 없는 상황이었다. 그래서 대신에 고객들이 쉽게 버스정류장에 내려서 사업소로 들어올 수 있도록 건물 반대편에 쪽문을 만들고 들어올 수 있는 소 도로를 만들도록 하였으나 이 땅 중 일부를 민간학원에서 소유하고 있어 이를 협상하여 매입하는데 많은 시간과 노력을 기울여야만 하였다. 현재 도로로 되어있는 땅을 자신들의 소유라서 매수하지 않고는 사용이 불가하다면서 울타리를 치고 억지를 부리며 비싼 대가를 요구하여 이해 설득과 협상에 많은 애로를 겪었으나 우여곡절 끝에 해결이 되었다.

사옥을 설계할 때 현장에 나온 설계자가 이런 점들을 간파하여 미리 반영하였으면 좋았을 텐데 하는 아쉬움이 남을 뿐이었다.

이런 관점의 문제점들은 이후에도 발견되었는데 나주로 본사가 이전 후 가보니 우리가 삼성동 사옥에 근무할 때 별관과 본관의 연결통로가 없어서 비가 오면 매번 자바라 형태의 천막으로 된 연결통로를 만들어서 펼쳤다 접었다 하여 전 직원들이 불편을 겪었음에도 새로 지은 나주사옥에도 여전히 별관 전산센터나 온실과 연결하는 지하통로를 만들지 않아서 똑같은 불편을 반복해서 겪고 있었다. 그리고 나주의 본사 사옥은 본관 건물을 도로 사거리에 근접하도록 붙여서 건물을 배치해야 했으나 건물은 사거리에서 멀리 배치하고 앞마당은 넓고 크게 만들어 도로 사거리에서부터 본관 건물까지 한참을 걸어가 도보로 출근할 때나 점심 먹으러 나왔다 들어갈 때 불편하고 특히 겨울철에는 추워서 걸어가기가 더욱 불편하다. 게다가 건물을 사거리에 근접하여 배치했더라면 본관 건물 뒤편에 많은 여유 공간이 있어서 현재 부족한 사무실을 신축할 별관의 증축부지가 충분히 확보

될 수 있었는데 앞마당을 크게 만드는 바람에 부지 활용성이 크게 떨어졌다. 본사의 신축계획을 수립할 당시 미래의 증축 공간을 고려하지 않았기 때문에 이런 결과가 나온 것이었다.

이에 전력연구원장으로 근무할 때에는 나주에 전력연구원 분원을 건설하기로 하여 설계에 들어갔을 때 이런 경험을 부지 사용계획에 반영하였다. 나주의 전력연구원 분원 신축은 이런 문제점을 되풀이하지 않도록 사용자 위주로 연구소별로 건물의 활용성과 편리성 검토를 위한 TF팀을 구성하여 꼼꼼하게 개념설계와 기본설계부터 적극적으로 개입해서 사용자의 의견을 반영하여 줄 것을 적극적으로 요구하여 설계 건축사무소와 많이 다투고 설계변경을 요구하여 사용자인 전력연구원의 의견을 관철하였다. 우선 대지의 중앙에 대각선으로 멋지게 설계한 본관 건물 배치는 후일에 필요한 증축 공간을 남길 수 있도록 주 출입구 쪽 한쪽으로 옮겨 도로와 평행하게 똑바로 배치해 주도록 요구하고 별관과 본관은 2층과 최상층 두 군데에서 서로 건물을 연결하여 이동에 편리하도록 연결통로를 만들어 달라고 하였다.

본사 사옥 담당 주관부서와 건물 설계사무소에서는 건물 외관이 건축 디자인 공모에 당첨된 디자인을 사용해서 설계하기 때문에 본관 건물 외관의 변경이 안 된다고 하였으나 본관 건물 내부의 전면에 배치되어 활용도가 떨어지는 강당과 구내식당을 우측 맨 뒤편으로 재배치하고 사람이 많이 근무하는 사무실을 출입구에서 가까운 전면에 배치하도록 하여 사용자 편리 위주로 변경한 후 건물의 전체 모양은 원래 디자인 공모에서 당첨된 M자 모양과 비슷한 형태를 갖추도록 타협안을 제시하고 변경을 요구하였으며 전체적으로는 사용자의 기능성 향상을 위해 우리 주장을 관철하였다. 본관 차량 출입도로가 막다른 길로 설계되어 본관으로 들어온 차가 길이 막혀 되돌아 나가는 불편함이 있어 이 또한 불편이 없도록 본관에 사람을 내려 준 후 차량이 계속 진행 방향으로 빠져나갈 수도 있고 지하 주차장으로 들어갈 수도 있도록 구조를 변경하였다. 지하 주차장은 지상 주차면적이 충분하여 본사 예산부서에서 설치할 수 없다고 하였으나 현대식 건물에서 지하 주차장 없는 곳이 어디 있느냐면서 국제행사나 국내 세미나와 연구발표회 등으로 행사 시 외부 방문객의 참여 차량 대수도 고려하고 눈비가 올 때의 방문객과 근무 직원의 편리성도 고려하여 반드시 지하 주차장이 필요하다고 주장하였더니 본사 건설부서는 전력연구원이 직접 본사 예산부서와 협의해 설득해 달라고 하여 수차례 직접 예산부서와 협의하여 지하 주차장 예산을 반영하고 이를 관철하였다. 연구실은 출입자 보안을 위하여 출입문 잠금장치는 단순 번호키 설치에서 신분증으로 태그하여 신원을 식별하도록 개선하고 수소 등 위험물을 취급하는 실험실은 건물 끝부분으로 배치하여 만일의 사고 시 연구자의 안전성을 확보하도록 하였으며 옥상에는 태양광을 설치하고 유리창은 전력연구원에서 개발한 BIPV용 페로브스카이트 태양전지를 시험 설치토록 하여 상용화 전 단계에 도달한 페로브스카이트 태양전지를 테스트해 볼 수 있게 건축에 반영하였다.

이러한 업무 경험을 통하여 앞으로 건물을 지을 때는 실제 그 건물을 사용할 사람들이 건물 설계 전부터 검토 위원회를 만들어 건축물 외관 공모 디자인을 할 때 필수적으로 고려할 사항을 제시하고 기본 설계 시에도 사용자 편리성과 희망 사항을 도출하여 적극적으로 설계사무소에 반영해 주도록 요구하여야 한다. 이렇게 건물 사용자의 니즈가 반영되어 설계가 완성되고 실시 설계 역시 사용자 검토를 받아서 사용자가 요구한 사항이 누락 되지 않고 잘 반영되었는지 확인하는 것이 좋다. 그리고 준공 전에 한 번 더 건물을 사용할 사람들이 주인이 되어 건물 시공상태를 꼼꼼하게 점검해서 고칠 부분은 없는지 살펴보고 사용하기 편리한 좋은 건물이 완공되도록 해야 한다.

〈사옥 신축 조감도〉

〈사옥 신축 준공식 모습〉

04

세그먼트타입 TBM 시공 전력구의 누수

이 당시에는 전력구가 준공되면 시공부서에서 설비사용부서로 준공 인수 검사를 의뢰하여 사용부서가 전력구의 공사시공 상태가 이상이 없음을 확인한 다음 완공된 설비를 인수하여 사용하도록 업무시스템이 만들어져 있었다. 그런데 전임 본부장이 준공된 전력구에 문제가 있다고 전력구 설비를 인수하지 않고 있어 건설부서와 마찰이 있다고 하여 현장에 나가 보았다. 전력구 누수 등 큰 문제점 위주로 시공부서에서 개선공사를 시공한 후 이번 건은 더 이상 사업소 간의 다툼을 계속할 수가 없어서 전력구 설비를 인수하기로 하였다. 그리고 앞으로는 건설처에서 설비가 다 준공되기 전에 반드시 인수 부서인 우리 지역 본부에 미리 통보하여 개선할 점을 도출하고 시정공사를 한 다음에 설비를 준공시키도록 협조 요청하는 선에서 상호 분쟁 방지를 위한 업무협력을 제안하여 건설처도 흔쾌히 응하였다. 그런 후 얼마 되지 않아 곧 준공되는 B동 전력구가 있다고 하여 건설처 안내자와 함께 현장을 나가보게 되었다. 이 전력구는 특허를 받은 전력구 건설 신공법인 세그먼트 타입 TBM 공법으로 시공된 전력구라고 했다. 우리 지역 본부의 토목차장과 같이 현장을 방문하였는데 전력구 내부에 물이 새는 곳이 2백여 군데 이상 되어 토목기술을 잘 몰라도 이것은 분명 무슨 문제가 있다고 판단하여 물 새는 곳을 모두 방수 시공할 것을 건설처에 요청하고 우리 토목차장에게 신공법에 무슨 문제가 있는 것 같으니 별도로 알아보도록 하였다. 그랬더니 시공부서인 건설처에서는 보고를 받은 처장이 새로 부임한 지역 본부장이 이상한 사람이라고 말하면서 어떻게 전력구를 자기의 집 안방처럼 뽀송뽀송하게 하라고 하나 하면서 전력구를 물도 안 새도록 어떻게 건설할 수 있느냐고 반문했다는 반응이 돌아왔다. 이에 대해 전력구에서 물 새는 곳이 한두 군데도 아니고 수백 곳이나 되는데 토목전문가인 건설처장은 근본적으로 시공에 문제점이 있구나라고 판단하고 현장을 나가봐야 올바른 것이지 오히려 비전문가가 봐도 문제가 있다고 판단하는데 도리어 보고를 받고도 직원에게 불만만 얘기하고 개선할 생각은 하지 않다니 참으로 어이가 없다고 생각하였다. 그렇게 관성에 젖어서 문제의식 없이 해 오던 대로 일을 계속하니 전력구가 누수되는 것을 당연하게 생각하고 있는 게 아닌가 싶었다. 우선 우리 토목차장에게 분명 신공법 시공에 문제가 있는 것 같으니 반드시 물이 새는 원인을 분석해서 문제점을 찾아야 한다고 다짐을 받았다. 약 한 달 반 정도 토목차장은 특허 자재를 만든 제작업체와 특허 시공방법 등에 대하여 현장에 나가서 공부하는 등 많은 고생을 하여 상세하게 신공법 시공내용을 파악한 다음 그 결과를 보고하였다. 그 결과는 매우 충격적이었는데 우리 전력구를 시공한 건설업체가 새로 만든 특허제품인 세그먼트 타입 TBM 공법을 처음 시공하여 특허 시공방법을 잘 몰랐고 특허 자재회사는 자재 출고 시 전력구 공사 시공업체에게 콘크리트 그라우팅 몰탈 주입구멍을 막는 속 뚜껑을 깜빡 잊고 주지 않아서 일어난 복합적 원인으로 문제가 발생하였음을 밝혀내게 되었다. 전력구 시공 신공법인 세그먼트 타입 TBM 공법은 특허 자재인 TBM 세그먼트를 시공한 후 시그멘트에 뚫린 구멍을 통해 뒷면으로 콘크리트 그라우팅 몰탈을 주입한 후에 몰탈이 새어 나오지 못하게 차수 방지용 속 뚜껑을 시공한 다음 겉뚜껑을 시공하여야 완벽하게 물이 새지 않고 차수가 되는 공법이었다. 그러나 특허 자재 보급 업체에서 자재 지급 시 세그먼트용 속뚜껑을 시공업체에 빠트려서 지급하지 않았고 시공업체에서도 신공법과 제품에 대한 전문지식이 없어서 이것을 자재 수령 시 달라고 챙기지도 않고 그냥 주는 겉뚜껑만 시공하여 거의 모든 몰탈 주입구멍으로 물이 새어 나오고 있었다. 최종적으로 문제의 핵심은 몰탈 주입구멍 내에 설치하는 차수 방지용 속 뚜껑을 시공하지 않아서 발생한 문제라는 것을 알게 되었다. 특히 특허 자재 공급회사의 말은 더 가관이었는데 어쩐지 속 뚜껑이 많이 남는다고 말했다고 한다. 이번 일은 특허제품의 사용법을 제대로 숙지하지 못한 시공회사와 이를 처음 시공하면서 전문지식도 없이 배우려고 하지 않은 공사감독부서의 무책임한 결과로 밝혀졌다. 우리는 특허 자재회사에서 시공되지 않은 차수용 속 뚜껑을 찾아다가 전량 재시공해 주도록 요청하였다. 급기야 건설처에서는 우리 본부의 토목차장을 통하여 이러한 사실을 자세히 전해 듣고서야 처음에 자신들은 잘못한 것이 없는 것처럼 행동한 것이 미안하였는지 건설처의 시공담당 부장이 찾아와 시공 잘못에 대해 사과하고 전력구 인수전에 시공업체와 함께 차수용 속뚜껑을 전량 시공하여 전력구에서 물이 새는 것은 전부 고치겠다고 약속하였다. 이같이 어떤 문제가 발생하면 남의 말만 믿어서는 안 되며 자신의 눈으로 직접 확인하여 문제가 있다고 판단되면 끝까지 파고들어 정확한 원인을 밝혀내야 한다.

05

전기품질 경영지표 꼴등

A 지사장으로 부임 후 새로 부임한 지사의 업무파악을 할 때 있었던 일이었다. 보통 배전 사업소에서 전기품질은 사업소 경영목표관리에서 중요한 항목이기 때문에 사업소장들이 많은 신경을 기울이는 업무인데 배전운영팀장이 부서 업무보고를 하면서 지난해 전기품질은 관내에서 1등을 하였으므로 관리에 별도로 신경을 쓰시지 않아도 된다고 보고하여 같은 기술자로 이 말을 신뢰하고 영업 운영, 고객봉사, 전기요금 수금실적 등 다른 부문에 지사장으로서 신경을 써서 관리하고 있었다. 그러던 중 몇 달이 지나 배전설비 고장이 한 건 발생하였다. 그래서 전기설비 고장이야 야외에 설치된 설비이고 낙뢰 등 가혹한 자연환경에 노출되어 운전되는데 어떻게 100% 완벽하게 막을 수는 없지 하고 1건은 발생할 수도 있는 일이야 이렇게 판단하고 앞으로 설비관리를 좀 더 신경을 써서 잘하라고 격려하고 크게 상

관하지 않았다. 그런데 얼마 되지 않아서 다시 고장이 발생하였다. 고장보고를 받고서 뭔가 조금 이상했지만 그래 이번 한 번만 더 지켜보자 하고 넘겼는데 얼마 후에 또 고장이 발생하였다. 배전설비 관리부서에 대한 신뢰가 사라지고 뭔가 이상하다는 생각이 들어서 현장을 나가 보기로 하였다. 지사 관내 배전계통도를 보고 관내에서 제일 취약한 변두리와 선로 순시가 힘든 오지 산악지역을 나름대로 몇 군데 찍어서 수행하는 사람 없이 운전 기사에게 여기로 데려다 달라고 배전 지적도의 위치를 보여 주고 현장에 도착하여 내린 뒤 선로 순시를 마치는 예정시간인 오후 4시쯤의 만날 장소를 알려주고 자동차는 귀사시키고 혼자서 홀가분한 마음으로 여유 있게 배전선로 순시를 하였다. 맑은 공기를 마시며 산책하듯이 배전선로를 따라 걸어가면서 보니 여러 가지 문제점이 보였다. 가공 저압 케이블이 소나무와 닿아 있는데 오래되어 소나무를 파고 들어간 것도 있고 절연전선의 변압기 접속용 분기고리 커버가 설치되지 않은 것도 있고 하천가 등 낙뢰 발생이 높은 지역에 설계기준에 따라 설치하게 되어있는 피뢰기가 없는 곳도 있었으며 통신케이블이 분기되면서 전주를 당겨 우리 전주가 경사져 있는 곳도 있고 전주 밑이 깊이 파여나가 비료 포대가 들어가는 곳도 있고 전주가 갈라져 볼펜이 들어갈 정도로 틈이 벌어진 곳도 있고 지선이 녹슬어 교체가 필요한 것 등 설비상태는 사무실에서 보고 받은 것과는 완전히 다른 상태로 한눈에 보아도 설비가 제대로 관리되지 않는 것이 확인되었다.

혼자서 배전선로 순시 중간에 식당에 들러 밥도 사서 먹고 오후에 약속한 장소에서 태우러 온 자동차를 타고 회사로 돌아와서 아무 얘기도 하지 않고 다음 날도 순시하러 현장에 나가기 위해 디지털카메라를 달라고 하였다. 당시에는 지금처럼 휴대폰 카메라가 널리 보급되지 않았던 시기였던지라 디지털카메라로 현장 상황을 찍어와서 파워포인트로 프리젠테이션 자료를 만들어 직접 보여 주면서 직원들 교육을 해야 하겠다고 마음을 먹었기 때문이었다. 이렇게 일주일 정도 배전계통도 상으로 현장 배전선로 순시가 힘들다고 예상되는 오지 지역을 발췌해서 디지털카메라를 들고 배전선로 순시를 나가서 여러 가지 문제 되는 사진들을 찍어 데이터를 축적하였다.

그런 후 프리젠테이션 자료를 만들어 배전운영실 직원들과 배전설계부서 사무실 직원들을 한자리에 모아놓고 현재 배전설비 상태를 직접 카메라로 찍어 온 사진을 일일이 보여 주면서 설명하였다. 설계가 잘못되어 전주 위치가 하천 가까이에 설치되어 있어서 홍수가 나면 전주가 유실될 우려가 있는 개소, 설계기준에 따라 기본적으로 설치되어 있어야 할 절연커버와 피뢰기가 설치되지 않은 개소, 전주 밑에 나무가 자라고 있으나 나무의 밑둥을 자르지 않고 나무 윗부분만 전지하여 곧 또 나무를 전지해야 하는 개소, 통신선이 새로 분기되어 전주가 기울어져 가고 있음에도 무단 통신선을 철거하지 않고 그냥 내버려 둔 개소 등을 보여 주고 주인 정신을 갖고 배전설비를 관리해야 한다고 직원들을 설득하였다. 직원들의 반응은 상당히 놀라워하기도 하고 지사장이 이렇게까지 신경 쓰고 있구나 하고 느끼며 자기의 일을 성실히 하지 않은 것에 대한 미안한 마음을 가지는 듯한 분위기였다. 한편으로는 단순히 전년도 고장 정전실적이 본부 내에서 일등이라는 배전운영팀장의 말만 믿고서 처음부터 현장 배전설비의 실태를 직접 확인해 보지 않은 잘못을 뼈저리게 깨달았다. 결국은 이 해에 경영목표인 고장 정전실적 달성은 물 건너가 다시 회복할 수 없게 되었고 지사의 전체 경영 목표관리 실적도 당연히 계량지표의 부진으로 본부 내에서 하위성적을 거둘 수밖에 없었다.

그러나 이렇게 열심히 노력한 결실로 다음 해부터 거의 배전설비 고장 발생이 없어서 경영목표인 고장 정전실적은 연속 3년간 지역본부 내에서 1등을 하였다고 전해 들었다.

06

고지대 순시로 설비관리 실상파악

A 지사장으로 경험한 사례로 인하여 지역 본부장이 되어서도 송배전설비의 상태를 판단하는데 설비담당 부서의 말을 믿기 보다는 직접 현장을 나가서 확인하는 것이 올바른 길이라고 생각해서 부임하자마자 직접 현장을 보고 배전설비와 송변전 설비의 상태를 파악하기로 하였다. 우선 본부 관내에서 배전계통도를 보고 배전선로 순시에 취약한 장소를 무작위로 몇 군데 골랐다. 가장 산골 쪽에 속하는 무수골과 시내에 있지만 비교적 고지대라서 올라가 보기 힘든 달동네 고지대를 1호 차 운전기사만 데리고 수행원 없이 직접 둘러보고 문제점이 발견되면 이번에는 스마트폰 카메라로 직접 사진을 촬영하였다. 문제점이 발견되는 설비의 사진과 전주의 눈높이 정도에 있는 전주의 번호찰을 하나씩 짝이 되게 사진을 찍어서 돌아와 한글 문서로 문제점을 작성한 후 문제가 있는 배전설비 사진과 문제의 위치를

알 수 있는 전주 번호 사진을 삽입하여 한글 문서 파일을 만들어 해당 지사의 설비담당 부서장, 지사장, 지역 본부의 설비담당 부서장에게 시정 하도록 한글파일을 첨부하여 이메일을 보냈다. 그냥 취약 배전설비를 순시하고 개선하라고 지시하는 것에 비하여 파급효과는 엄청나게 컸다. 그러나 일부 지사 간부는 이상한 사고를 갖고 누가 우리 지사의 취약한 부분을 본부장에게 얘기하고 배전선로 현장을 안내했는지를 반문하며 1호 차 운전 기사에게 이런 정보를 캐려고 꼬치꼬치 물어왔다고 하여 웃음을 금할 수 없었다. 본인들이 해야 할 현장의 배전설비 관리는 제대로 해 놓지 않고서 오히려 적반하장격으로 누가 자신의 취약점을 고자질한 것으로 오해하고 있는 현장 관리자가 있다니 한심하기 짝이 없었다. 이렇게 지사별로 취약개소를 둘러보고 문제점을 차례로 모두 지적하여 통보하자 사업소 관리자들은 언제 또 어디를 가볼지 모른다는 생각에 스스로 설비를 둘러보고 적극적으로 관리해 나가는 분위기가 조성되었다. 이에 현장 설비관리에 보다 신경을 기울여 노력할 것을 주문하고 일정 기간 경과 후 다시 나가 볼 예정이니 자체적으로 정비하도록 하였다. 어찌 되었든지 간에 이 일로 인하여 사업소에서는 본부장에게 지적당하여 경영평가에서 감점을 당하기 전에 배전설비를 순시하여 현장의 문제점을 개선하려고 짜장면까지 시켜 먹으면서 야근도 하며 열심히 시정 노력을 한다는 얘기가 들리는 등 파급효과는 실로 매우 좋았다고 판단된다.

07

송전선로 철거공사 중 안전사고 발생

오래전 부산에서 근무할 때의 일이었다. 당시에는 전국에서 노후 송전선로인 66kV 송전선로를 모두 철거하고 폐지하는 작업이 진행되고 있었다. 우리 지사에서도 유일하게 조선소에 전력을 공급하기 위해 하나 남아 있는 66kV 송전선로와 변전소를 철거하고 22.9kV 배전선로로 대체 공급하는 작업이 진행되고 있었는데 전주의 기존 배전선로 위에 조선소 공급용 전용 배전선로를 2단으로 신설하는 휴전작업 중에 배전선로에서 안전사고가 발생하였다.

기존 고객에게 전기를 공급하고 있는 상태에서 먼저 하단에 22.9kV 배전선로를 신설하고 기존의 상부 배전선로는 66kV 고객 공급 전용 배전선로로 전환한 후 상부 배전선로에서 공급하던 일반 고객 공급용 주상변압기를 모두 신설하는 하부의 배전선로로 따서 옮기고 연결하는 작업을 하고 있었다. 그런 다음 배전선로 위로 지나가는 66kV 송전선로를 철거하는 작업을 시행하여 공사를 마무리할 계획이었다. 매일 매일 구간별로 휴전작업을 하기 전에 작업관계자 안전회의를 시행하고 활선 구간과 사선 구간을 작업자들에게 알려주어 안전조치를 하면서 힘들게 작업을 진행하였다. 모든 작업이 끝나기 며칠 전 가장 복잡한 구간을 작업하던 중에 22.9kV 상단선로와 하단선로가 작업을 위해 임시로 연결한 곳에서 작업자가 상단에 있는 전선이 활선인데 휴전된 것으로 착각하여 철거 작업을 하려고 접촉하는 순간 감전되어 손에 감전 화상을 입는 안전사고가 발생하였다. 전기공사 업체의 숙련된 전기원이라면 당연히 작업 전에 전기회로 결선상태로 상단과 하단의 배전선로가 서로 연결되어 활선 상태인가를 판단하여야 하였으나 그냥 상부는 철거선로이므로 당연히 사선 상태인 것으로 판단한 것이 화근이었다. 아무리 작업 전 안전회의를 하였더라도 현장에서는 작업자의 착오가 있을 수 있어서 지상 작업 감시자가 배치되어 반드시 배전선로의 회로 연결 상태를 직접 눈으로 확인해서 작업자의 돌발적인 실수를 저지하고 활선 부위에 근접 시 감전사고 방지를 위한 경고를 시행해야 한다. 그러나 이런 안전조치가 작업장소의 분산으로 현장대리인과 전공장이 사고 발생 시 서로 다른 장소에 있었던 관계로 제대로 실천되지 못하였다. 안전사고는 언제나 작업자의 순간적인 방심이나 오판으로 발생할 수 있어서 안전은 항상 세심하게 신경을 써야만 방지할 수 있다.

08

힘든 송전철탑 기초점검의 확인

여름철 집중호우와 태풍 내습에 대비하여 우리 본부 관내의 송전용 철탑 기초를 일제히 점검하도록 하였다. 그런데 그냥 철탑을 점검하도록 작업지시만 하면 현장에 나가서 점검하는 사람들이 실제 제대로 철탑을 점검했는지 또는 철탑까지 힘들여 올라가 보지 않고도 점검했다고 하는지 확인할 길이 없었다. 그래서 송전용 철탑의 기초를 제대로 점검하였는가를 확인하기 위하여 점검자에게 현장에 도착하여 철탑을 점검 후 철탑 각입 4개소의 사진을 전원측을 바라보고 위쪽 좌측에서부터 아래 시계방향으로 A, B, C, D로 철탑 각입 기호를 부여하고 각각 사진을 한 장씩 찍고 철탑 전체 전경 사진과 철탑의 번호찰이 나오게 사진을 한 장씩 찍어 철탑 매기마다 6장씩 철탑을 점검한 사진첩을 만들어 철탑 기초 점검결과 보고 시에 가져오도록 했다. 이렇게 한 이유는 송전용 철탑이 산등성이 등 오지에 주로 설치되어 일일이 하나씩 제대로 점검하도록 하기 위함이었는데 일단 철탑의 사진을 찍어야 하니 모든 철탑은 기초 콘크리트 각입이 있는 철탑 밑에까지 직접 갈 수밖에 없고 철탑 밑에 가면 철탑 기초점검은 당연히 할 것으로 생각되었기 때문이었다. 송전부에서 철탑 점검이 끝나고 찍어 온 점검결과 사진첩을 보니 일부는 철탑 기초의 각입된 콘크리트에 균열이 간 부분이 있는 것도 있었고 또 일부는 각입된 콘크리트의 시멘트가 부분적으로 파손되어 떨어져 나간 기초도 있었으며 철탑 각입의 접지가 되지 않는 등 문제가 발견되어 해당 사진을 체크 후 발견한 문제점을 메모해서 붙이고 철탑 점검 사진첩을 모두 확인 후 특이 사항이 있어서 체크한 사진은 검토 후 보수공사를 시행하도록 요청하였다. 송전부에서 철탑 기초점검 결과 문제점 도출사항에 대한 보강 공사가 끝난 다음에 철탑 기초를 보강한 몇 군데를 발췌하여 현장 점검을 직접 나가 산 능선에 있는 철탑까지 걸어 올라가서 철탑 기초의 보강 결과를 확인해 보았더니 결과는 만족스러웠다. 이렇게 취약한 장소에서 일하기 어렵거나 힘든 업무를 해야 하는 경우는 반드시 사후에 그 일을 제대로 했는지를 확인하는 방법을 찾아서 업무를 시행하도록 해야 한다. 그렇게 해야 일하는 사람도 관리자가 자신이 하는 일에 관심을 두고 있고 일을 한 후에 확인한다는 것을 알고 있으므로 자신이 하는 일을 올바르고 성실히 하고자 노력할 것이기 때문이다.

09

자재창고 화재로 얻은 교훈

어느 날 아침 일찍 회사로 출근하기 직전인데 다급한 전화가 왔다. A동에 있는 자재창고에서 화재가 발생하여 보관 중인 자재 일부가 타고 소방서가 출동하여 화재를 진압하였다는 것이었다. 출근 준비를 서둘러서 바로 화재 현장인 A동 자재창고로 출근을 하였다. 현장에 도착해보니 이미 화재는 다 진화되었고 소방차도 철수하고 없었으며 불에 그을린 화재 흔적과 함께 물을 뿌려서 현장이 질퍽하였다. 불에 타서 피해가 발생한 자재창고 내부를 둘러 보고 화재로 인해 불에 탄 물품의 내용을 확인하고 난 다음 화재가 발생하였는데 경비원이 왜 이를 화재 발생 경보기 등으로 빨리 인지하지 못했는지 물어보았다. 화재가 심야에 발생하였고 화재 발생 경보기가 동작하지 않아서 경비원이 화재 발생 사실을 몰랐으며 경비원이 밤을 새워 계속 순찰을 하는 것은 아니고 두 시간에 한 번씩 순찰을 다녀서 화재 인지가 늦었다고 하였다. 비교적 큰 화재였음에도 피해 규모는 그렇게 크지 않아 그나마 다행인 상황이었다. 화재는 자재창고 인근 아파트 주민이 밤중에 담배를 피우러 베란다에 나왔다가 자재창고의 화재 발화를 목격하고 바로 소방서에 화재 신고를 해주어서 다행히 일찍 소방서가 출동해 화재를 초기에 진화한 것으로 확인되었다. 일단은 불행 중 큰 다행으로 여기고 회사로 출근했다. 회사에서 화재 발생원인과 앞으로 이를 방지하기 위한 대책 그리고 경비실에서 화재 조기 인식이 되지 않은 원인을 집중적으로 분석하고 관련 대책을 수립하도록 하였다. 자세히 분석한 결과 화재 원인은 겨울철 소방배관의 동파 방지를 위해 설치한 열선의 합선이었다. 자재창고에 난방이 되지 않아 겨울철에 소화전 급수공급 배관의 동파를 방지하기 위해서 전기로 발열하는 열선을 배관에 감아 놓았는데 이 열선이 합선되면서 소방배관의 결빙 방지를 위해 배관을 둘러싸고 있는 스티로폼에 불이 옮겨붙었고 스치로폼이 녹으면서 불똥이 떨어져 배관 아래에 쌓아 놓은 CV 케이블과 그 옆에 쌓아 놓은 전력량계가 담긴 종이상자에 불이 옮겨붙으며 화재가 확산하였다. 결과적으로 소방용 급수 배관의 동파 방지를 위하여 설치한 노후 발열 열선의 합선이 화재유발 원인으로 밝혀져서 관내 모든 동파 방지용 발열선을 일제 점검을 하고 발열 열선은 플러그를 콘센트에 연결하기 전에 반드시 콘센트연결형 누전차단기를 설치하여 열선이 합선되거나 누전될 경우 바로 전기를 차단하여 화재가 일어나지 않도록 하는 대책을 즉시 모든 지사에서 시행하도록 하였다. 이후로 매번 사업소를 방문할 때마다 겨울이 오면 화재 예방을 위해서 동파 방지용 발열 열선을 배관에 감아서 설치할 경우는 반드시 전기 콘센트에 누전차단기를 먼저 꽂아서 설치한 다음 이 누전차단기의 콘센트에 동파 방지용 발열 열선의 플러그를 꽂아서 연결하였는지를 점검하고 절대로 동파 방지용 열선을 누전차단기가 없이 사용하는 일이 없도록 매번 강조하고 점검하였다. 그리고 경비실에서 화재를 신속히 인지하지 못한 이유는 자재창고의 화재 감지경보 시스템이 오래되어 경보기의 오동작이 자주 발생하고 화재감지기의 감지 성능이 떨어져 화재 발생 초기에 감지하지 못하여 화재가 크게 번진 이후에 감지되고 경보가 발생하였기에 화재 감지경보 시스템을 신형으로 교체하였다. 경비실에서 사옥 순시를 통한 화재 발생 인지는 경비원의 사옥 순시 간격이 두 시간으로 길어서 현실적으로 운이 좋게 순시 시간과 화재 발생 시점이 일치하지 않는 한 어려운 것으로 진단하였다. 이번 사건은 다행히 초기에 인근 주민이 화재를 빨리 발견하고 소방서에 신고함으로써 화재 진화가 신속히 되어 천만다행이었다. 그리고 정밀하게 실사한 결과 다행히 자재창고의 화재 소손으로 인한 피해 금액은 모두 합쳐서 4백만 원 정도로 크지 않아 화재보험으로 처리 가능하였다. 마지막 단계로 소방서와 경찰서에서 시행하는 화재 조사에서 방화관리자 등 우리 회사에 화재 발생에 대한 책임으로 벌금부과나 처벌 등이 발생할까 우려하였으나 다행히 소방서에서는 화재의 원인이 설비의 노후로 인한 화재로 판별하였고 경찰서에서도 소방서가 화재 원인을 동파 방지용 발열 열선의 노후로 규정하여 특별히 소방설비 관리를 잘못하여 화재가 발생한 것이 아니어서 우리 회사가 책임을 질 만한 사항이 없는 것으로 조사결과의 결론이 나서 이번 자재창고 화재사건은 원만하게 종결되었다.

이번 자재창고 화재사건으로 사업소장과 방화관리책임자에게 평소 소방설비 점검과 유지보수의 중요성을 일깨우고 그동안 소홀하기 쉬운 화재 발생 시 인명 및 물적 피해에 대해 다시 생각해 보며 화재 예방을 위한 평상시 설비 점검의 중요성을 깊이 인식하는 계기가 되었다. 화재는 예고 없이 찾아오기 때문에 화재 예방 활동을 철저히 하고 미리 대비하여야 한다. 화재를 예방하는 일은 평소 사업소 관리의 가장 중요한 업무 중 하나다.

PART 07

내 마음을 써서 상대방을 배려하자

PART 07

내 마음을 써서 상대방을 배려하자

01

퇴직 직후 전기원의 조현병 자살

이 이야기는 한전 회사 생활 중에서 가장 가슴 아픈 이야기이다. 어느 날 한 배전 전기원의 사직서 결재가 올라와서 아직 나이가 젊은데 왜 퇴직을 하려고 하는지를 물었더니 결재서류를 갖고 온 배전운영부장이 배전 전기원 본인이 건강이 좋지 않아서 업무 수행이 힘들다고 판단하여 퇴직하는 것이라면서 담당 간부인 자신이 판단하기에도 현장에 나가 고장 수리업무를 수행하기에는 안전사고 우려 등으로 부적합하여 더는 업무를 지속할 수 없다는 것이었다. 그리고 본인이 집에서 지병을 치료하면서 쉬기를 원해서 사직서를 내는 것이라고 하였다. 그렇다면 어쩔 수 없겠구나 하고 그 배전 전기원의 사직서에 승인 결재를 했는데 해당 배전 전기원이 사직하고 며칠이 지난 다음에 그가 사망했다는 소식을 전해 듣게 되었다. 참 안되었구나 하는 마음으로 그의 상갓집으로 문상가서 부인으로부터 자세한 사연을 들고 깜짝 놀랐다. 그 배전 전기원은 우울증을 앓고 있어서 주변 사람들과 잘 어울리지 못하고 평소 활발한 성격이 아니어서 직원들과 대화도 적었고 직원들도 이 배전 전기원과 잘 어울리지 않았기 때문에 그의 부인이 회사로 배전운영실장을 찾아와서 자기 남편과 어울려서 식사도 하고 술도 좀 먹고 해 달라고 부탁을 하면서 봉투까지 전해주었다는 사실을 알게 되었다. 그렇지만 각박한 서울 생활에서 퇴근 후 곧장 집으로 가는 분위기에서 일부러 마음이 내키지 않는데 시간을 내어서 어울리고 술을 먹는 것에도 한계가 있어서 결국은 주변 사람들과 잘 어울리지 못하고 회사 생활을 할 수 없게 되자 부인과 함께 병원에 우울증 치료를 받으러 다니다가 증세가 심해져 본격적인 치료를 위해 회사에 사표를 제출하게 되었다는 것이다. 그 배전 전기원은 부인과 함께 우울증을 치료하기 위하여 병원에 가서 의사의 진료를 마치고 약국에서 약을 조제 받기 위해 기다리는데 그 배전 전기원은 기다리는 것이 지루하고 불편해서 먼저 집에 가서 쉬겠노라고 하며 집으로 가고 부인은 약국에서 처방받은 약을 받아 집으로 돌아왔다고 하였다. 부인이 집에 와서 남편을 찾았으나 남편이 어디로 갔는지 없어서 온 동네를 여기저기 수소문하고 아무리 찾아봐도 없자 평상시 남편이 산에 올라가는 것을 좋아해 평소 자주 다니던 뒷동산에 부인이 올라가 보니 남편이 바위 아래로 뛰어내려 숨져 있는 것을 발견하게 되었다고 했다. 이러한 기막힌 소식을 상갓집에서 전해 듣고 매우 가슴이 아팠다. 우리가 한 가족 같은 직장이라고 늘 한전 가족이라고 얘기하며 한전은 직장 분위기 좋아 가족 같다고 하면서 이같이 소외되고 어울리지 못하는 직원이 있었음에도 사업소장과 간부들 그리고 노조까지도 이런 직원을 보살피지 못해서 죽음에 이르게 되었다는 사실에 매우 가슴이 아프고 죄책감을 느꼈었다. 이후 연초에 매번 사업소를 순회하며 교육할 때마다 우리 주변에 이같이 소외된 직원이 방치되어 자살이라는 극단적인 삶을 선택하는 일이 없도록 주변을 돌아보고 이런 직원을 우리 동료로 따뜻하게 보살펴주도록 항상 교육하고 강조하였다. 영업본부장이 되어서도 지역 본부장과 지사장들에게 우리가 한전 가족이라고 하면서 우리 주변에 동료가 혼자 밤늦게 남아서 야근하거나 혹 개인적인 어려운 사정이나 고민으로 힘들게 사는 직원이 우리 주변에 없는지 한번 돌아보고 우리가 하는 업무는 품앗이이니까 동료가 어려울 때 도와주면 내가 어려울 때는 그 동료가 또 나를 도와주니 서로 돕고 사는 게 좋은 것 아니냐면서 또 혼자 일찍 집에 가서 TV 보며 자기 혼자만 편하고 잘 먹고 살면 되겠냐 한전 직원은 한전 가족이라 하지 않느냐고 강조하면서 특히 명절이 되면 이같이 평소 우울증을 앓거나 소외되는 직원이 죽음이라는 극단적인 삶을 선택할 수도 있으니 꼭 주변을 다시 한번 잘 보살피라고 특별히 당부하였다. 이렇게까지 했건만 영업본부장으로 있을 때도 부산지역에서 비슷한 상황으로 소외되고 우울증이 있던 직원이 명절을 앞두고 사옥 옥상에서 뛰어내려 죽음이라는 극단적인 삶을 선택하는 사건이 또 발생하여 마음이 몹시 아팠다. 해당 지역 본부장이 전화로 이런 안타까운 사실을 전하면서 본부장님이 미리 명절 전에 이런 일이 발생한다고 사전에 잘 살펴보고 미리 예방하라고 알려 주었는데도 이번 사고를 막지 못하여 죄송하다고 하였다. 이미 직원이 자살이라는 죽음의 극단적인 삶을 선택한 다음에 후회하는 것이 무슨 의미가 있겠는가 안타까울 뿐이다. 그래서 우리는 내 주변에 이같이 소외되고 어울리지 못하면서 어려움을 겪고 있는 직원들이 없는지 한 번 더 살펴보고 우리 동료인 이런 직원들을 한전 가족으로 따뜻하게 온정을 베풀고 더불어 어울려서 살아가는 직장 문화와 분위기를 다 함께 만들어 더는 이렇게 직원들이 우울증을 앓다가 죽음이라는 삶의 극단적인 선택하지 않도록 한전 가족으로 따뜻하게 보살피면서 배려하여야겠다.

02

공사업체와의 벽을 허물다

전년도 청렴도 평가에서 계측기 제작업체 금품수수 관련으로 내부 경영평가는 전국 최하위 꼴등을 기록하였다. 전임 본부장은 청렴도 향상을 위해 공사업체와 일절 접촉과 대화를 하지 않고 단절된 상태로 지냈다는 보고를 받고 그렇게 해서는 일이 원활하게 되지 않을 것 같고 또 오해를 불러올 수도 있어 이런 상태로 오랫동안 관계를 지속하는 것은 안된다고 생각하였다. 전쟁터에서는 비록 적군일지라도 협상을 하고 대화를 하는데 하물며 같은 일을 하면서 그렇게 관계를 단절하는 것은 맞지 않는다고 보고 전기공사업체와 관계 개선을 하고자 노력하였다. 역설적으로 청렴도 평가가 잘 나오려면 전기공사업체와 상호 이해와 협조가 필요하다고 강조하면서 업체로부터 금품수수는 절대로 하지 말고 서로 신뢰 관계를 구축할 것을 주문하고 실천에 들어갔다. 우선 전기공사업체 간담회를 개최하여 공개 석상에서 앞으로 공사 시공 관련 불만이 있는 것은 제가 창구가 되어 해결할 테니 저에게 다 이야기해 주고 이 자리에서 공개적으로 얘기하지 못하는 것은 개별적으로 이메일이나 전화로 얘기하도록 하였다. 그 대신 전기공사업체에서 우리 회사의 청렴도 평가는 좀 못마땅한 점이 있을지라도 점수를 잘 주셔서 우리 직원들이 1년간 고생한 평가를 잘 받도록 해달라고 그들을 설득하였다. 그리하여 전기공사업체에서 간담회를 통하거나 개별적으로 요청하는 개선사항을 성심껏 해결해 주고 우리 본부 자체에서 개선할 수 없는 전기공사업체의 요청사항은 본사에 건의하여 개선하도록 하고 그 결과를 한국전기공사협회 지회와 건의한 전기공사업체에 꼭 회신하여 주었다. 이렇게 개선된 모습을 보이자 그들의 마음이 조금씩 돌아서게 되었고 우리 본부를 신뢰하게 되었다. 이런 신뢰 관계를 계속 유지 발전시키고자 분기별로 합동 등산을 추진하여 관내 동, 서, 남, 북 4개 전기공사협회 지회 중 남부지회는 다른 지역 본부와 업무를 별도로 하고 있어서 우리 본부와 관계가 없었으나 관내 전체 한국전기공사협회 4개 지회와 우의를 공고히 하는 차원에서 관내를 대표하는 사업소로서 함께 등산도 하고 회식도 하며 작은 기념품인 등산 양말도 하나씩 나누어 주고 하여 서로 친숙하게 되었다. 그러자 한국전기공사협회에서 서로 번갈아 가면서 비용을 부담하고 등산 등의 친목 활동을 이어 가자고 하여 등산 후 우의도 다지고 소주를 마시며 평소 하지 못한 마음속에 담아 둔 이야기들도 터놓고 하게 되었다. 그리고 사소한 것이지만 전기공사업체들이 요구하는 한국전기공사협회 지회별로 개최하는 체육대회 개회식에도 참석하여 축사도 해주고 본부장이 감사패도 시상하고 간단한 기념품도 전달하면서 점심도 같이 먹고 반주로 막걸리 한 잔을 하면서 그들의 축제를 함께 축하해 주고 또 함께 즐기기도 하였다. 평소 완전하게 관계를 끊고 청렴을 사유로 상호 단절하여 지내면서 섭섭하였던 차에 새로운 본부장이 와서 서로 유대를 강화하고 자신들의 요구를 반영하여 주며 친목을 적극적으로 도모하자 전기공사업체들은 내심 닫혔던 마음의 빗장을 풀고 같은 영역에서 일하는 전기 기술자로서 동질성을 회복하면서 적극적으로 반기는 분위기가 되었다. 이렇게 인간적으로 좋은 관계를 맺고 화목하게 지내면서 연말에 청렴도 평가를 받게 되었는데 우리 회사에서 먼저 아무런 얘기를 하지도 않았는데 전기공사업체에서 오늘 자신에게 청렴도 평가 의뢰가 왔다며 점수를 잘 주었다고 스스로 알려 주기에 이르렀다. 전기공사업체의 청렴도 평가결과는 두말할 것 없이 잘 받아 이해에 전국 1위를 기록하였다. 결론적으로 부임 당시 청렴도 평가는 전국에서 꼴등이었고 이 때문에 내부 경영평가 실적도 부진하였으나 청렴도 평가가 전국에서 1위를 기록하고 본사의 감사님이 순위 상승률 1등 사업소로 격려차 방문하기도 하고 내부 경영평가 성적에서도 상위에 입상하여 직원과 노조도 늘어난 보너스에 모두 만족하고 얼굴에 희색이 만연하였다. 결론적으로 청렴도 평가는 우리 회사만 깨끗하고 청렴하게 그리고 올바르게 일하고 전기공사업체와는 담을 쌓고 지내면 결국은 서로 관계가 멀어지고 불편하고 소통이 되지 않아 불만이 쌓여 불신하게 되므로 당연히 결과는 나빠질 수밖에 없다. 아무리 갑과 을의 관계인 전기공사업체라고 하더라도 그들 역시 사람이므로 서로 업무를 떠나 좋은 인간관계를 맺으려고 상대의 마음을 배려하고 내 마음을 써서 다가가 좋은 유대관계를 갖고 상호신뢰를 구축하면 그들도 마음의 문을 열고 나와 서로 돕고 어려움도 함께 해결하려고 할 것이다. 청렴도 평가도 전기공사업체와 관계가 이렇게 될 때 이심전심으로 상호 서로의 마음을 읽고 굳이 점수를 잘 달라고 부탁을 하지 않더라도 알아서 잘 줄 것이기 때문에 좋게 받을 수 있음을 이번 계기를 통해서 크게 깨닫게 되었다. 인간사는 인지상정이고 징기스칸은 성을 쌓는 자는 망하고 성을 허물은 자는 산다고 하였다.

〈전기공사협회와 간담회 모습〉

〈전기공사협회와 한마음 산행 모습〉

〈삼성동 품질경영처 마지막 근무〉

〈설악산 공룡능선의 운해〉

03

눈을 치우는 스노우 블로어 구입

강원도 산간지역에는 눈이 참 많이 오는데 한번 오면 보통 30cm 이상 올 때도 많다. 눈이 많이 오면 내린 눈이 쌓여서 두꺼워지면 종가래로 밀어도 무겁고 잘 밀리지 않아서 눈을 치우기가 어려워서 한 10cm 정도 눈이 오면 직원들을 동원하여 눈을 치우곤 한다. 그래서 눈이 많이 오면 하루에도 서너 차례 이상 눈을 치워야 하는데 눈을 직접 치워보니 종가래로 눈을 밀고 빗자루로 눈을 쓸기 때문에 허리가 아파 요즘 같은 현대에 왜 장비를 사용해서 눈을 치워야지 군대도 아니고 어떻게 인력으로 눈을 치우느냐면서 본사에다가 눈을 치우는 장비를 구매해 달라고 하였다. 직원들은 수년 전부터 눈을 치우는 장비를 구매해 주도록 본사에 요청하였으나 사주지 않는다고 자포자기를 한 상태라서 할 수 없이 직접 나서게 되었다. 우선 장비관리사무소에 전화해서 눈을 치우는 장비를 사서 줄 것을 요청하였더니 장비

관리사무소에서는 해당 장비의 구매규격이 없어서 사줄 수가 없고 본사에서 예산을 배정해 주고 구매규격을 만들어줘야만 사줄 수 있다고 하였다. 그래서 본사 배전처에 눈을 치우는 장비인 스노우블로워를 구매해 달라고 요청하였더니 배전처에서는 해당 스노우블로워는 배전설비 고장이나 설비관리에 필요한 장비가 아니고 사옥의 마당에 눈을 치우는 장비이므로 사옥을 담당하는 영업처에 구매 요청해야 한다고 했다. 그래서 다시 영업처로 사옥에 눈을 치우기 위한 스노우블로워를 구매해 달라고 하였다. 영업처에서는 기획처에 예산을 신청하여 배분받아야만 살 수 있다고 하였고 기획처에서는 예산조정 배분이 이미 끝나서 지금은 예산을 줄 수 없고 내년도 예산에 반영하여 살 수밖에 없는 상황이라고 하였다. 이렇게 하여 여러 부서가 핑퐁을 치는 바람에 연말이 다 되어도 스노우블로워는 살 수가 없는 형편이 되었고 지쳐서 있던 차에 12월이 되어 다시 눈이 내리기 시작했다. 강원도 산간지역은 12월 초순부터 5월 말까지 지긋지긋하게 눈이 내린다. 지치고 한참 열이 받아 있는 상태에서 본사로부터 사장님이 ○○산으로 일출 등반을 오시니 행사에 협조해달라는 연락이 왔다. 일출 등반을 위하여 저녁 만찬과 등산 중에 드실 차와 간식, 안전기원제 준비 등 여러 가지를 지사에서 지원해 달라는 것이었다. 사장님이 오신다는 말에 귀가 번쩍 뛰어 이참에 잘 됐다고 생각하여 본사에다가 행사에 필요한 모든 물품은 전폭적으로 지원해 줄 터이니 여기 지사의 소원인 스노우블로워를 사달라고 요청하고 만일 사주지 않으면 사장님이 일출 등반 오셨을 때 건의하여 반드시 사달라고 하겠다고 하였다. 그러자 그렇게 일 년 내내 사달라고 졸라도 해결되지 않던 스노우블로워가 사장님이 오시는 바람에 갑작스럽게 급물살을 타게 되었다. 기획처에서 일사천리로 연말에 남은 예산을 줄 테니 장비를 구매하는 것은 사업소에서 알아서 하라는 것이었다. 예산은 지역 본부 기획실에서 담당하기 때문에 부랴부랴 사업소에서 지역 본부로 예산을 요청하고 본부에서 본사 기획처로 예산을 요청하게 되었다. A 지사는 좋은 장비를 사고 싶어 본부에 예산을 1천만 원을 요청하였는데 본부에서는 이참에 관내 여러 지사의 제설 장비인 스노우블로워를 동시에 사서 해결하고자 6개 지사의 스노우블로워를 같이 신청하는 바람에 본사에서 대당 6백만 원씩 예산을 책정하여 내려 주었다. 원님 덕에 나팔 분다고 얘기도 않고 있던 사업소들이 다 혜택을 보게 된 것까지는 좋았는데 문제는 예산을 나누다 보니 원하는 성능 좋은 물건을 살 수 없고 장비의 성능이 약한 것을 살 수밖에 없게 되었다. 고민 끝에 좋은 장비는 한 대당 1천만 원 가까이 주어야 산다고 본사에 얘기해 보았으나 기획처는 사업소에 내려 준 예산 내에서 알아서 해결하라는 것이었다. 우리 사업소는 하는 수 없이 불편해도 연말에 장비를 사지 말고 한 달을 참고 기다렸다가 내년에 예산이 나오면 다른 예산을 전용하여 자체 예산을 보태어 성능이 좋은 스노우블로워를 사도록 결정하였다. 스노우블러워는 눈을 빨아들여서 불어내어 나가는 토출 거리가 중요한데 저가 장비는 7~8미터 밖에 나가지 못하기 때문에 눈을 옮기고 또 옮겨야 하므로 불편하고 눈을 치우는 시간과 노력이 두 배로 들어간다. 고가 장비는 한 번에 토출 거리가 15미터 이상 나가서 눈을 치우는 작업속도가 빠르고 시간이 단축되어 좋다. 다른 곳과는 달리 눈이 많이 와서 하루에도 서너 번씩 눈을 치우는 우리 지사는 당연히 성능이 좋고 우수한 장비가 필요했기 때문이다. 좋은 장비를 구매 후 전 직원이 모여 힘들게 종가래와 삽으로 눈을 치우다가 새로 들어온 장비로 눈을 효율적으로 쉽게 치우니 눈을 치우기가 훨씬 수월하고 작업시간이 짧아 편리했고 모두 만족했다. 이렇게 사업소장은 직원들의 내부 고객 만족을 위해 직원들이 일할 수 있는 효율적인 작업환경 개선과 더불어 진정으로 직원들을 위하는 마음을 가져야 한다고 생각한다.

04

활선크램프 하자처리

본사에서 근무할 때 활선 클램프 하자 문제가 발생하여 고생하였다. 하자의 원인은 제작업체에서 낙찰단가의 지속적인 하락으로 제조원가를 줄이기 위해 값싼 재료를 사용하여 문제가 발생한 것으로 전력연구원의 재료 성분분석시험 결과로 밝혀졌다. 하자 원인은 청동 대신에 값싼 황동을 사용하여 볼트가 강도 부족으로 체결 시 힘을 주어 강하게 조이면 부러지는 문제가 발생하였는데 문제는 제조업체가 납품하는 자재 단가는 2천 5백 원 정도인데 교체하는데 들어가는 비용은 활선작업으로 할 경우는 5만 원 정도이고 사선 작업으로 하여도 2만 5천 원 정도는 하는 관계로 제작업체에서는 수십억 원의 하자 비용을 부담할 수 없다며 파산하겠다고 선언하였다. 이에 대해 배전 운영부서에서는 자재비뿐만 아니라 교체 비용을 포함한 전체 하자 비용을 배상받아야 한다고 주장하고 품질부서인 우리 부서는 제조업체의 부담을 고려하여 자재는 제작업체에서 새로 만들어 무상으로 제공하고 자재를 교체하는 공사비는 배보다 배꼽이 몇 배나 큰 상황에서 이를 모두 하자 업체에서 부담하라고 하는 것은 업체 도산으로 이어질 수밖에 없어 도심 등 정전이 문제가 되는 지역만 활선 시공하고 이외 지역은 사선 교체를 원칙으로 하고 교체공사비는 제조회사와 우리 회사가 반반씩 부담하는 것으로 의견을 제출하였다. 배전운영부서와 하자 담당 부서 의견이 서로 팽팽하게 대립 되었다. 배전운영부서는 하자처리 원칙과 제작업체의 책임을 주장하고 품질담당 부서는 현실적으로 시행 가능한 해결 방안으로 해야지 결국 제작업체가 도산하면 하자처리는 하나도 못 하고 나중에는 회사부담으로 모든 자재의 하자처리를 100% 비용 부담해야 한다는 현실적 주장이 맞섰다. 결국은 배전처장과 부서장 전체가 참여하는 하자처리방안 회의에서 현실적 방안으로 처리하는 것이 합리적인 것으로 결론을 내려 하자처리가 시행되었다.

만일 전액을 배상토록 하였다면 업체는 결국 도산되고 하자처리는 할 수도 없을뿐더러 우리 회사는 한 푼도 배상받을 수 없는 지경이 되었을 수도 있었을 것이다. 따라서 극한 상황으로 내모는 것보다는 합리적으로 협상에 의한 합의도출로 원만하게 일을 해결하고자 하였던 것이 주효했다. 이 문제의 접근에 있어서 우리는 일방적으로 우리 회사의 이익만 추구하기보다는 기자재 제작업체와 공생 공존하는 합리적 해결방안이 바람직하다는 것을 배웠다.

05

단가계약 민원 해결

전국 사업소에 있는 전기공사업체의 배전공사 연간 단가계약 기간이 만료되어 전국적으로 재계약 입찰을 시행하게 되었는데 이때에는 입찰에서 당첨되면 향후 3년간 전기공사업체가 먹고 살 일감이 보장되기 때문에 매번 전기공사업체의 이해관계가 서로 첨예하게 대립하여 일부 사업소에서는 전기공사업체 간의 투서나 진정으로 이전투구를 하는 경우가 있는가 하면 또 고래 싸움에 새우 등 터지는 격으로 간혹 우리 직원들도 연루되어 검찰에 불려가 곤욕을 보거나 징계를 받는 일이 가끔 벌어져서 사업소에서는 단가계약 조건이나 지침이 바뀌면 매우 긴장하며 신중하게 전기공사업체의 유불리와 이해득실에 따른 민원이 발생하지 않도록 최대한 공정하게 입찰업무를 수행한다. 이에 우리 본부도 신경을 기울여 입찰사무를 진행하였고 배전공사 연간 단가계약 입찰이 순조롭게 진행되어 입찰가격 투찰이 끝나고 우선협상대상자가 발표되었다. 그런데 우리 본부의 배전공사 연간 단가계약 입찰에서 2순위를 기록한 전기공사업체가 1순위에 선정된 전기공사업체를 상대로 전기공사 수행실적에 문제가 있다면서 이의를 제기하여 낙찰자 선정발표를 할 수 없는 상황이 발생하였다. 계약 담당 부서에서 워낙 민감한 사항이라서 어떻게 해야 할지 방안을 결정하지 못해 업무처리 방향을 상의하고자 찾아왔다. 배전공사 연간 단가계약 낙찰자 선정방안은 두 가지 방법이 있었는데 우선 1순위 전기공사업체를 낙찰자로 발표하고 사후에 1순위 전기공사업체의 공사실적을 검증하는 방안이 있고 다음으로는 연간 단가계약의 낙찰자 발표를 연기하고 1순위로 예정된 전기공사업체의 공사실적을 이의 제기에 따라 먼저 정확히 검증한 다음에 그 결과에 따라 합당한 연간 단가계약의 낙찰자를 결정하여 발표하는 방법이 있었다. 그런데 배전공사 단가계약 낙찰자 발표를 1순위 전기공사업체로 강행하게 되면 당연히 2순위 전기공사업체에서는 법원에 가처분 신청하거나 각계 진정을 하는 등으로 우리 본부는 이 문제가 해결될 때까지 민원에 시달리고 입찰사무는 중지될 것이며 민원 관련 조사를 받는 등 어려움이 예상되었다. 이에 배전공사 시공에 필요한 연간 단가계약 전기공사업체의 선정은 내년도 예산 배정 후 공사를 설계하여 시공하기까지 아직 시간적 여유가 있어서 2순위 전기공사업체의 민원을 먼저 해결하고 넘어가는 것이 합리적이라고 판단하였다. 2순위 전기공사업체에서 제기한 민원내용은 1순위 전기공사업체의 공사실적 중 전압측정 등과 같은 측정업무 실적과 설비진단 관련 점검 사항 및 태풍 등 기상악화 시 전기원의 비상대기 파견 사항은 전기공사 실적이 아니어서 이를 공사실적에서 제외해야 한다는 것으로 이를 문서로 공식 이의를 제기한 상태였다. 계약 담당 부서는 공사실적이 한국전기공사협회에서 발행한 공식 증명이기 때문에 우리 회사에서 임의로 공인기관이 인정한 일부 공사실적의 제외 여부를 결정하는 것은 우리가 하는 업무 범위를 벗어나는 일이라고 판단하여 자체적으로 해석하거나 해결할 권한이 없다고 하였다. 그래서 결국 본사 공사계약 담당 부서로 2순위 전기공사업체가 제기한 공사실적 제외 민원에 대한 유권해석 요청 공문을 발송하고 사안의 중요성을 담당 부서장에게 직접 전화하여 알리고 본사에서의 업무 경험상으로 볼 때 우리 회사 자체 해결이 어려운 사항이므로 정부 관련 부서의 유권해석을 받아 주도록 부탁하였다. 본사 계약 담당 부서에서 당시 한국전기공사협회에서 발행한 공사실적 증명에 허점이 많아 여러 사업소에서 문제가 되던 터라 우리 본부를 비롯하여 사업소에서 제기한 문제점들을 모아서 산업부로 질의를 하였고 산업부에서는 약 2주 정도 시간이 걸려서 회신하였다. 정부의 유권 해석결과는 전압측정 등의 측정업무는 전기공사실적으로 인정할 수 없고 설비진단 점검과 태풍과 같은 비상시 전기 고장복구를 위한 전기공사업체 소속 전기원의 우리 회사 파견대기는 전기공사실적으로 인정된다는 답변이었다. 이에 정부의 유권해석 결과에 따라 배전공사 연간 단가계약 1순위 전기업체의 공사실적을 감사부서에서 공정성을 확보할 수 있게 세밀히 분석 및 점검하고 재산정하여 그 결과를 계약 부서로 통보하도록 조치하였다. 감사부서는 해당 전기공사업체의 공사실적을 일일이 점검하여 유권 해석결과에 따라 전기공사실적을 재분류하고 다시 산정해서 공사실적을 입찰점수에 반영하였으나 1순위 전기공사업체와 2순위 전기공사업체의 낙찰순위 변동이 일어나지 않아서 낙찰에는 영향을 미치지 않는 것으로 확인하였다. 공사계약 부서에서 민원인에게 결과를 상세하게 설명하고 갈등을 해결하였다. 이번 사례에서는 전기공사업체의 입찰 갈등이 일어났을 때는 사업소에서 자체적으로 해결하려고 애쓰는 것보다는 문제의 핵심을 파악하여 논란이 되는 사항은 해결할 권한이 있는 본사나 정부의 합리적 유권해석을 받는 것이 갈등을 해소하는 지름길이다.

06

승주 기별점검 중 안전사고 발생

오래전 직원 시절에 A 영업소 근무 당시 배전 설계원으로 일을 하고 있을 때 휴전작업을 하게 되었다. 당시에는 지금처럼 무정전 작업이 보편적으로 보급되지 않아서 모든 특고압 작업은 배전선로를 정전하고 휴전으로 작업을 하는 상황이었다. 그래서 주요 도심이나 공단에 전력을 공급하는 배전선로는 1년에 한두 번 휴전하여 작업하기 때문에 한 번 배전선로를 휴전하면 적체된 연관 배전공사들이 모두 동시에 진행되는 관계로 휴전 작업조들의 상호 연락체계가 지금처럼 핸드폰이 보편화 되지 않아 무전기에 의존하여 복잡하고 어려웠다. 당시 승주 기별 점검은 변전소 인출 전주에서부터 말단까지 모든 특고압 전주를 전주별로 배전전공이 하나씩 승주하여 특고압 핀애자와 현수애자, 피뢰기, 개폐기 등의 모든 애자류를 전부 육안으로 균열이나 핀홀이 있는지를 확인하고 점검하여 바로바로 교체하는 작업이어서 휴전작업 중에서 작업량이 제일 많고 작업의 난이도가 커서 통상 승주 기별 작업을 주관하는 배전 설계원이 배전선로 전체 휴전작업의 총괄 감독을 맡고 휴전 시 개폐기의 개방과 투입을 통제하고 이때 연관된 작업조와 연락체계를 구축하고 보조감독으로부터 모든 작업조의 안전을 확인 후 휴전과 송전을 지시하고 책임지는 중요하고 책임이 무거운 임무를 맡고 있었다. 그때 승주기별 점검을 위한 휴전작업은 원주에서부터 홍천까지 공급하는 배전선로를 매일 일정한 구간별로 구분하여 정전하고 배전선로를 따라 원주변전소 인출에서부터 홍천변전소까지 간선만 승주 기별 점검을 해 나가는 작업이었다. 당시는 기자재의 국산화 초기여서 ○○애자 등 국산 애자의 품질이 좋지 않아 승주 기별 점검 시 균열이 간 애자가 많아 교체에 많은 인력과 시간이 소요되어 하루 약 30명의 전공이 8시간의 정전 작업을 하였으며 승주 기별 점검을 하는 전기원에게 교체용 애자를 보급해 주고 철거한 애자를 수거하는 보조 인력인 보통인부도 15명 정도 동행하여 전기원이 번갈아 가며 한 전주씩 투입되어 애자 교체작업을 하면 애자를 날라다 주면서 도보로 이동하였다. 이 승주 기별 점검작업과 동시에 정전이 되는 분기선에서 피뢰기, 변압기 설치, 지장 전주 이설 등 여러 가지 작업이 동시에 진행되었는데 작업별로 각기 공사감독이 해당 전기공사업체를 감독하여 동시 작업으로 진행되었고 연락체계는 해당 공사 작업책임자나 공사감독이 승주 기별 보조 감독에게 연락하면 총괄 감독이 각 작업상황을 모두 보고받아 확인 후 송전을 통제하고 지시하는 체계로 휴전작업이 보름 정도 순조롭게 진행되었다. 승주 기별 점검 휴전작업이 막바지에 달했는데 이날에도 모든 작업이 끝나고 보조감독과 현장 감독을 통해 각 작업의 종료 상황을 파악하여 모든 작업이 끝났음을 확인하고 개폐기를 투입해 송전할 것을 지시하였다.

총괄 감독으로 저녁을 먹기 전에 당일에 한 작업을 정리하고 다음날 작업 지시할 사항과 자재의 소모량과 잔고량 등을 챙기는 중인데 송전시간인 저녁 6시가 되자 형광등에 불이 들어왔다. 그래서 송전이 되었구나 하고 일을 계속하려는데 형광등 불이 갑자기 나가서 정전되었다. 뭔가 이상하다는 느낌이 들어서 여기에 형광등이 왜 꺼졌냐고 하자 백열등으로 된 다른 방에는 전기가 정상적으로 들어온다고 하면서 전기원이 와서 살펴보더니 형광등의 스타트 전구가 나가서 그렇다면서 스타트 전구를 빼내고 드라이버로 살짝 합선을 시켰다가 떼어서 형광등이 다시 들어 와서 하던 작업을 계속하고 있는데 우리 출장소장의 사모님이 헐레벌떡 뛰어와서 숨이 찬 목소리로 큰일이 났다며 전화가 왔는데 사람이 전주에 거꾸로 매달려 있다는 신고가 왔다고 하였다. 그때 출장소 소장이 영업소에서 직원들이 많이 와서 인사하고 같이 저녁을 먹으려고 와있던 터인지라 사모님께서 대신 출장소 사무실을 지키고 있다가 전화를 받은 것이었다. 얘기를 듣는 순간 전공이 감전되었구나 하고 직감했다. 전주에 사람이 추락하지 않고 매달려 있다는 것은 전공이 안전 허리띠를 전주에 걸고 있었기 때문이라고 판단되었고 거꾸로 매달렸다는 것은 의식을 잃어 다리에 힘을 주고 서서 있지 못하기 때문에 뒤로 넘어갔다는 판단이 순간적으로 들었다. 총괄 감독으로 즉시 가장 가까이에 있는 개폐기를 개방하도록 지시하였다. 그 이유는 혹시나 모를 2차 감전 피해를 예방하기 위해서였다. 사람이 전주에 매달렸으니 주민들이 사다리 등을 놓고 전주에 올라가 사람을 구할 것이 예상되었기 때문이었다. 그 당시 특고압 배전선로는 대부분 나전선으로 30cm 이내 근접 시 아크 발생에 의한 섬락으로 감전이 되는 상황이었다. 급히 배전 작업차를 타고 안전사고 현장으로 달려갔다. 한 삼십 분쯤 갔을까 차 한 대가 오고 있어서 확인해 보니 감전된 전공의 전기공사업체 차량이었는데 기독병원으로 후송하는 길이라고 하였다. 감전된 전공의 의식은 돌아와 있는 상태이고 안전작업화 오른발 뒷꿈치가 떨어져 나간 것이 보였다. 근처에서 작업하고 있던 같은 전기공사업체 전기원이 소식을 듣고 현장에 가니 동네 사람들이 전주 위에 매달린 사람을 끌어 내리기 위해 사다리를 놓고 한 사람 힘으로는 전주 위에 축 늘어져 의식불명이 된 전기원을 끌어 내릴 수 없어서 동네 사람 여러 명이 전주에 올라가 감전되어 늘어져 있는 전기원을 땅에 내려놓았다는 이야기를 듣고 등에서 식은땀이 흘렀다. 만일에 출장소에서 가장 가까운 개폐기를 신속히 차단하지 않았다면 동네 사람 여러 명이 추가로 감전되어 큰 인명사고가 날 뻔한 상황이었다. 그나마 천만다행이라고 여기고 병원으로 후송을 보내며 휴전작업을 모두 마무리하고 병원으로 들리겠다고 하고 직원들이 기다리는 숙소로 돌아왔다. 우선 급한 대로 사무실과 해당 전기공사업체 사무실에 안전사고 발생 사실을 알리고 안전사고 속보 보고서 초안을 만들어 사무실로 보내고 늦은 저녁을 먹었으나 마음이 매우 무거웠고 오십여 명이 모여 왁자지껄 시끌벅적하던 작업원들의 분위기가 싸하니 가라앉은 가운데 간단히 안전사고 발생상황을 설명하고 내일은 사무실에 불려갈 수도 있어 직접 남은 작업을 총괄 감독할 수가 없을 수도 있으니 보조감독 중 선임자에게 총괄 감독을 맡도록 하고 남은 작업에 대해 개략적으로 설명을 해주고 잠을 청하였다. 다음 날 아침 일찍 배전 전기원과 보통 인부를 모두 작업에 투입하여 점검작업이 시작되었는데 사무실에서 소장 보고와 본사 보고를 해야 하니 들어오라고 연락이 왔다. 하던 작업을 선임 보조 감독에게 인계하고 사무실로 갔다. 공무과장님과 소장님에게 안전사고가 발생하여 죄송하다는 말씀을 드리고 안전사고 내용을 보고하고 나서 병원으로 감전당한 전기원을 면회하러 갔다. 음료수를 사서 들고 병실로 들어가는 마음이 무거웠다. 전공을 만나 감전사고를 당해 안됐으며 총괄 감독으로서 미안하게 생각한다고 하고 자세한 감전 원인은 파악해 나오면 알려 주겠다고 하면서 상처 치료 상황을 물었다. 의사의 말로는 오른손으로 감전되어 오른발로 전기가 흘러 감전 화상을 입었으며 천만다행으로 전기가 통할 때 심장을 피해서 살았고 2~3주 화상 치료를 하면서 경과를 보자고 했다면서 현재 손과 발가락이 다 움직이니 큰 부상이 아닌 것 같다고 밝게 얘기하며 오히려 안전사고를 발생시켜 미안하다고 하며 정전작업 감독 중인데 어떻게 오셨냐고 했다. 그래서 개략적인 안전사고 당시의 상황을 설명해 달라고 하였다. 감전사고를 당한 전공은 배전공사업체의 베테랑 전공장인데 작업 당일 아침에 배전선로 분기선에 있는 변압기가 설치된 전주에 피뢰기를 설치하려고 작업장소로 들어가면서 해당 작업 구간의 한전 작업조장인 배전 전기원을 만나 산속에 들어가면 당시에는 핸드폰이 없던 시절인지라 무전이 잘 안되어 연락이 어려우니 배전선로 간선에 있는 분기선의 개폐기를 개방해 놓고 가서 피뢰기 설치작업을 할 것이니 자신들의 작업은 신경을 쓰지 말고 간선의 승주 기별 작업이 끝나면 정시에 송전하라고 이야기하고 여러 곳을 이동하며 분기선의 변압기 전주에 피뢰기를 설치하였고 작업이 늦어져 송전시간인 저녁 6시가 거의 되어 사고장소에 승주하면서도 자신이 작업하는 장소로 오는 전기는 배전선로의 분기선에 설치된 분기 개폐기인 단상 COS를 개방해 놓고 왔으니 문제가 없다고 생각하고 날이 어두워지고 있으니 빨리 작업을 마치고 가자고 생각하며 피뢰기 리드선 설치를 위해 특별 고압선에서 피뢰기까지의 필요한 리드선 길이를 재고자 피뢰기 리드선을 전선 가까이 갖다가 대는 순간 펑 하며 의식을 잃었다고 하였다. 사고상황에 대한 진술을 듣고 돌아와 안전사고 상보를 작성하기 위해 현장에 나가서 문제의 분기 개폐기 COS를 확인하였다. 그런데 공교롭게도 한 전주에 두 개의 분기용 COS가 설치되어 있었다. 그러니까 한 전주에서 π형태로 분기선로가 2개 분기되어 뻗어 나가고 있었는데 자세히 보니 점퍼선의 회전 각도를 확보하기 위하여 전기결선이 서로 반대로 되어 있었다. 즉 π형으로 분기된 두 개의 선로 중에서 좌측 분기선로에 설치된 COS의 2차 리드선이 우측 분기선로에 가서 연결되어 있고 우측 분기선로에 설치된 COS의 2차 리드선이 좌측 분기선로에 가서 연결되어 있어서 좌측에 있는 개폐기인 COS를 차단하면 우측으로 뻗어 나가는 분기선로의 전기를 차단하는 것이었다. 얼핏 COS 1차 단자에 연결된 전선만 보면 좌측 COS는 좌측 분기선로를 차단하는 개폐기이고 우측 COS는 우측 분기선로를 차단하는 개폐기로 보이지만 실제로는 반대였다. 그래서 안전사고를 당한 베테랑 전공장이 전기회로의 2차 결선상태를 정확하게 보고 판단하지 않아 자기가 작업을 위해 차단할 개폐기를 차단하지 않고 엉뚱하게도 다른 방향의 COS를 차단하고 그 COS에 작업 중 조작금지 표시찰을 설치해 놓았다. 안전사고 상보 보고를 위해 조작금지 표시찰이 부착된 COS 사진을 찍고 난 후 전공장이 송전 약속 대화를 했다는 작업 조장을 현장에서 만났다. 작업조장의 진술 내용은 전공장이 얘기한 것과 같았다. 문제는 한 전주에 우연히 분기 개폐기가 두 개 설치되어 있었고 그 개폐기가 차단하는 방향이 반대라는 것이 개폐기 조작자의 판단 착오를 유발하여 안전사고가 발생하였다. 그 후 안전사고 상보 보고를 마치고 며칠 뒤에 병원으로 다시 안전사고를 당한 전공장을 찾아갔다. 처음에는 경과가 좋아서 찾아가면 웃고 반기던 전공장의 태도가 갑자기 돌변하였다. 왜 그러냐고 확인해 보았더니 전기 감전 화상의 특성상 초기에는 이상이 없다가도 신체 내부의 혈관으로 전기가 통전 되면서 혈관이 탄화되어 막히거나 말라붙으면 이 부분이 내부로부터 썩어 들어가기 때문에 뒤늦게 발견된다는 것이었다. 전공장의 경우도 당초 발 뒷꿈치 부분만 전기가 통과하며 살점이 떨어져 나갔었으나 상처 내부의 혈관이 막혀 썩어들어가서 의사가 발목 윗부분 10cm 정도의 위치에 이미 발목을 한바퀴 돌며 살점을 모두 도려내어 뼈가 나와 있었고 곧 절단해야 한다고 하여 사고를 당한 전공장이 태도가 돌변하고 말도 잘 안 하고 의기소침하여 있다고 부인이 대신 설명하였다. 그런 설명을 다 듣고 나니 눈물이 핑 돌며 안타까움과 젊은 한 사람이 감전 사고로 평생을 불구자로 살아가게 되었구나 하는 죄책감이 밀려왔다. 정말로 전기는 위험한 것이구나 하는 생각도 들었고 미약한 전기지식을 갖고 함부로 일해서는 안 되고 신중해야 하겠다는 생각을 하게 되었다. 다행히도 담당 의사의 신속 정확한 판단과 냉철한 치료 덕분에 해당 전공장은 치료를 잘 마치고 퇴원을 하였으며 해당 전기공사업체 사장은 안전사고 원인을 상세하게 설명 듣고 상황을 이해하였고 본인도 전공 출신인지라 실수를 이해해주고 당시 돈으로 1억원 넘게 보상을 잘 해주어 해당 전공장은 그 후로 전기 일을 그만두고 보상받은 돈으로 부인과 함께 우유 대리점을 차리고 의족을 해서 오토바이를 타고 다니며 생활할 수 있게 되어 그나마 마음의 짐을 덜게 되어 한시름 놓였다. 그리고 해당 전공장도 본인의 실수를 인정하여 이후 우리 회사를 상대로 한 보상을 특별히 요구하지 않았고 회사로부터도 징계나 처벌 문제가 거론되지 않고 다행히 잘 해결되었다. 이번 일은 그나마 전기공사업체 사장의 배려로 충분한 보상을 받아 자신이 살고 있던 지역에서 만족하며 새로운 삶을 살아가는 그 전공장을 보고 다행으로 생각하면서 다시는 이러한 안전사고는 발생하지 않도록 해야 하겠다고 다짐하였다.

07

신년 일출 등반 소동

등산을 좋아하시는 사장님과 함께 일출 등반을 1월 말경에 갔었다. 본사산악회 주관으로 행사가 진행되었는데 당시 단체입장권을 산악회 간사가 구매 후 표를 갖고 사장님을 안내해 먼저 등산을 시작하여 올라갔다. 뒤에 남아 있는 사람들이 입장하려고 하자 국립공원 안내원이 입장권 제시를 요구하여 앞에 간 사람이 제시했다고 하였으나 표를 제시하지 않으면 들어갈 수 없다고 막아서면서 단체입장권을 가지고 와서 몇 명 입장권을 끊었는지를 확인하고 인원을 카운터해서 입장이 가능하다고 주장하였다. 그래서 하는 수없이 먼저 앞서 사장님과 입장한 산악회 간사에게 전화하여 표를 가져오도록 하여 입장권을 확인시키고 모두 인원을 센 다음 맨 끝으로 등산을 시작할 수 있었다. 사장님 안내한다고 급하게 출발한 산악회 간사로 인하여 뒤에 있는 전체 직원들은 삼십 분 이상 출발이 지연되는 소동이 벌어졌다. 출발이 지연되면서 문제가 발생하였는데 일출 등반으로 깜깜한 꼭두새벽에 출발하는 관계로 산속에서 간식을 준비해 대기 중인 직원들이 어두워 사장님을 알아보지 못할 것으로 예상이 되어 선두에서 사장님과 같이 올라가면서 직원들이 멀리서도 일반 등산객과 구별하여 사장님이 도착하는 것을 알아볼 수 있도록 배낭에 회사 깃발을 꽂고 올라가기로 약속하였는데 삼십 분이나 뒤처졌으니 사장님을 인지하지 못하는 문제가 발생하게 되었다. 등산 중간중간 따뜻한 차와 간식을 드실 수 있도록 미리 배치해 놓은 두 곳의 직원들에게 전화로 사정을 얘기하고 최대한 빨리 올라가 가능한 벌어진 거리를 따라잡아서 사장님과 함께 가겠지만 안되면 본사산악회 간사가 들고 올라가는 흰색 본사산악회 깃발로 식별하도록 얘기하고 사력을 다해 오르막길을 쉬지도 못하고 속보로 등산하였다. 숨이 차고 호흡이 가빠서 심장이 터질 것 같았지만 계속하여 쉬지 않고 올라가니 첫 번째 휴식 장소를 한 백 미터쯤 남기고 겨우 선두에 계신 사장님과 합류하였다. 사장님에게 직원들을 소개하고 따뜻한 차 한잔을 드시게 하며 직원들과 크게 안도할 수 있어서 정말 다행이었다. 하마터면 직원들을 고생만 시키고 일이 빗나갈 뻔한 위기를 모면한 순간이었다. 나중에 이야기를 들어보니 먼저 올라와 새벽 추위 속에서 불안에 떨며 기다리던 직원들이 추위와 지루함을 달래려고 제자리 뛰기를 하면서 기다렸다고 하여 애처롭기도 하였다. 다음 간식 장소는 정상 전으로 2/3지점이었는데 날씨가 워낙 추워서 간식은 드시지 않고 따뜻한 차만 마시고 바로 정상으로 향했는데 일출 등반 인파가 워낙 많아서 정상으로 갈수록 밀려서 시간이 지체되었다. 천제단에서 일출을 보고 안전기원제를 드리기로 하였으나 장군봉에 도착할 때쯤 이미 해가 떠오르기 시작하여 장군봉에서 일출을 보고 천제단에 도착하니 천제단은 이미 인산인해로 안전기원제는 지낼 수 없어서 천제단 옆에서 정상주를 하고자 돗자리를 깔고 준비해 놓았는데 날씨가 워낙 추워서 디지털카메라가 사진을 몇 장 찍으면 동작하지 않아 점퍼 품 안에 넣어서 녹였다 찍어야 할 정도였다. 그런데 날씨가 워낙 추우니 사장님이 장군봉에서 일출을 보았으니 되었다고 하며 정상주는 하지 않고 바로 내려가서 식당 통나무집에서 한잔하자고 하시면서 그냥 내려가는 바람에 고생한 직원들은 당황하여 황급히 돗자리를 거두어서 물건을 챙겨 들고 뛰다시피 하산을 하여 식당에 도착하였더니 사장님은 이미 내려와 기다리고 있었다. 통나무집 식당에서는 분위기가 매우 좋았다. 마침 연말에 승진 발표가 있었던 관계로 사장님은 승진자들을 불러서 폭탄주를 한 잔씩 주어 원샷을 시키고 다들 워낙 추운 날씨 탓인지 오전 이른 시간이었지만 술 한 잔씩을 즐기는 분위기였다. 이어서 등산 준비로 고생한 우리 지사 직원들과도 폭탄주를 한잔하고 날이 추운데 수고했다며 일일이 악수를 한 사람씩 하였다. 한참 술잔이 오가고 식사가 끝난 후 사장님이 승용차로 먼저 떠나서 배웅 인사를 하고 일출 등산 뒷정리를 하는 중인데 본사 버스가 출발해야 하나 인원 점검을 한 결과 한 사람이 없어서 버스가 출발할 수 없다고 했다. 아무리 찾아도 부장 승진자 한 명이 없어서 핸드폰으로 전화를 걸었더니 전화기는 버스 안에 있는 배낭에서 울렸다. 한 명이 실종되었는데 날씨는 매우 추운지라 모두 걱정이 되어서 식당 주변 당골광장을 모두 뒤져도 사람은 보이지 않았다. 본사산악회 버스의 출발을 더 늦추고 모든 직원을 기다리게 할 수 없어 현지 사업소장으로서 결단을 내려서 찾지 못한 부장은 지사 직원들이 찾아서 기차로 보낼 테니 본사 버스는 먼저 출발하라고 하고 그 대신 본사산악회 간사는 1명이 남아서 같이 찾아보자고 하였다. 이렇게 하여 가까스로 본사산악회 버스를 출발시키고 지사 직원들과 자원해서 남은 산악회 간사 2명과 함께 다시 그 추운 날씨에 당골광장에서 등산로 입구까지 샅샅이 뒤지고 혹시 전국에서 온 다른 사업소 버스에 잘못 타고 있을까 봐서 일출 등반에 참여한 모든 사업소 산악회 버스에 일일이 전화를 걸어서 확인하고 뒷좌석이나 구석에 혹시 술에 취하여 자고 있는지를 바닥까지 모두 확인해 달라고 하였다. 모두 확인했으나 어느 버스에서도 당골광장 어느 곳에서도 그 부장을 찾을 수가 없었다. 우리는 하는 수 없이 실종 신고를 하기로 하고 당골 광장에서 모두 철수하여 시내로 들어와서 얼은 몸도 녹이고 대책을 숙의하려고 한 음식점으로 들어갔다. 우선 실종 신고전에 가족에게 알리는 것이 순서라고 판단하여 지사장이 직접 사모님과 통화하기로 하였다. 본사산악회 간사가 걸어 준 핸드폰을 넘겨받아 그 부장님의 사모님께 자초지종 상황을 전부 설명하고 최선을 다하였으나 어쩔 수가 없음을 양해해 달라고 하고 실종신고 후에도 계속 찾아볼 것이니 혹시 집으로 연락이 오면 우리에게 알려 달라고 하였다. 사모님은 당황하여 울먹이는 목소리로 고생이 많으시다면서 어떻게 해서든지 꼭 찾아달라고 몇 번이나 간곡하게 부탁하여 마음이 아프고 무거웠다. 별일이 없으면 좋으련만 날씨가 워낙 추우니 혹 밖에서 저체온증으로 동사할까 큰 걱정이 앞섰다. 잠시 후 실종신고를 하러 경찰서로 가는 중에 그 사모님으로부터 전화가 왔다. 조금 전에 전화가 왔는데 집으로 오는 기차를 탔다고 한다면서 아무런 일 없이 집으로 오고 있으니 걱정하지 말라며 날씨 추운데 고생해 주셔서 고맙다고 했다. 우리는 크게 안도를 하며 모두가 차 안에서 환호하면서 경찰서로 가던 발길을 돌려 모든 행사가 끝난 뒤풀이로 소주 한 잔을 하고 본사산악회 간사들을 기차역까지 배웅하고 모든 행사를 마무리하였다. 새벽에 일찍 일어나고 온종일 긴장한 탓에 피로가 엄습하여 사택에 돌아와 그대로 깊은 잠에 떨어졌다. 다음 날 문제의 부장이 죄송하다고 사과 전화가 왔다. 본인은 술을 잘못하는데 사장님이 승진자들을 불러 주는 폭탄주를 어쩔 수 없이 마시고 나서 술기운이 너무 올라와 약국에 들러 술 깨는 약을 사서 먹고 찻집에 들어가 차 한잔을 시켜 놓고 마시다가 새벽 일출 산행 피로와 취기가 겹쳐 깜빡 테이블에 엎드려서 잤다는 것이었다. 한참을 자다가 일어나서 가보니 버스도 안 보이고 아무도 없어서 택시를 타고 기차역으로 가서 좌석이 없어 입석으로 집에 갔다고 했다. 이번 일과 같이 단체행사에서는 특히 여러 사람에게 민폐가 되는 것을 방지하기 위하여 서로서로 다른 사람을 배려하는 일이 매우 중요하다는 사실을 새삼스럽게 느꼈다.

〈많은 사람이 소원을 기원하는 태백산 천제단〉

〈사장님 신년 일출 등산 지원 자원자〉

08

서비스센터 사택 곰팡이 해결

K 서비스센터 사택에 곰팡이가 피어서 불편하다는 민원을 받고 현장에 나가보니 오래된 사택의 알루미늄 샷시에 유리가 달린 출입문 안쪽으로 바깥 공기와 실내 공기의 온도 차에 의한 결로 현상으로 물방울이 맺혀 줄줄 흐르고 있었다. 결로 현상으로 물이 계속해서 흐르고 습기가 차니까 집 전체 벽면에 검은색 곰팡이가 피어 정말 건강에 좋지 않은 상황이었다. 사업소에서 자체적으로 해결할 수 있는 예산이 없어서 지역 본부로 곰팡이 문제 해결을 위한 예산을 배분하도록 요청을 하였으나 돌아온 답변은 예산이 없어 내년도에 예산을 확보해 조치하겠다는 답변만 돌아왔다. 그래서 다른 방법을 찾다 보니 마침 지사장 사택의 베란다 창문에 비슷한 결로 현상으로 얼음이 누적되어 두껍게 형성되는 것을 해결하고자 사택을 개선하는 수리비가 책정되어 집행될 예정이라고 하였다. 이것 역시 창호가 홑 유리창으

로 되어 외기의 단열이 되지 않아서 내부에 맺힌 물방울이 계속 얼어 붙으면서 누적되어 두꺼운 얼음층을 형성하는 것이었다. 혼자 사는 지사장의 유리창 결로 문제 해결보다는 가족과 함께 있는 서비스센터 사택의 곰팡이 문제 해결이 더 시급하다고 판단하여 이 문제 해결에 지사장 사택 보수예산을 전용해서 사용하고 모자라는 예산은 본부에 얘기해서 추가로 예산을 받아 공사하고 지사장 사택은 내년에 다시 예산을 확보해서 해결하도록 하였다. 그리고 서비스센터의 앞마당이 아스팔트로 포장이 되지 않고 흙으로 되어 불편하다는 민원이 함께 제기되었다. 겨울에 출장소 마당이 얼었다 녹았다 하면서 질퍽거리고 신발에 흙이 달라붙어 밀려 올라와서 양말과 바지를 더럽혀서 불편하다고 하였다. 지역본부와 협의하여 K 서비스센터 사택 곰팡이 해소 공사를 하는 길에 서비스센터 앞마당의 아스팔트 포장도 병행해 주도록 요청하였는데 마침 본부의 구내도로 포장으로 확보한 예산이 좀 남는 게 있어서 가능하다고 하였다. 오지의 K 서비스센터 숙원사항을 모두 해결하고 근무환경이 깔끔하게 개선되니 직원들이 좋아하며 사기도 올라갔다. 사업소장은 직원들이 원하는 사항과 꼭 필요한 사항을 파악하고 이것을 진정성 있게 해결하려고 노력하여 직원들로부터 자신들을 위해 애쓰고 있다는 것을 느낄 수 있도록 하고 직원의 믿음을 얻도록 노력한다면 직원들도 사업소장이 하고자 하는 일에 적극적으로 앞장서 나설 것이다.

09

SC 여직원 배치와 근무복 민원 해소

어느 날 노조위원장과 K 서비스센터장이 찾아와서 서비스센터(SC)에 전화를 응대하는 여직원이 필요하여 몇 년 전부터 계속 요구해 정원을 배정받았는데도 서비스센터로 가려고 하는 여직원이 없어 보내지 못하고 있다며 이를 해결해 달라는 것이었다. 사실상 여직원들이 모두 노동조합원인 관계로 노조에서 기준을 만들어 시행하면 되는데 노조에서는 악역은 하지 않고 회사에서 하라는 뜻이었다. 그래서 일단은 인사업무를 담당하는 총무팀에서 얘기해서 서비스센터의 민원응대를 위한 여직원 배치기준을 만들어 보겠다고 하고 여직원 대표에게 서비스센터에 여직원을 배치하여 근무하는 방안에 대한 의견을 물어보았다. 여직원 대표는 서비스센터 업무 특성상 낮에는 직원들이 모두 현장에 나가고 없어 여직원이 혼자 근무를 해야 하고 점심도 혼자 먹어야 하며 대부분 여직원은 연고지가 시내에 있는데 K 서비스센터는 차로 출퇴근을 30분 정도 해야 하고 특히 겨울철에는 강원도 특성으로 눈이 많이 오고 길이 미끄러워서 출퇴근이 힘든 점 등으로 여직원들이 모두 서비스센터 근무를 원하지 않는다고 하였다. 그래서 일단 여직원들 자체적으로 돌아가며 순번을 정해서 순환 근무하는 방안을 마련하는 게 어떻겠냐고 하자 여직원 대표가 논의해 보겠다고 하였다. 며칠이 지나가도 얘기가 없어서 물어보니 여직원들은 자체적으로 내부 합의가 되지 않는다는 것이었다. 그래서 노조와 여직원 대표에게 노조는 기준을 안 만들겠다고 하고 여직원들은 내부 합의를 하지 못하여 기준을 만들지 못하므로 회사에서 서비스센터 민원응대를 위한 여직원 배치기준을 만들어서 노조와 합의하여 시행하면 이에 따르도록 안내하고 시행안을 만들도록 하였다. 최종적으로 만든 시행안은 여직원이 서비스센터에서 2~3년 길게 근무하면 너무 힘들고 6개월을 근무하면 너무 짧아 업무의 연속성이 없어서 결국은 6명의 여직원이 1년씩 교대로 순환 근무를 하는 것으로 하였으나 문제는 아무도 첫 번 근무로 서비스센터에 나가려고 하지 않았다. 그래서 지사에 근무한 경력이 많은 고참 순서로 근무하는 방안과 근무 경력이 짧은 신참 순서로 근무하는 방안을 만들어 여직원 대표나 노조 대표가 심지를 뽑아 서비스센터 근무 순서를 결정하는 방안을 검토하다가 결국은 근무 경력이 오래된 사람이 지사를 떠날 확률이 높음으로 신참 순서로 서비스센터 근무를 나가는 것보다는 고참 순서로 서비스센터에 근무를 나가는 것이 합리적이라고 판단하여 그렇게 결정하여 여직원 대표에게 설명하고 노조의 동의를 받아 시행에 들어갔다. 그런데 막상 첫 순번으로 서비스센터에 근무하러 가는 최고참 여직원이 울면서 K 서비스센터로 갔다고 하는 이야기를 듣고 마음이 아팠다. 하지만 일에는 원칙과 기준을 만들면 이에 무조건 따라야 한다. 개인의 희생이 있더라도 어쩔 수 없이 조직으로 움직일 수밖에 없다. 이것이 바로 조직 생활이다.

이 일이 해결되고 나서 얼마 후 여직원 대표가 할 얘기가 있다고 찾아왔다. 회사에서 창구근무 여직원에게 회사의 근무복을 착용하라고 지시하는데 사옥이 오래되어 위풍이 강해 추워서 근무복을 입고는 근무를 할 수가 없으니 대책을 마련해 달라는 것이었다. 창구에 내려가서 여직원들과 얘기해 보니 겨울에는 현관의 출입문도 밀폐되지 않고 창문에서 바람도 들어와 근무복을 입고는 추워서 근무할 수가 없다고 했다. 자세히 살펴보니 창호가 홑 유리로 되어있고 창틀이 오래되어 뒤틀려서 창문이 완전하게 밀폐가 잘되지 않아 벌어지고 단열이 잘되지 않으며 현관 유리문도 고객이 오가며 문을 열어놓고 가는 일이 많아서 난방이 잘 유지되지 않았다. 그리고 3층의 배전부 사무실은 고객의 방문으로 겨울철인데도 철제 출입문을 상시 열어놓고 근무를 하고 있었다. 이유인즉 출입문인 철문을 닫고 근무하면 방문객이 문이 닫혀 있어 근무하지 않는다는 오해를 하고 고객이 불편하게 느껴서 고객만족도 평가와 공사업체 청렴도 평가에 부정적으로 영향을 미쳐서 할 수 없이 겨울철에도 출입문인 철문을 열어놓고 근무를 한다고 하였다. 사무실에 올라와 건물 담당자와 상의해 보니 당장 사옥 창호 등 방풍 공사를 대대적으로 손보는 것은 예산도 없고 하여 불가능하다고 하였다. 그래서 우선은 예산을 전용하여 가용할 수 있는 범위 내에서 1층 고객 출입 현관문과 3층 배전부 철문 안쪽에 유리 자동문을 설치하도록 하여 고객이 출입하면서 문을 열어놓아 바람이 많이 들어오는 것은 시급히 차단하도록 하여 추위를 좀 줄이도록 하였다. 사옥 전체의 방풍을 위한 유리 창호는 내년에 교체 예산을 신청하여 예산이 나오면 해결하기로 하고 난방비도 배분된 예산이 한정되어 있어서 결국 직원들을 위해 해결하는 방안은 근무복을 따뜻한 것으로 바꾸어 주는 길밖에 없다고 결론을 내렸다. 그래서 지역본부 기획실장에게 사정 얘기를 하고 자체적으로 예산을 집행하여 근무복을 별도로 구매하여 지급하겠다고 이해 설득을 구하였다. 그런 후 여직원 대표에게 시내 옷가게와 얘기하여 기성복이나 맞춤복으로 최대한 회사 근무복과 유사한 두꺼운 옷을 찾아보도록 하였다. 며칠 후 여직원 대표가 옷을 찾았다고 하여 시내 옷가게로 같이 가서 확인해 보았다. 우리 근무복과 똑같지는 않지만 유사하고 옷감의 재질인 울이 두꺼워서 따뜻해 보였다. 여직원 대표의 의견도 입어 보니 따뜻해서 좋다고 하였다. 총무팀의 피복 담당자가 내부결재 올려서 서비스센터를 포함하여 창구근무 여직원들에게 한 벌씩 근무복용 옷을 사서 지급하고 입도록 하였다.

그런데 이렇게 창구에서 근무하는 여직원들이 겨울을 따뜻하게 나기 위하여 선의로 처리한 일이 엉뚱하게도 다른 여직원들에게서 불만으로 터져 나왔다. 노조위원장이 찾아와서 여직원에게 옷을 사서 주려면 다 사주셔야지 창구직원들만 사주어서 나머지 부서 여직원들이 자신들도 옷을 사달라고 노조위원장에게 찾아와서 항의했다는 것이었다. 창구 여직원의 어려운 근무환경을 최소 예산을 들여 궁여지책으로 겨우 개선한 것인데 다른 여직원에게는 공평의 원칙에 반한 것이었다. 한편으로는 자신들의 동료인 창구 여직원들이 추위를 견딜 수 있도록 하고자 얇은 근무복 대신에 두꺼운 대체 방한용 근무복을 마련해 준 것인데 본인들이 스스로 참여하여 도와주고 힘을 보태주지는 못할망정 이런 기회를 빌미로 자신들도 이득을 보겠다고 하는 심리가 밑바탕에 있는 것 같아서 서운한 마음이 들기도 하였다. 그렇지만 노조위원장의 건의에 따라 다른 여직원에게도 근무복으로 방한용 옷을 사줄 수 있는지 고민하고 검토하였으나 이렇게 하는 것은 창구에 근무하는 여직원들의 추위에 떨고 있는 열악한 환경을 개선하기 위하여 추위에 견딜 수 있는 방한용 옷을 마련해 준다는 기본 원칙에도 맞지 않거니와 옷을 사줄 명분도 없었다. 그래서 결론은 창구직원은 근무환경이 힘들고 어려워 2년마다 순환 근무를 하고 있으므로 다른 여직원은 창구에 새로 전입하여 근무할 때 방한용 옷을 사주기로 노조와 합의하고 다른 여직원들에게는 이를 확약하여 창구 여직원 방한용 근무복 문제를 매듭지을 수 있었다. 좋은 뜻에서 선의로 잘하고자 하는 일도 때로는 직원들 입장으로 보면 직원 모두의 공정 공평성 문제가 될 수도 있다는 것을 이번에 가슴 깊이 경험하고 크게 느끼는 계기가 되었다.

〈미국 시카고대학교 복도에 게시된 동문 노벨상수상자 1〉

〈미국 시카고대학교 복도에 게시된 동문 노벨상수상자 2〉

10

교류직 연구원의 승진전략

전력연구원의 승진 대상자는 복잡하게 구성되어 있는데 승진 인원이 제일 많은 그룹은 당연히 연구직이고 다음으로는 연구직과 같이 연구과제를 연구하는 교류직 연구원이 있으며 마지막으로 연구업무를 지원하는 기술직과 행정직의 일반 직원 이렇게 3개 그룹으로 구성되어 있다. 이 중에서 연구직은 별도로 연구직 승진 T/O를 배정받아 승진심사를 시행하므로 승진이 큰 무리 없이 잘 되고 있었으나 전력연구원의 교류직 연구원과 연구지원 조직의 직원은 다른 사업소 직원들과 함께 전국에서 해당 직군별로 승진 경쟁을 하기에 승진이 매우 어려웠다. 그리고 전력연구원의 간부는 대부분이 연구직이다 보니 교류직 연구원과 연구지원 조직 직원의 승진에 관한 관심이 매우 적어서 상대적으로 승진 지원이 잘 이루어지지 않았다. 이런 중에서도 전력연구원에 와서 연구업무를 하는 교류직 연구원과 연구지원 조직의 직원은 자질이 매우 우수함에도 승진이 이루어지지 않는 것이 매우 안타까웠다. 그래서 새로운 전력연구원의 교류직 연구원과 연구지원 조직 직원의 승진전략을 수립하였는데 그 아이디어는 전력연구원에는 다양한 직군과 함께 일하는 많은 연구직 직원들이 있어서 이들이 교류직 연구원과 연구지원 조직 직원의 승진에 관심을 가지고 적극적으로 앞장서서 승진을 지원하도록 하는 체계적인 시스템을 만들었다. 먼저 연구직 직원이 본사 및 사업소에 평상시 업무로 접촉하여 친분이 있는 사람들에게 전력연구원의 교류직 연구원과 연구지원 조직 직원의 승진 대상자를 잘 설명하여 신뢰를 바탕으로 승진 대상자의 능력을 인정받도록 홍보하는 전략이었다. 이를 위하여 승진 대상자 개인별로 맞춤형 태스크포스 형태의 "○○○을 사랑하는 모임(○○○사모)"을 만들었다. 그리고 이 사모의 구성원은 승진 대상자 본인이 모셔서 도움을 받고 싶어 하는 전력연구원의 부장 이상 발이 넓은 간부를 지명하고 여기에 동일분야 업무를 같이 해서 승진자를 진정으로 도와주고 싶어 희망하는 자원자를 추가한 다음 그 외에 각 직군의 대표 연구소장과 원장은 필수로 참여하여 사모를 구성하였으며 이 사모를 중심으로 승진 홍보 활동을 특별히 개인별 맞춤형으로 허심탄회하게 추진하였다. 서로 소주를 한잔하면서 친분을 유지하고 마음을 열고 솔직하게 좋은 아이디어도 제시하고 활동 방향도 충고하고 중간 여론 동향을 분석하고 대책을 수정해 나가면서 연중 꾸준히 함께 노력하였다. 그리고 연구직 직원들에게는 왜 교류직 연구원과 연구지원 조직의 직원이 승진해야 하는지 그 사유를 설명하였다. 전력연구원에 와 있는 교류직 연구원과 연구지원 조직의 직원이 승진해서 본사 등 좋은 부서로 가면 전력연구원을 잘 이해하고 있어 전력연구원을 도와주거나 지원해 줄 수 있어 전력연구원이 일하는 데 도움이 될 것이기 때문이라고 하였다. 그리고 전력연구원에 있는 교류직 연구원과 연구지원 조직의 직원이 승진이 잘된다고 소문이 나야만 사업소나 본사에서 우수한 직원들이 전력연구원으로 와서 서로 근무하려고 하고 또 우수한 자원이 전력연구원으로 와서 연구직 연구원들이 수행하는 연구를 도와주다가 승진하는 선순환 구조를 반드시 만들어야 한다고 역설하였다. 이런 필요성은 다행히 전력연구원에 있는 연구직들이 충분히 잘 이해하였고 모두가 교류직 연구원과 연구지원 조직 직원의 승진을 돕는 ○○○사모 일에 적극적으로 앞장서게 되었다. 이렇게 교류직 연구원과 연구지원 조직 직원의 승진 대상자 홍보 활동에 모두가 합심하여 적극적으로 노력한 결과가 서서히 나타났다. 전년도에 2직급 1명만 승진하고 거의 전멸에 가까웠던 교류직 연구원과 연구지원 조직 직원의 승진이 그해에는 1나 2명, 2직급 2명이 나왔고 다음 해에도 1나 1명, 2직급 2명이 승진하여 2년 연속으로 칠십 퍼센트씩 교류직 연구원과 연구지원 조직의 직원이 승진하는 좋은 결실을 얻었다. 이렇게 되자 정말로 승진을 위해 우수한 자원이 서로 전력연구원으로 오고자 하는 다툼이 생길 정도가 되었는데 특히 연구지원 조직의 부장들이 1나 승진을 위해 전입하려는 경쟁이 치열하였다. 이는 처음부터 바라던 바로 전력연구원의 교류직 직원과 연구지원 조직 직원을 잘 도와주어 승진을 시켜서 본사 등 좋은 부서로 가게 한 다음 서로 전입 경쟁을 통해 우수한 자원이 다시 전력연구원으로 들어와 연구직 직원의 연구수행을 돕는 인력의 선순환 구조를 만드는 것이 중요하다는 역설이 먹혀들게 되었다. 어쨌든 능력이 있는 전력연구원의 교류직 직원과 연구지원 조직 직원이 열심히 일하고도 승진이 안 되고 낙담하며 마음의 상처를 입고 나이가 들어가는 것이 안타까웠는데 전력연구원의 각 계층의 다양한 많은 직원이 서로 마음을 합쳐 다 함께 전력연구원의 교류직 직원과 연구지원 조직 직원들이 잘 승진하도록 도와주고 또 승진의 기쁨을 함께 나눌 수 있는 것은 매우 잘된 일이다.

11

실험실 부족 문제 해결

전력연구원에 부임하여 각 연구소의 사무실을 들러 직원들과 인사하면서 둘러보니 복도의 벽이 아주 오래되어서 페인트 색깔이 우중충하고 철문으로 된 출입문도 페인트가 낡아서 깔끔하지 못하고 어둡게 보였다. 자리로 돌아와 확인해 보니 철거 리모델링이 예정되어 있어서 도장을 안 했다고 하는데 본사에 알아보니 아직 예산이 반영되지 않아 언제 시행할지 모르는 상황이었다. 그래서 내부 근무 분위기를 밝게 하고자 각 복도에 벽은 층별로 사용하는 각 연구소에서 좋아하는 색상을 선정하여 새로 산뜻하게 칠하고 출입문은 철문을 유리 자동문으로 교체하여 내부가 들여다보여 밝고 깨끗한 이미지로 환경을 개선하도록 주문하였다. 사무실의 환경을 밝고 깔끔하게 개선하고 나니 각 연구소에서 사무실과 실험실이 늘 부족하다고 하였다. 그래서 열흘에 걸쳐서 백 개가 넘는 모든 크고 작은 실험실을 모두 방문하여 보았다. 막상 전력연구원의 실험실을 모두 방문해 본 결과 여러 가지 문제점이 발견되었다. 여러 실험실이 물건을 쌓아 놓고 창고처럼 활용되는 것이 많아 실제로 실험실로 활용되지 못하는 것이 많이 있었다. 가령 철거된 PC를 한 방 가득 쌓아 놓았거나 실험이 끝나서 용도가 없음에도 자기 것으로 유지하려고 실험실을 다른 사람에게 내어 주지 않고 연구가 끝난 장비를 보관하고 있기도 하였으며 한국수력원자력회사가 분리되기 전에 원자력 발전소 주변의 환경생태계 변화를 모니터링하기 위하여 매년 채집한 육상 및 해양 동식물 표본을 쌓아두고 있는 곳도 있었으며 심지어 개인이 수집한 오래된 라디오 축음기 전기기구 등을 저장해 쌓아 놓는 등 실험실을 개인적으로 사용하여 문제가 많았다. 이에 용도가 끝난 시험기자재의 용도 재분류와 폐기 매각, 분사에 따른 시험장비 및 표본의 이관, 개인 보관 물품의 철수 등 실험실 일제 정리를 하고 불용 실험실을 회수하여 새로운 과제를 수행하는데 필요한 실험실로 재배치하도록 하는 조치를 단행하여 우선 급한 대로 실험실 부족 문제를 해결하였다. 그리고 여러 실험실을 방문하여 보니 실험실마다 근무환경이 천차만별이었고 대형으로 개방된 구조의 창고형 실험실들은 냉난방이 되지 않아 실험환경이 매우 열악하였다. 이에 중장기적으로 최신 냉난방 시설을 갖추고 부족한 실험실을 해소하도록 연구실험실 확보계획을 용역을 통해 수립하였다. 실제 건축은 후배의 몫으로 남겨두었다.

12

주차장 부족 해소와 내부도로 이름 부여

전력연구원에 와서 직원들이 하는 얘기를 들으니 주차공간이 부족하다고 하는데 이상하게도 본관 앞 도로에는 아무도 주차를 하지 않는 것이었다. 그리고 각 연구동 건물 앞 도로에는 주차선이 그려져 있지 않고 그냥 아무렇게나 차를 주차해 놓았다. 그래서 사옥을 순시해 보니 내부 구내도로의 공간적으로 여유가 있는 곳에 적정하게 차량 주차선을 그어 주면 효율적으로 많이 차량을 주차할 수 있겠다는 생각이 들었다. 전력연구원의 구내도로는 왕복 2차선으로 비교적 차선의 폭도 넓어서 구내도로의 차선을 조정하면 충분히 차량이 양방향으로 통행하고도 한쪽으로 차를 주차할 수 있는 공간이 확보될 수 있다고 판단되어 시설운영부장에게 차선변경을 통한 주차 공간확보를 검토해 보라고 했다. 그리고 각 건물 내에 근무하는 직원들의 편리성을 도모하도록 가능한 모든 건물 앞 도로에 하얀색 주차선을 그어 차량이 주차할 수 있는 주차장을 최대한 많이 만들라고 하였다. 현재는 직원들이 근무하는 건물에 붙어있는 주차장이 절대적으로 부족하여 건물에서 멀리 떨어진 테니스장, 운동장 등에 있는 야외 주차장에 차를 주차하고 걸어와야 해서 직원들이 불편해하고 있었다. 그리고 건물 앞 도로에는 주차선이 없는데 무질서하게 주차를 해 놓고 있어 사실상 불법 주차를 하는 셈이고 특히 본관 앞은 미관을 해친다고 직원의 주차를 전면 금지하여 본관 근무자들이 주차공간 부족으로 불편을 많이 호소하고 있었다. 그래서 흰색 주차선을 그어 주차공간을 최대한 많이 확보하도록 한 것인데 시설운영부장이 구청에 알아보더니 흰색 주차선을 많이 설치하면 주차공간은 늘어나는데 구청에서 정한 주차장 승인기준을 초과하여 비용부담이 발생한다고 보고하며 흰색은 상시 주차장 선이고 파란색은 임시 주차장 선이라서 파란색 주차선을 사용하면 행사 등 임시주차 개념이라서 괜찮다고 하였다. 그냥 아무 생각 없이 주차장 확보를 위해 늘 많이 보아왔던 흰색 주차선을 긋도록 했던 것인데 평소 얼핏 보아왔던 흰색 주차선과 파란색 주차선이 이렇게 주차선의 색깔별로 용도가 다른 줄은 몰랐다. 그렇다면 주차선의 색깔이 중요한 것은 아니고 주차장만 많이 확보하면 되는 것이니까 파란색 주차선을 본관과 각 건물 앞 도로에 설치하고 대신 보행자가 다니는 출입구 주변에는 차량을 주차할 수 없도록 하여 출입문에서 나오는 사람이 주차한 차량에 시야를 가려 달려오는 차를 보지 못해 추돌하는 교통사고가 발생하지 않도록 안전공간을 확보해서 주차선을 긋도록 하였다. 이렇게 직원들이 근무하는 건물 가까운 곳에 주차공간을 대폭 확대해서 편리하게 차를 주차하게 되자 직원들이 매우 반기며 좋아하였다. 전력연구원에 주차장이 부족한 문제는 이렇게 하여 크게 돈을 들이지 않고 해결하였으며 개선 효과는 아주 컸다.

전력연구원으로 오기 전에는 전력연구원의 환경이 매우 아름답고 조경이 잘되어 있다고 들었다. 그러나 막상 전력연구원에서 근무하면서 봄이 되었을 때 보니 봄꽃이 아주 늦게 피는 꽃들로 많이 심어 있어서 이른 봄에 볼 수 있는 꽃은 벚꽃만 있고 흔한 봄꽃인 개나리, 진달래, 매화 등은 볼 수가 없었다. 전력연구원 정문으로 들어와 일직선으로 뻗어 있는 메인도로에는 느티나무가 주를 이루고 화단에 간간이 조금씩 심어 놓은 튤립, 사루비아, 베이지 등의 봄꽃을 빼면 거의 4월 말경 철쭉꽃이 필 때까지는 봄꽃을 찾아볼 수가 없었고 느티나무가 보통 잎이 늦게 나오는 수종인 관계로 봄에도 아직 나뭇잎이 나오지 않고 시커멓게 서 있어 마치 죽어있는 나무 같아 보여서 화사해야 할 봄철 조경 환경이 매우 좋지 않음을 느꼈다. 그래서 우선 봄에 일찍 피는 꽃들을 전력연구원 구내 메인도로에 심어서 전력연구원의 봄철 분위기를 화사하게 바꾸고자 조경 개선 아이디어를 냈다. 그리고 전력연구원의 구내는 꽤 넓어서 방문객이 내부로 들어와 방문하고자 하는 실험실의 위치를 찾아가기가 어려웠다. 전력연구원의 건물들은 본관, 제 1 연구동, 제 2 연구동을 제외한 나머지 건물들은 마치 대학처럼 도로를 기준으로 북쪽에 있는 경우는 N1, N2, N3... 남쪽에 있는 경우는 S1, S2, S3... 이렇게 이름이 붙여져 있어서 방문자에게 전화로 실험실 위치를 안내하려면 첫 번째 길에서 좌회전해서 오다가 두 번째 길에서 우회전하라는 등 안내하기가 매우 어려웠다. 그래서 생각해 낸 아이디어가 도로명 주소와 같이 전력연구원 내부의 모든 도로마다 이름을 만들어 붙이고 각 주차장에도 주차장번호와 함께 괄호 내에 건물 이름을 써서 붙인 다음 구내지도를 만들고 구내도로 표지판의 모양과 색상은 일반 국도의 도로표지판과 똑같이 만들어 차량을 운전하여 방문하는 고객이 쉽게 목적지를 식별할 수 있게 조경 개선 아이디어와 함께 구내도로 표지판 설치 아이디어도 실천하였다.

우선 정문에서 제 1 연구동까지 가는 메인도로에는 군데군데 무더기로 튤립과 철쭉이 심어있던 것을 도로 좌우에 진달래를 두 줄로 집중해서 심고 도로명을 진달래길이라고 붙이고 도로명 표지판도 진달래길로 설치하였다. 다음으로 정문에서 제 2 연구동으로 가는 길은 한쪽만 화단이 있고 다른 한쪽은 화단이 없는 보도로 되어있어서 화단이 있는 한쪽에 개나리를 일렬로 집중해서 심은 다음 이 도로는 개나리길이라고 이름을 붙이고 도로표지판을 설치하였으며 제 2 연구동에서 후문 방향의 연구실험실로 가는 순환도로에는 매화나무를 좌우 두 줄로 집중해서 심고 도로이름을 매화길이라고 붙이고 도로표지판을 설치하였다. 그리고 독신자들이 주로 사용하는 야간 연구동으로 가는 길에는 일본 전력 중앙연구소에서 기증한 왕벚꽃이 심어있기 때문에 이 길은 벚꽃길이라고 이름을 붙이고 도로표지판을 설치하였다. 이렇게 전력연구원의 모든 구내도로에 도로명을 다 붙인 다음 갈래 길은 좌우로 갈라지는 순서에 따라서 진달래 1길, 2길, 3길.... 로 이름을 붙였다. 그리고 이렇게 메인도로와 지선도로의 이름을 모두 부여한 다음 소규모 주차장을 포함한 모든 주차장은 메인도로를 주행해 가면서 나오는 순서에 따라 P1, P2, P3... 이렇게 주차장번호를 붙이고 해당 도로이름과 함께 사용하여 진달래길 P1 주차장과 같이 표지판을 설치하였다. 이렇게 하여 전력연구원 구내도로 표지판에 도로명, 건물명 및 위치 방향, 주차장번호와 방향을 표기하여 전력연구원에 오고자 하는 방문객이 전화로 위치 안내를 듣고 전력연구원 구내의 건물과 주차장의 위치를 인식하고 쉽게 찾아올 수 있도록 하였다. 예를 들어 찾아오는 사람에게 "매화 4길에 있는 P4 주차장에 주차하고 N4건물로 오세요"하면 정문을 들어 온 차량 운전자가 이 표지판을 따라오면 쉽게 유도 방향에 따라 목적지를 찾아올 수 있게 하였다. 그리고 전력연구원 내부 구내도로망과 건물 및 주차장이 표시된 구내지도를 만들어 각 연구소에 배부하고 세미나와 워크샵을 개최할 때 팜플랫 등에 삽입 인쇄하여 방문객 안내 시 활용하도록 하여 방문객이 쉽게 행사장의 위치를 찾아올 수 있게 개선하였다. 이것 역시 직원들로부터 매우 좋은 아이디어라고 호평을 받았다.

그리고 사업소를 순시 하다 보니까 사옥 울타리 밖에 우리 땅이 있는 것을 알게 되었다. 우연히 점심 먹고 운동을 하기 위하여 울타리 밖으로 나가 사옥 뒤쪽에 있는 과수원을 지나 산으로 올라가 보았는데 여기에 과수원과 경계지역에 다시 울타리가 하나 더 있었다. 나중에 사옥 울타리가 이중 울타리 형태를 취하고 있는 것이 확인되어 왜 이렇게 울타리를 설치하게 되었냐고 묻자 처음에 건물을 신축할 때 배나무 과수원인 대지를 매입하고 우리 땅에 울타리를 설치하였는데 이후 대지 내의 일부 땅에만 전력연구원의 사옥건물을 신축하고 사옥 신축부지에 내부 울타리를 별도로 설치하여 울타리가 이중으로 설치되었다고 하였다. 그리고 원래 매입한 부지 중 사옥으로 사용하지 않는 과수원 구역은 과수 경작을 희망하는 사람에게 과수원으로 경작을 임대하여 결과적으로 사옥과 과수원을 구분하는 이중 울타리가 만들어지게 된 셈이었다. 그래서 시설운영부에서 사옥 내부 울타리는 철거하고 외부에 있는 울타리를 우리 회사 전력연구원의 부지 경계 울타리로 운영하도록 하는 방안을 만들라고 하였다. 지금은 방치된 채 사용하지 않고 있는 부지 내 과수원 구역을 활용하여 외곽 울타리를 따라 울타리 내부로 산책로를 만들어 전력연구원 직원들이 연구하다가 갑갑하거나 점심 식사 후 운동을 하는 사람이 많으므로 건강증진을 위하여 산책할 수 있도록 하면 좋겠다고 하였다. 그러나 시설운영부장은 울타리 철거와 산책로 설치는 비용이 많이 들어 연내 시행이 어렵다고 하여 예산을 신청해 후년에 설치하도록 하였다. 그리고 내부 울타리와 외부 울타리 사이에 있는 배나무 과수원은 본사 감사실에서 경작 임대료가 너무 싸다고 현실화를 지적한 후 과수원 경작자가 이익이 남지 않는다고 경작을 포기하고 오랫동안 버려두어서 잡목과 칡넝쿨이 무성하게 우거져 정글처럼 되어있어 보기에도 좋지 않았고 관리도 하지 않고 있었다. 그래서 잡목과 칡넝쿨을 모두 베고 유실수를 심어 봄에 꽃도 보고 열매도 얻으면 어떠하겠느냐고 하였다. 시설운영부장은 잡초와 칡넝쿨을 베어내고 매화나무와 코스모스를 심어 꽃도 보고 주말에 가족과 같이 와서 사진도 찍고 쉴 수 있는 공간으로 조성하겠다고 하였다. 그리고 산책 중에 발견한 것으로 옆집 과수원이 우리 땅에 과수공급용 관정을 시멘트로 만들어 수동 펌프를 설치해 놓았는데 이런 구조물은 장기간 우리 땅에 설치되어 사용되도록 그냥 두면 결국 우리 회사 땅을 합리적으로 사용하는 근거가 되고 소유권도 잃게 될 수 있어서 옆집 과수원 주인과 협의하여 철거하라고 하였다.

언제나 느끼는 것이지만 이렇게 우리 회사의 시설물을 자기 것처럼 주인의식을 갖고 자기의 일과 같이 생각하고 관리하는 사람은 그다지 많지 않은 것 같다.

〈중국 시안 현장스님상〉

〈공자묘가 있는 중국 취푸시의 공자상〉

13

겨울철 사옥 난방문제 해결

오래된 사옥들은 대체로 위풍이 많고 단열이 잘되지 않아서 겨울철이면 난방이 제대로 되지 않아 직원들이 추위로 고생을 하곤 한다. 지방 사업소에서 지사장으로 근무할 때에도 직원들이 추위를 호소하였었고 지역 본부장으로 근무할 때에도 그랬다. 특히 도심지 한가운데에 있는 지역본부 사옥이 연말에 인사발령을 받고 가서 근무해 보니 방한 잠바를 입고 있는데도 추워서 떨며 지내야 할 정도였다. 그래서 직원들이 전열기를 책상 밑에 두고 사용하고 있었는데 대부분이 전기 열선 유리관으로 만들어진 제품이라 화재 발생에 대한 우려로 이미 공문으로 사용하지 말도록 전달된 사항인데도 지켜지고 있지 않아 먼저 라디에이터형 전열기를 구매하여 배분하고 전열선형 전열기는 모두 회수하여 폐기하도록 조치하였다. 그리고 건물을 자세히 살펴보니 구관은 건물이 워낙 오래된 우리나라의 근대사 보존 건물로 지정된 건물로 낡아 단열이 되지 않아서 어쩔 수 없다고 하더라도 신관 건물은 보온이 되어야 하는데 말이 신관이지 벽체가 건물 모양만 아름답게 하느라 블록형 유리로 벽을 만들어 두께기는 하나 단열이 전혀 되지 않고 위풍이 워낙 강하여 무척이나 추웠다. 이렇게 그 해는 춥게 보내고 다음 해에는 겨울이 오기전에 건물 단열공사를 하려고 하였더니 본부 건물이 오래되어 본사에서 호텔 겸 오피스빌딩으로 재개발하고 있고 단열 소요 공사비가 막대하여 예산 승인이 되지 않아 아무런 단열공사를 하지 못하고 다시 겨울을 맞이하게 되었다. 그리하여 궁여지책으로 경영지원부장과 시설운영부장에게 얘기하여 신관과 구관의 모든 유리창에 방풍용 비닐을 설치하도록 주문하였다. 그랬더니 일부 사람들은 외부 사람들이나 다른 사업소 직원들이 방문하여 비닐 설치한 광경을 보면 모습이 우스꽝스럽고 촌스럽게 보인다면서 추위를 참는 게 낫지 어떻게 사무실에다가 비닐을 치느냐고 반대하였으나 추위에 겨울을 따뜻하게 보내는 게 좋은 것이지 체면만 차리느라고 직원들이 추위에 떨고 지내면 손해지 않느냐 실용성을 중시해야지 체면만 차리면 무슨 소용이 있겠느냐고 반문하고 모든 창문에 방풍을 위한 비닐을 설치하는 공사를 강행하였다. 막상 창문에 방풍 공사를 완성하니까 효과는 생각보다 훨씬 따듯하였는데 실내 온도를 측정해 보니 비닐을 설치하기 전보다 온도가 3~4도 정도 더 올라갔다. 본부 회의 시 각 부서장에게 물어보니 작년에 비하면 모두가 살 것 같다며 비닐 설치 효과가 이렇게 큰 줄 몰랐다면서 다들 신기해하고 좋아하였다.

그런데 전력연구원에 근무할 때도 추운 겨울이 되어서 사무실에 난방을 시작하였는데 부속실과 본관에 있는 사무실들은 출입문을 열어놓고 근무하고 있었다. 그래서 겨울에 추운데 왜 문을 열어놓고 근무하는지를 물었더니 외부 손님들이 문을 닫고 있으면 원장이 부재중이거나 근무를 안 하는 것으로 알기 때문이라고 하였다. 출입구에 앉아 있는 부속실과 사무실의 직원들이 추위를 참아가면서 근무를 하고 있었다. 그래서 아이디어를 냈다. 사무실 문을 닫고 출입문에 안내문을 써서 붙이도록 하였다. "사무실 난방을 위해 문을 닫고 근무합니다. 들어오세요.^^" 이렇게 본관 각 사무실의 출입문에 모두 써서 붙이고 출입문을 닫고 근무하도록 하자 직원들의 반응이 좋았다. 일단 춥지 않고 감기에 걸리지 않아서 좋다는 것이었다. 그리고 건물과 건물을 연결하는 출입문들도 모두 닫아 난방 구역을 분리해서 한 곳에서 문을 열더라도 다른 곳은 냉각되지 않게 찬 바람을 차단하도록 하였으나 문제는 사람들이 문을 열고 지나다니며 자꾸만 문을 닫지 않아 계속 열려 있어 이런 보온 효과가 없는 것이었다. 그래서 여기에 또 하나의 아이디어를 추가하고자 설비운영 부서에 얘기해서 출입문의 돌쩌귀(경첩)를 문을 열었다가 놓으면 문이 자동으로 닫히는 것으로 바꿔서 여름과 겨울에 냉난방 열기가 빠져나가지 않도록 개선하자고 하였다. 부득이하게 짐을 옮기거나 환기 등을 위해서 문을 열어놓을 필요가 있는 경우는 쐐기를 비치하여 문을 받쳐서 고정해 놓고 사용할 수 있게 하라고 하였더니 설비운영부장은 요즘 문에 부착하여 발을 내려서 고정할 수 있는 걸쇠가 있다면서 이를 설치하고 바닥에 구멍을 뚫어 놓으면 필요한 때 문을 열어 고정할 수 있고 평소에는 문이 자동으로 닫혀 두 가지 원하는 사항을 모두 해결할 수 있다고 하였다. 이렇게 하여 건물과 건물을 연결하는 곳과 현관에 설치된 열어젖히는 유리문에 모두 이 돌쩌귀와 걸쇠를 설치하였다. 특히 구내식당으로 출입하는 남쪽과 북쪽 현관문은 사람들이 지나가면서 툭하면 열어놔 찬바람이 들어와서 일부러 가서 닫곤 하였는데 사소한 아이디어로 별도의 큰 비용을 투자하지 않고서도 겨울철은 따뜻하게 지내고 여름철에는 시원하게 온기와 냉기를 유지할 수 있고 봄 가을철에는 문을 고정해 열어놓을 수 있어서 매우 편리하였다.

14

연구실험 · 사무 · 회의 · 접견 원스톱 수행

전력연구원장으로 부임하여 1년 이상 직원들과 함께하다 보니 연구원들의 마음을 헤아릴 수 있을 정도가 되었다. 그동안 환경을 비롯한 여러 가지를 많이 개선하였지만 사실 제일 필요한 것은 사무 행정, 연구실험, 내외부 관계자와의 회의, 손님 접견 등을 한 곳에서 할 수 있는 편리하고 효율적인 연구업무 수행 구조를 만드는 것이라는 생각이 들었다. 최근에 새로 건축한 제 2 연구동의 사무실은 깨끗하고 멋지며 연구실험실도 복도 건너편에 있어서 편리하고 좋은데 여기에 전력연구원의 모든 연구원이 다 들어갈 수 없어 오래된 제 1 연구동 건물에 연구원이 절반 정도 분산되어 있고 연구실험실 역시 별도 건물로 떨어져 있고 오래된 가설건물 형태의 실험실은 냉난방이 건물 전체로 되지 않아 겨울에는 춥고 여름에는 덥다. 또 회의실이 부족하여 다른 건물로 가서 회의하기도 하고 손님이 오면 제 2 연구동 1층 커피숍이 있는 곳으로 가야 하는 상황이라서 연구자들이 회의 참석과 손님 접견을 위해 이리저리 오가면서 귀중한 시간을 뺏기고 있었다. 한편 사무실에서 행정 일을 보고 있다가 멀리 떨어져 있는 춥고 더운 열악한 연구실험실로 연구하러 가고 싶은 마음도 내키지 않아 손님이 오면 얘기하다가 퇴근까지 시간이 남으면 열악한 연구실험실은 내일 가지 뭐 하고 미루게 되는 것이 솔직한 심정인 것 같았다.

그래서 오래전에 미국 제너럴 일렉트릭 연구소인 GE GRC를 방문했을 때 연구소 현황과 연구관리 일반업무에 대해 브리핑을 받고 풍력발전기의 날개를 개발하는 풍동실험실 등 몇 개의 연구실험실을 보여 주어서 관람하였는데 매우 인상적이었던 것은 사무, 연구실험 및 회의를 한 곳에서 원스톱으로 할 수 있는 사무실 구조였다. 연구자가 연구실험실에서 연구에 몰입하고 있다가 손님 접견이나 회의 그리고 행정업무를 바로 옆에 있는 방에서 보고 바로 연구실험실로 가서 연구에 집중할 수 있도록 아주 편리한 구조를 갖추고 있었다. 이런 효율적인 연구수행 구조가 생각나서 나주에 새로 건설하는 전력연구원 분원인 에너지기술연구소에 이런 아이디어를 접목해 보고자 처음으로 시도하였다. 그 내용은 연구그룹별로 사무실, 실험실, 회의실 겸 접견실이 하나의 세트로 배치되어 한 곳에서 행정 사무를 보다가 연구를 하려면 바로 문을 열고 옆방으로 들어가면 연구실험을 할 수도 있고 또 손님이 와서 접견하거나 회의를 할 수 있는 회의실도 바로 옆에 붙어있는 편리한 구조의 원스톱 연구수행 공간을 만드는 것이다. 이 원스톱 연구수행 구조는 나주 분원에 최초로 반영하여 건물 설계에 반영해 주도록 요구하였고 수차례 연구원들의 의견 수렴과정을 거쳐서 전력연구원의 의견을 최대한 반영하여 시공에 들어갔다. 아마도 내년쯤이면 연구시설이 완공되어 입주할 것으로 기대되는데 그동안 구상했던 것이 얼마나 잘 반영되어 새로운 연구실험실이 원스톱으로 업무처리를 할 수 있게 이루어져 있는지 꼭 한번 방문해 보고 직접 둘러보고 싶다. 그리고 이런 원스톱 연구수행 구조가 나주 분원인 에너지기술연구소에 최초로 반영해 보고 반응이 좋으면 대전 전력연구원 본원에도 새로운 연구동이나 실험실을 신축할 때 설계에 반영하여 연구실험에 몰입할 수 있는 환경을 조성하면 좋겠다.

장기 계획상으로는 전력연구원 내의 창고형 임시 가설 건물형태로 흩어져 있는 실험실들은 모두 철거하고 통합연구 실험실을 새로 건설하도록 용역을 주어 장기계획을 수립하였으며 새로운 연구실험실을 지을 때는 여기에 사무실과 회의실 겸 접견실이 세트로 붙어있게 배치하여 하나의 연구그룹이 연구실험실에서 모든 업무를 원스톱으로 처리하면서 회의도 하고 방문자 접견도 할 수 있는 환경을 갖추어 연구업무의 효율을 높이도록 계획하였다. 물론 이러한 건물의 신축은 당장 예산확보와 건축허가 및 철거 신축공사 등으로 단기간에 이루어지기 어려울 것이어서 장기적으로 이러한 체계적인 연구시설을 갖추도록 청사진을 갖고 꾸준히 실천해 나가는 것이 필요하다. 전력연구원의 연구원들도 한 곳에서 사무도 보고 손님이 찾아오는 경우

회의와 접견도 하고 또 회의가 끝나면 바로 옆 자기 방에 가서 연구에 몰입할 수 있는 연구공간 구조가 매우 유용하다고 적극적으로 찬성하면서 반겼다. 장기적으로는 연구원들에게 우수한 연구 환경을 조성하여 연구에 몰입할 수 있게 하는 것이 연구성과를 올리는 길이라고 생각하여 업무환경개선 계획을 수립하고 용역을 시행하여 실천할 수 있는 단계까지 만들었다.

이제 이에 대한 실행은 다음 사람의 몫으로 남겨두었다. 향후 후임 관리자들이 이러한 연구원들의 속마음을 읽고 한 곳에서 원스톱으로 연구업무를 수행할 수 있는 효율적인 연구 환경을 조성하여 좋은 연구성과도 많이 나오고 세계적인 전력연구원으로 도약할 수 있기를 간절히 바란다.

PART 08

청렴해야 멀리 갈 수 있다

PART 08

청렴해야 멀리 갈 수 있다

01

측정업체 뇌물공여 사건

본사에서 처장으로 바쁘게 3년 정도 신기술과 신사업 개발 업무를 하다가 순환보직으로 사업소로 나가게 되어 머리를 좀 식히고자 작은 지역의 본부장을 지망하였는데 발령이 나고 보니 원하지 않은 크고 복잡한 지역의 중책을 맡게 되었다. 이 지역은 중요 고객이 많고 복잡한 도심지를 갖고 있었으며 전력설비는 가장 오래되어 고장 발생에 대한 걱정이 많아서 전력설비 유지보수 관리와 긴급 고장복구 체계를 어떻게 해야 할지에 대해 고민하면서 한창 현장을 파악해 나가고 있었다. 그러던 중에 이 지역 본부장으로 부임한 지 한 달이 채 되지 않아 갑자기 경영지원부장이 와서 지금 검찰에서 조사관이 나와서 어느 기술계 부장 자리에 대한 압수수색을 진행하고 있으며 컴퓨터 포렌식 수사를 진행하고 있다고 하였다. 깜짝 놀라서 무슨 일이냐고 물었더니 아마도 배전 기자재 불량 여부를 판정하는 측정업체로부터 통장을 통해서 매월 정기적으로 일정 금액을 상납받은 사실이 밝혀져서 부장이 수사를 받는다고 하였다. 조금 있다가 수사관 한 사람이 찾아와서 컴퓨터 포렌식 확인서에 사업소장의 싸인을 해 달라고 하여 싸인을 하고 물어보니 요즘은 컴퓨터를 가져가지 않고 자료만 포렌식으로 다운로드 받고 확인만 하여 가져간다고 하였다. 이렇게 검찰로부터 압수수색과 컴퓨터 포렌식 수사를 받고 본부와 지사에서 한 명씩 부장이 구속되는 초유의 사태가 발생하였다. 배전설비 진단 신기술을 개발할 때 배전 기자재 고장 데이터 등을 제공하고 고장판별 알고리즘을 만들어 논문과 특허를 제출하는데 도와준 두 부장에게 측정 기술개발 업체에서 함께 고생한 노고를 보상하고자 특별히 혜택을 비밀리에 준 것인데 이것이 밝혀져 문제가 되었다. 처음에 두 부장은 해당 개발업체 사장이 직접 돈을 주려고 하였으나 양심상 또 공기업이라는 신분상 업체로부터 돈을 받게 되면 문제가 될 것을 잘 알기 때문에 당연히 모두 돈을 받는 것을 거절하였다. 두 부장이 돈 받기를 한사코 거절하자 어느 날 측정업체 사장이 자신의 이름으로 만든 통장과 비밀번호 및 통장용 인감도장을 갖고 찾아와서 두 부장에게 제공하고 큰 금액의 돈을 한꺼번에 줄 수 없어서 매월 자신이 버는 돈에서 조금씩 고생한 일에 대한 보상으로 일정액을 통장으로 부쳐주겠다고 말하여 거절하였으나 억지로 놓고 갔다는 것이었다. 한 사람은 본사에서 승진한 초임부장으로 매우 청렴하고 강직한 사람이었던 걸로 알고 있었는데 자신이 고생한 대가라는 생각과 큰 뇌물이 아니고 같이 고생하며 개발한 사람에게 정말로 고마워서 남몰래 자신의 이름으로 된 통장을 통해 안전하게 조금씩 전달한다는 것에 순간 잘못 판단하여 단호히 거절하고 돌려줬어야 했는데 그러지 못하고 갖고 있다 보니 결국 그 돈을 사용하게 되었던 것이라고 했다. 다른 한 부장은 이혼하고 딸이 고등학생이라서 한참 학비가 많이 들어갈 때여서 측정업체 사장이 이런 어려운 가정 사정을 잘 알고 있어 남모르게 아무 대가 없이 도와주겠다고 하여 역시 당장에 돈이 필요하다 보니 단호히 거절하지 못하고 결국은 어려운 현실이 본인의 발목을 잡고 말았다고 했다.

두 사람 다 이런 통장을 받고 몇 년이 지난 후 배전설비 진단 측정업체 간의 이권 다툼이 발생하여 해당 업체 사장이 구속되면서 검찰조사에서 이 통장으로 주기적인 자금이 지출되는 것이 발견되어 결국은 측정업체 사장도 본인이 살기 위해서 어쩔 수 없이 검찰에 돈을 준 사실을 밝힘으로 뇌물 제공 사실이 드러나게 되었다. 업체들의 생리를 조금 이해하기 위해 이 사건의 본질과는 거리가 멀지만 다툼의 내용을 살펴보면 처음에는 새로운 제품을 개발한 업체에서 욕심을 내지 않고 개발한 측정기로 사업을 해서 안정적으로 돈을 벌어 만족하였으나 이 업체에서 개발한 기술이 정부의 신기술로 지정 등록이 되어 배전설비 진단에 신기술을 사용하여 수의계약이라는 특혜가 주어지면서 이 신기술을 이용해 돈을 벌고자 하는 동업자가 모이고 사업이 점차 전국으로 확대해 나가자 기존 기술을 이용해 측정하는 업체들이 자기 사업영역을 잃게 되었다. 그러자 기존 기술을 사용하던 업체들이 그럼 자신들도 신기술 사용료를 내고 기존에 자신들이 하던 지역의 사업을 계속할 수 있게 해 달라고 하였으나 동업자들이 사업영역을 확대해 크게 먹으려고 하다 보니 이런 기존 업체들의 요구를 무시하고 신기술의 적용지역을 확대해 나가자 결국 기존 업체들이 그냥 죽을 수 없어 검찰로 투서를 하게 되었고 검찰 수사결과 지나친 과욕이 부메랑이 되어 비리로 사업 자체가 무너지게 된 것이 사건의 내막으로 파악되었다. 비록 부임 전 과거의 일이지만 구치소에 있는 두 부장을 면회하고 직원들이 조금씩 모금한 돈을 구치소 내에서 사식을 사서 먹도록 구치소에 영치해 주고 또 그 부장의 부인이 사업소장인 본부장이 탄원서를 작성해 주면 판결에 도움이 되고 필요하다고 하여 탄원서도 써주고 직원들의 탄원서도 모아 전달하기도 하였다. 하루는 구치소로 그 부장을 면회하러 갔을 때 자신으로 인하여 본부 경영 목표관리에 막대한 영향을 끼쳐 죄송하다면서 그동안 많은 도움을 주신 것에 대한 보답으로 우리 본부에서 직원들에게 자신의 사례를 거울삼아 다시는 본인과 같은 사람이 나타나지 않도록 해달라며 본인이 직접 자신의 이야기를 손편지로 써서 회사로 보냈으니 직원들 교육하실 때 직접 읽어 주셔도 좋고 청렴 교육 시 교육자료로 사용해도 좋다고 하였다. 그리고 사실 그 돈 받아 이런저런 일로 다 써버렸고 실제로는 살림에 큰 보탬이 된 것도 없었다고 이야기했다. 그러나 자기가 받은 돈은 약 5천만 원 정도 되는데 막상 이런 일이 있고 보니 재판을 위해 변호사를 선임하는데 드는 비용이 5천만 원 들어갔고 본인이 받은 돈은 전액 추징금으로 내야 하고 별도의 벌금을 두 배 정도 또 납부해야 된다고 하였다. 결국은 벌금과 추징금 그리고 변호사 비용을 합치면 자기가 받은 돈의 약 4배 정도를 토해 내 놓아야 한다고 하면서 본인은 가지고 있는 현찰이 없어서 결국은 집을 팔아서 갚을 수밖에 없다면서 한숨을 내쉬었다. 그러면서 그 돈 받아서 자신에게 도움 된 거 전혀 없었다며 때늦은 후회를 하였다.

그 후 정말로 며칠이 지나자 그 부장으로부터 한 통의 편지가 도착했는데 이 편지를 읽으면서 눈물이 글썽였던 것을 지금도 잊을 수 없다.

그 당시 그 부장의 뜻에 따라 여기에 실명은 삭제하고 여러분께서 직접 읽고 느껴 보도록 그 손편지를 수록합니다. 이 편지를 제게 보낸 당시 그 부장의 뜻대로 독자 여러분들이 이 편지를 읽고 느끼면서 행여나 잘못된 길을 걷지 않기를 바라며 앞으로 이런 일이 찾아왔을 때 한순간의 잘못된 판단으로 평생 후회하는 삶, 부끄러운 삶을 살아가지 않도록 교훈으로 삼으시기 바랍니다.

이 측정업체 뇌물 사건으로 인하여 아끼는 후배부장 두 사람이 똑똑한 사람들이라서 더 높이 더 멀리 갈 수 있음에도 불구하고 한순간의 유혹에 빠져 망가지는 모습을 보면서 반드시 회사 업무를 하면서는 청렴해야 한다는 것을 뼈저리게 느꼈습니다. 다행히 두 사람은 본인의 잘못을 인정하고 반성하면서 초범으로 여러 가지 정상참작이 되어 복역 중간에 형의 집행정지로 출소하여 각자 재기해서 전화위복이 되어 잘 살아가고 있어 천만다행이다.

본부장님께 올립니다.

지금도 잠을 자다가 새벽에 깨면 이 낯선곳이 어디인가 잠시 혼란스럽습니다.

꼭 꿈을 꾸는것 같은 느낌이 잠시들다가도 이내 씁쓸한 현실로 돌아오곤 합니다.

여러가지 바쁜일들이 많으실텐데 이곳 생소한곳까지 면회 와주셔서 진심으로 감사드립니다.

이곳에서 생각할 시간이 많다보니 자연스럽게 저를 뒤돌아 보게되었습니다. 지금까지 정말 요령 피우지 않고 열심히 일했던 추억들.. 특히 ███ ███에 가서 우리 배전 ███ ███직원들과 현장을 돌며 뭔가 획기적인 상태파악 툴을 만들어 보고자, ███의 성적을 올려보고자, 정말 물불 안가리고 제가 생각해도 미친듯이 개발에 온 힘을 쏟았습니다.

███와의 공동개발 MOU도 정말 순수한 협약으로 그저 ███의 신뢰성 연구자료를 우리 ███가 쓰고 ███ 펀드에서 취득한 시료를 보태서 회귀분석 소스식을 개발하는 목적이었습니다.

███는 '상태판정 프로그램'의 개발 및 장비탑재로 공동특허, 신기술획득의 이득을 얻게 되었고 저희 ███는

■■■ 지점에 공문을 보내 '탈선기별점검' 폐지 및 초음파
진단 회귀분석 피드백을 시행한다고 말하였습니다.
또 이 성과물로 ■■■ ■■■ 품질대회 ■■■ 사장상, 전국대회
대통령상 금상, 발명대전 발명협회장상, ■■■ 국제발명전
금상과 호주 발명협회 특별상을 ■■■ 이름으로 수상하였습니다.

그러나 개발과정에서 ■■■ 연구소 직원들과 친해지게 되었고
특히 ■■■ 사장과 인간적으로 가까운 사이가 되었습니다.
저도 특히 업체와 가깝게 되는것을 조심하였건만, 지금까지
회사 생활 하면서 오해라도 받을까봐 사무실 이외의 장소에서는
일체 어느 업체 직원도 만나지 않았지만..

■■■ 사장의 인간적으로 감사하다는, 그동안 개발 노고의
보상이라는 명목으로 차명통장을 수수하게 되었고 돌려줄 기회
도 정신차리고 생각해보면 분명 있었습니다만
특별히 제가 청탁을 받거나 나쁜 청탁을 들어주거나 하는
대가성이 아니라는, 인사 성격이라는 내 스스로의 합리화로
받게 되었습니다.

제가 본부장님께 그간의 자초지종과 지금 심경을 애써
말씀드리는 이유는 제 자신의 합리화가 아닙니다.

그저 아직도 제가 사랑하는 동료들, 직원들이 특히 조심하고
유의해야 할것들, 또 본인은 속으로 괜찮겠지 생각 할수 있지만
검경의 수사가 그렇게 간단하고 허술하지 않는점, 또 업체
생리상 사업체를 살리고 본인이 살아남기위해 평소 아무리 감사
해서 금품을 주었더라도 쉽게 협상을 위해 실토한다는것 모두
저를 반면교사 삼아 꼭 교훈이 되었으면 하는 마음에서
말씀 드립니다.

지금 제가 과거로 돌아간다면 좀더 내자신을 엄격하게 단속하겠
습니다. 공사도 좋고 용역도 좋고 개발 협력도 좋지만 인간적으로
친한것은 권장할수 있지만 금품에 대해서는 '사약'으로 생각하고
좀더 철저하고 냉정하게 끊는 단호함을 가지겠습니다.
그리고 그 표현이 딱 맞습니다.
'하늘이 알고 땅이 알고 주는 사람이 알고 받는내가 아는일'
절대 스마트폰 시대 비밀은 이제 없으므로 받는 순간 이제
나는 노출 되었다고 생각해야 하겠습니다.
또 제가 ███에서 근무 할때 부터 느낀 내용입니다
비밀에 대한 폭로, 투서는 가까운사람, 형제 같았던 사람에게서
너무도 쉽게 이루어지곤 했습니다.

또 우리 한전 직원들은 뇌물죄에 대한 결과가 너무 참혹합니다.

한전 간부는 공무원과 동일하게 '특가법'을 적용하며 거의 실형을 받게 되므로 인생의 방향이 크게 바뀌게 된다고 할수 있습니다.

지금 생각해보면 한전, 우리회사는 정말 좋은 직장 입니다.
저도 지난 23년동안 저와 제 가족이 편안하고 행복하게 살수있게 해준 항상 고마운 큰 나무 같은 존재이었습니다.
특히 이제막 대학교를 가기전인 자녀를 둔 제 입장으로서는 정말이지 절실한 곳 이련만
저는 제 잘못으로 그곳을 떠나 비바람 부는 광야로 나가게 되었습니다. 그런 의미에서 가족에게 까지 죄를 짓게 되었습니다.
우리 직원들 부디 안심하라며, 아무일 없다며, 괜찮은 인사라며 유혹이 있게 되거든 회사를 떠날 생각을 동시에 하며 결정을 해야 하고 저의 케이스를 생각하며 결정하면 좋을듯 합니다.

그동안 저를 사랑해준 동료들 모두를 배신했고 우리 ██████ 명예를 손상시킨 제가 마지막으로 우리 ████ 동료들에게 꼭 조심하라는 제 케이스로 조금이나마 죄를 덜었으면 좋겠습니다.

본부장님과도 어서 빨리 지방근무 마치고 돌아와서 꼭 같이.. 잘 보자 하면서 근무 해보고 싶었습니다.

■■■ 위원장님과도 코드가 맞아서 내년 다시 만나기로 했습니다

■■■ 팀장님 승진하는것도 제가 축하해주어야 했고 ■■■ 팀장님과 ■■■ 팀장님과 자주 소주도 나누어야 했고 ■■■ 팀장님과 ■■■ 성적을 위해 같이 고민하고 싶었습니다.

■■■ 팀장님들 다 제가 좋아하고 같이 근무하고 싶은 분들 이었습니다

■■■ 실장님 ■■■ 팀장님 꼭 다시 만날줄 알았습니다.

모든 아쉬움만 남긴채

이렇게 쓸쓸하게 떠나가게 되었습니다.

정말 그 좋은 ■■■, 훌륭하신 분들만 근무하시는 ■■■에 폐를 끼쳐 죄송합니다.

모두 모두 행복하시기 진심으로 바랍니다.

■■■. 7. 7

■■■ 올림

〈철저한 자기관리 다짐〉

〈감사님 청렴 특강〉

〈중국 태산 정상의 옥황상제상〉

〈부산 해변의 물고기바위〉

02

부하직원의 암행감찰 적발

본사 부장으로 근무할 때의 일이었다. 어느 날 갑작스레 같이 근무하는 차장이 1층에서 2층으로 올라오는 계단에서 업체로부터 봉투를 받다가 암행감찰 나온 감사원 감찰반에 적발되었다는 청천벽력 같은 소리를 듣게 되었다. 봉투를 준 업체는 지중 배전선로의 상을 구별하는 측정기를 개발하는 업체였는데 평소 우리 부서의 차장으로부터 많은 도움을 받았으나 그간 밥 한번 제대로 사질 못해 미안하던 차에 추석 명절을 맞이하여 꼭 신세를 갚아야겠다고 생각하여 측정기 개발업체가 본사로 그 차장을 찾아왔던 것이었다. 차장은 1층 로비에서 업체를 만나 얘기를 나누다가 갑자기 업체가 봉투를 건네려고 하자 받지 않겠다고 뿌리치고 급히 계단으로 올라왔으나 그 사장이 계단까지 쫓아와 손에 건네주며 받아달라고 사정하는 사이에 감찰관이 뒤따라와 현장에서 붙잡았다. 언제나 그렇듯이 평소에 자주 오지 않던 사람이 명절 되어서 어쩌다가 꼭 신세를 갚겠다고 무작정 찾아왔을 때 만나면 문제가 된다. 명절에 본관 로비에는 암행 감찰관이 잠행 활동을 하는데 봉투를 갖고 와 주면서 "받아라", "안받겠다"하고 옥신각신했으니 당연히 감찰관 눈에 띄게 되었고 거절을 하려면 단호히 해야 했으나 어설프게 하여 뒤따라와서 또 실랑이를 벌였으니 잡힐 수밖에 없는 상황이었다. 이 일은 감사실로 이첩이 되었고 얼마 후 감사실에서 직속 상사도 문답 조사를 한다고 불러서 올라가 조사를 받았다. 조사관의 핵심 질문은 사전에 이런 사실을 인지했느냐 하는 거였는데 그런 사실을 사전에 들은 바도 없고 해당 차장이 보고한 사실도 없어서 인지하지 못했다고 하였다. 조사관은 업체가 왜 돈을 주었다고 생각하느냐고 물어서 아마도 그동안의 도움에 감사하다는 뜻으로 생각하고 회식이나 한번 하라는 뜻일 것이라고 솔직하게 답했다. 그나마 조사관이 꼬치꼬치 캐묻지 않아서 다행이었다. 조사는 달리 물어볼 사항이 많지 않아서인지 비교적 빨리 끝났다. 그리고 이 일로 인하여 결국은 부하직원에 대한 관리 감독의 책임으로 경고장을 받았고 차장은 견책의 징계를 받게 되었다. 이때 느낀 것은 내 잘못이 없는데도 징계를 받아서 조금 억울하다는 생각이 들었으나 직속 상사로 관리책임은 무한 책임이라서 자신이 좋든 싫든 책임을 질 수밖에 없기에 앞으로는 더 이와 같은 수모를 겪는 일은 없어야 한다고 다짐했다.

03

못 모셔서 죄송하다며 내민 봉투

본사의 본부장으로 부임하고 얼마 후 퇴직하신 선배님으로 절친한 분이 전화해서 한 사업소장이 찾아갈 것이니 이야기를 들어보고 도와줄 수 있으면 좀 도와주면 좋겠다는 연락이 왔다. 그리고 얼마 후 한 사업소장이 정말로 보고 드릴 것이 있어서 왔다면서 준비해 온 업무 보고를 마치고 일어서 나가면서 연말에 승진대상인데 그동안 부임하신 지 한참 되었으나 식사 한 번 못 모셔서 미안하다고 하며 흰 봉투를 내밀었다. 이런 걸 받는 사람이 아니라고 단호히 거절하자 그는 책상에 던져 놓고 도망치듯이 나가버렸다. 그를 붙잡으려고 책상 앞으로 뛰어나와 문 앞까지 따라가다가 통상 문밖에는 결재를 받고자 대기하는 사람들이 있어서 문밖까지는 나가지 못하고 다시 자리로 돌아와 비서에게 대 봉투를 달라고 하여 받은 흰 봉투를 넣고 간단한 메모를 하여 발송 주소를 쓰고 밀봉하여 비서에게 우편으로 반송하도록 하고 하던 일을 계속하였다. 후에 알게 된 일이지만 비서는 마침 이 사업소장을 수행해 온 차장과 잘 알고 있는 사이라서 수행해 온 차장에게 연락하여 무슨 내용인지는 모르겠지만 우리 본부장님이 사업소장님에게 우편으로 반송해 보내라고 하였으니 번거롭지만 멀리 가지 않았다면 다시 자신에게 와서 찾아가는 것이 어떻겠냐고 얘기하여 그 차장이 비서에게 와서 반송 주소가 적힌 대 봉투를 찾아갔다는 것이었다. 그로부터 두 달쯤 지난 어느 날 감사원 감사관이라고 하는 사람 두 명이 집무실로 찾아와 신분증을 보여 주며 잠시 얘기 좀 하자고 하였다. 그러면서 명절이 되었는데 집으로 선물 온 것이 없느냐고 뜬금없는 질문을 대뜸 하였다. 그래서 평소에 선물은 아예 안 주고 안 받고 있다고 하면서 그래도 무 대포로 선물을 집으로 보내는 사람이 있어서 우리 집 대문에는 이렇게 택배 사절 문구를 써서 붙이고 모든 선물은 일절 사절하고 수취 거절 반송한다고 설명한 다음 스마트폰 갤러리에서 대문에 붙이고 찍어 놓았던 택배 사절 사진을 꺼내서 보여 주었다. 그러자 감사관은 정색하고 최근에 한 사업소장이 찾아와서 봉투를 주지 않았느냐고 이야기하였다. 직감적으로 지난번 그 사업소장 일이라고 생각하고 무슨 일이 생겼음을 느끼면서 있었던 일을 사실대로 이야기해 주었다. 감사관은 정말로 봉투를 바로 돌려주었는지 그리고 그 봉투의 내용물을 확인하지 않았느냐를 몇 번이고 반문하며 물었다. 흰 봉투는 돈이라고 생각하여 받아서는 안 된다고 판단해서 바로 돌려주라고 비서를 통해 반송했으며 받지 않고 돌려줄 것이기에 굳이 봉투 안에 무슨 내용물이 들어 있는지를 확인하지 않았고 확인할 필요도 없었다고 이야기하였다. 그러자 감사관은 복도에 있는 CCTV의 촬영 영상을 사업소장 방문부터 봉투 반송까지 시간을 복사해 파일을 메일로 보내 달라고 하였다. 감사실과 보안부서에 이런 사실을 전달해서 보안부서에서 해당 파일을 감사관에게 메일로 보냈는데 CCTV 확인 결과 바로 반송한 것이 입증되었다. 이후 감사원 조사국에서 사실 확인을 위해 방문을 요청해 당시 상황에 대한 문답 조사를 받았는데 감사관은 본인은 처벌이 되지 않을 것이니 그 안에 돈이 있는 것을 봤느냐고 계속 집요하게 물어왔다. 심지어 보통 사람의 경우는 내용물이 무엇인지 돈이 얼마나 되는지를 봉투 내의 내용물을 꺼내지는 않더라도 봉투를 눌러서 벌어지게 하여 대충 살펴본다고까지 하면서 돈을 보았는지 거듭해서 또 물었다. 사업소장이 준 봉투의 내용물은 확인하지 않았는데 왜냐하면 돌려줄 것이고 가질 것이 아닌데 굳이 그 안에 무엇이 들어 있는지 궁금해 확인할 이유도 없다고 재차 이야기하였다. 여러 차례 계속하여 반문해도 진술이 일관되게 일치하자 그는 알겠다고 하면서 이번에는 보지도 않았으면서 봉투 안에 들어 있는 것이 돈일 것이라고 어떻게 아느냐? 돈이라면 금액은 어느 정도인지? 한 천만 원 되느냐고 물었다. 돈이라고 직감적으로 느낀 것은 저녁도 못 모시고 하여 식사하시라고 하며 봉투를 내밀어서 그렇게 생각했다고 얘기하고 금액은 잘 모르겠으나 봉투의 개략적인 두께로 판단해 볼 때 오십 만원 정도라고 생각한다고 하였다. 금액에 대해서도 어떻게 두께로 알 수 있느냐 훨씬 더 많은 것이 아니냐고 하였으나 저녁 식사를 하라고 하는 정도이고 보통 느낌으로 볼 때 그렇다는 것이고 정확한 금액은 모른다고 하였다. 그랬더니 그럼 수표나 상품권일 수도 있는 것 아니냐고 하여 내 느낌이 돈이라고 생각해서 그렇지 그럴 수도 있다고 했다. 장시간의 압박 질문과 문답을 받고 나서 문답서를 읽어 보고 지장을 찍고 돌아가라고 하면서 한 가지 더 보유 금융계좌 전체의 계좌추적 동의서를 쓰고 싸인을 해서 주고 가면 확인해 종결처리 하겠다고 하면서 동의서 작성과 싸인을 하겠냐고 하였다. 범죄자 취급을 하여 매우 기분이 나쁘고 불쾌하다고 심경을 토로하고 그렇지만 혐의를 벗기 위해서 그렇게 하겠다고 하자 계좌추적 동의서를 주어서 서류를 작성하고 엄지손가락으로 지장을 찍고 나오니 후련하기도 하고 걱정이 되기도 하였다. 털어보았자 월급쟁이는 유리 봉투인데 숨길 것도 나올 것도 없기에 감사관이 이제 진술한 내용을 믿겠다고 한 것을 마음의 위안으로 삼으며 집으로 돌아왔다. 다행히 이 일은 큰 무리 없이 처리되었으나 알고 보니 그 사업소장이 부하로부터 금품을 상납받는 것으로 의심을 받아 감사관이 내사하다가 사무실 책상 서랍을 확인하였는데 여기에서 반송 주소가 적힌 대 봉투와 메모지가 발견되어 감사관이 본사로 조사를 나오게 된 것이었다. 지금도 의아하게 생각하는 것은 그 사업소장은 왜 두 달이 넘도록 또한 자신이 감찰을 받게 되는 상황이었음에도 당연히 본인이 의심받게 될 반송 주소가 적힌 반송 봉투와 봉투 속에 넣은 마음만 받고 돌려 드린다는 반송 메모지를 버리지 않고 서랍에 보관하고 있었는지 이해가 가지 않는다. 이후 시간이 한참 지났는데 이번에는 갑자기 경찰서에서 감사원이 그 사업소장을 고발하여 참고인 진술이 필요하다고 출두하여 주도록 전화로 통보가 왔다. 경찰서에서 참고인 진술이라고 말했으나 평생 경찰서에 조사를 받으러 한 번도 가본 적이 없는 사람이 경찰서 지능범죄수사팀에 들어가려니 긴장도 되고 마음이 많이 불편하였다. 경찰서는 수사팀으로 들어가는 출입문부터 보통문과 달랐다. 문이 닫혀 있어서 밖에서 벨을 누르면 인터폰으로 통화 후 안에서 버튼을 눌러 주어야 문이 열렸고 나갈 때도 안에서 버튼을 눌러 주어야 문이 열려서 나갈 수 있었다. 경찰 수사팀에서는 감사원 조사 때와 같은 내용을 재확인하는 듯 다시 반복해서 질문하였다. 질의와 문답을 한 다음 내용을 확인해 보고 지장을 찍어 확인하라고 하였다. 조사가 끝난 후 이번 사건을 개인적인 사견임을 전제로 견해를 알려 달라고 하며 여러 가지를 질문하여 설명할 수 있는 대로 최대한 성실히 우리 회사의 입장을 설명하고 돌아왔다. 참고인이라고 하지만 조사를 받고 나니 심신에 피로가 몰려와서 돌아오는 지하철에서 깜빡 졸아서 하마터면 집 앞을 지나칠뻔하였다.

집으로 돌아오면서 많은 생각이 들었다. 이번 일은 내가 원하지도 않았고 요구하지도 않았는데 어쩌다가 왜 이런 일에 엮여서 이렇게 고생을 하는가 하는 그런 푸념도 들었으나 이 일은 내게 일종의 시련과 같은 것이라고 나 자신을 다독이면서 앞으로는 행동과 처신을 바르게 하여 남으로부터 오해를 받는 일은 절대로 없도록 하여야겠다고 다짐했다.

〈Hochalm am Untersberg에서 바라본 알프스산맥〉

〈비행기위에서 내려다 본 미국 록키산맥과 빙하〉

04

특수기술원으로 감사업무 경험

오래전 일이지만 어쩌면 회사 생활 초기부터 청렴 의식을 강하게 갖게 된 데에는 특수기술원으로 감사업무를 직원 때부터 했기 때문일지도 모른다. 특수기술원은 감사 차장인 검사역을 보조해 감사업무를 돕는 자린데 이때 큰 사건 몇 가지가 있었다. 그중 하나는 변압기를 대여해 주고 돈을 받은 사건이 있었는데 고장 발생 시 긴급복구용 비상 자재로 사업소에 보관하고 있는 주상변압기를 공사용 임시변압기로 임대 해주고 개인적으로 돈을 받은 일이 감사에서 적발됐다. 당시 배전 공사현장을 돌면서 신규로 설치한 전력설비의 시공상태를 발췌 점검하던 중이었는데 어느 공사장의 임시 전기를 공급받는 현장에서 공사용 임시설비가 규정대로 안전하게 설치되어 있는지를 점검하던 중 고객이 일반용 자재인 주상변압기를 자부담으로 임시로 설치했다가 철거해야 하는데 확인해 보니 우리 회사에서 사용하는 사급자재인 주상변압기를 설치하여 사용하고 있었다. 제작번호와 상호를 확인하여 사무실로 돌아와서 확인해 보니 배전운영실에서 고장복구용 비상 자재로 보유하고 있는 자재로 판명되었다. 알고 보니 직원이 해당 고객이 급하다고 하여 잠시 빌려주고 비용을 받아 챙긴 것이었다. 물론 임대 기간에 고장이 발생하지 않거나 고장이 발생하더라도 보관하고 있는 다른 용량의 변압기가 있으니 수급에 문제가 없을 수도 있으나 회사의 비상 자재를 사적으로 급한 업체에 빌려주고 대가를 받아 챙기는 일은 분명히 잘못된 것이어서 감사 지적하고 시정조치 하였다. 또 하나의 오래된 일이지만 한 번은 차량용 유류대금을 개인이 착복한 사건이 발생하였다. 요새 말로 하면 유류전표 와리깡인데 차량에 기름을 넣을 때 실제 주입량보다 기름을 많이 넣은 것으로 주유소에서 주유 전표를 발행하여 영수증을 발급받은 다음 회사에 유류대금을 청구하여 대금이 주유소로 지급되면 일부를 수수료로 떼주고 돌려받는 방법으로 유류대금을 장기간에 걸쳐서 개인이 유용하는 문제를 발견했다. 당시 노조 간부로 활동을 하던 이 직원은 이렇게 마련한 돈으로 사람들을 상대로 술을 사주고 노조 활동을 하고 있었다. 그래서 처음에는 단순 경고를 위하여 한 건만 지적하고 발각되었으니 계속하면 문제가 있음을 알리는 정도로 끝냈었다. 그러나 다음 해 감사를 해 보니 지적 이후에도 분명히 본인이 알아차렸음에도 불구하고 같은 행위를 끊지 않고 지속하고 있어서 어쩔 수 없이 전체 문제점을 지적하고 모든 기간의 금액을 변상하도록 감사 지적 및 시정조치를 하였다. 이 사건의 문제점은 한 가지 더 있었는데 당시에는 업무 전산화가 많이 되지 않아서 수기로 차량 주유용 유류전표의 주유량을 유류 대장에 기재 후 담당 과장에게 결재를 받아 대금을 지급해야 하는데 담당과장이 부하직원을 믿고 그냥 도장만 찍고 유류전표의 기름주입량과 유류 대장에 기재한 기름사용량을 대조하여 확인하지 않아 실제보다 많은 기름을 기재한 유류전표를 발행하여 초과량을 주유소에서 현금으로 되돌려 받은 것이었다. 유류 대장에는 기름 사용량이 실제 차량의 소모량으로 기재되어 있고 차량운행 일지의 주행거리와 계산해도 정확히 일치하니 완벽한 완전 범죄로 생각했다. 이것 역시 주유소 현장에 가서 주유 받은 기름의 양과 주유소에 지불된 대금을 확인해 보니 유류 대장의 기름 사용량과 상당한 차이가 있어서 발견하게 된 것이었다. 아주 오래된 일 중 또 하나의 큰 사건이 있었다. 과거에는 고객이 전기요금을 체납하면 직접 고객을 방문하여 수금하였는데 지금은 현금 사고 발생을 방지하기 위하여 직접 수금을 하지 않고 금융기관을 통해 수납하도록 하고 있으나 과거에는 미수요금의 현장방문 수금이나 창구 내방 수납을 허용하여 여러 금융사고가 있었는데 그중 직접 감사업무 수행 중 발견한 건이었다. 수금부서 직원이 전기요금을 체납한 고객에게 방문해서 미납요금을 받은 후 회사의 수납 필증 고무인을 찍어서 미납영수증에 완납했다는 확인을 해주고 체납 요금을 받아서 개인이 갖고 써버렸다. 실제로 고객에게서 받은 미납요금은 회사에 입금하지 않아 고객은 계속 체납 미수 고객으로 남아 있는 형태의 공금 착복이었다. 이 사건은 본인이 미납요금 납부독촉과 수금업무를 담당

하고 있었기에 돈을 받은 고객의 전기요금 미납청구서가 회사에서 발행되어 나오면 본인이 알아서 빼내어 그냥 없애 버리고 고객에게 미수금 통지서를 전달하지 않음으로 문제가 터지지 않고 있었던 것이었다. 이 사건은 담당자가 바뀌면서 장기간 체납 상태로 된 고객이 결국 단전을 당하게 되자 해당 고객은 미납 전기요금을 모두 냈는데 왜 단전을 하느냐며 감사부서로 민원을 제기하여 현장조사를 통해 드러나게 되었다. 이 일은 개인적으로는 안타까움도 있었는데 이 미수요금 담당 직원은 어려운 가정환경 속에서 야간 대학을 다니며 부족한 학비를 위해 이 돈을 사용했던 것으로 밝혀져 마음이 아팠지만 공금 횡령이라는 죄를 피해 갈 수는 없었다.

05

청렴은 아무리 강조해도 지나치지 않다

이런 여러 사례로 볼 때 청렴은 아무리 강조해도 지나치지 않는다고 생각한다. 현재 우리 사회는 상위직으로 갈수록 엄격한 청렴의 잣대를 들이대고 검증하려 한다. 사업소 조직을 운영하다 보면 이런저런 일들이 발생하여 비용이 발생하기 마련인데 이제는 회계 관리 등 모든 돈의 사용은 투명하게 되었고 IMF 기간 등으로 5년간 신입사원을 뽑지 않다가 베이비붐 세대의 은퇴 등으로 갑작스레 폭증한 인력 수요에 맞추어 젊은 신입사원을 대폭 뽑아서 기성 직원 세대와 젊은 직원 세대의 나이 간격이 많이 벌어지면서 전통적으로 이어온 조직 문화에 커다란 변화가 생겨 이제 과거와 같이 경비 조달은 불가능한 상태이다. 그리고 법인카드 역시 크린카드 제도로 식사하는 비용만 지불이 가능한 상황이다. 비록 업무상 필요해서 경비를 지출하더라도 SNS에 능숙한 젊은 직원들은 조그마한 손해라도 전혀 감수하려고 하지 않아 블라인드 앱 등에 편법을 고발하는 등 문제가 될 수밖에 없는 게 현실이다. 이런 상황에서 조직의 리더는 가급적 사업소에서 스스로 경비 발생을 최소화하여야 하고 민원 해결 등으로 불가피한 경우는 사회봉사단 기금 등 공개적 합리적으로 처리 가능한 방법을 찾아 구성원의 합의를 얻어 집행하는 것이 바람직하다고 본다. 조직운영에 필요한 경비는 보통 부서별 주무 차장을 통해 조달하고 운영하는데 어떤 한 사건이 발생하여 이런 주무 차장이 조사받게 되면 결국 고구마 줄기를 타고 땅속에 박혀 있는 고구마를 찾아서 캐내듯이 편리해서 사용한 계좌이체 송금 내역이 줄줄이 다 나오게 되어 폭탄 하나 터지면 모두가 공멸하는 위험한 운영체제다. 더는 이런 경비 조달 및 운영체제가 사용되어 누가 지뢰 밟아 터질까 불안해하면서 지내지 말고 이제는 과감히 이런 상황을 혁신해 떨쳐 버리고 나갈 일이다. 그리고 승진하려고 하는 사람들이 주거나 보내는 명절 택배 등의 선물은 사절하고 받지 않는 것이 속도 편하고 좋다고 생각한다. 일일이 택배로 오는 선물을 선별해 이해관계가 있는 사람인지 김영란법을 초과하는 금액인지를 식별하는 것도 불가능하고 선별 반송은 더욱 어렵기 때문이다. 조직의 리더는 스스로 청렴 관리를 잘해야만 높이 멀리 갈 수 있다. 정년까지 근무하고 싶고 높이 올라가려면 청렴은 반드시 이루어야 할 일이다. 앞으로 청렴하지 않고서는 절대로 멀리 갈 수도 없고 높이 올라갈 수도 없기 때문이다.

06

육사생도 별명을 얻다

대학을 졸업하고 신입사원으로 입사하여 쌍문동 중앙교육원에서 회사 일반에 대한 입문교육을 2주간 받았는데 그중 하루가 최규하 대통령 취임식이라서 하루는 쉬었다. 회사의 실무에 대한 지식은 전혀 교육도 받지 못하고 짧은 교육을 받고 바로 사업소로 배치되었는데 당시 대학원 입학시험에 합격한 상태라서 서울 시내 사업소로 배치되기를 희망하였으나 기대와는 달리 최고 말단 사업소인 원주영업소로 발령받고서 부임지로 갔다. 당시에는 1군 군수기지 사령부가 있는 군사도시로 시내로 버스를 타고 진입할 때 시내 곳곳에 높다랗게 서 있는 시커먼 목전주와 12월의 안개가 드리워져 마치 유령의 도시 같아 보였다. 새로 입사한 신입사원이었는데 당시 원주시는 전국 소년체전 개최도시로 결정되어 여러 건물의 신축공사와 함께 전기 신청이 많아서 직원들이 업무로 정신없이 바쁠 때였다. 사업소에서는 모두 일이 바빠 야근을 하고 있어 체계적으로 교육할 틈도 없어서 간단한 인입선 공사서류를 주고 공사업체 현장대리인과 현장조사를 하고 설계를 해 보라고 결재가 완료된 인입선 공사 설계서류를 샘플로 같이 주었다. 이렇게 발로 뛰며 현장에서 경험하여 일을 배우고 겨우 걸음마를 할 때 한 가지 일이 일어났다. 동료직원이 쌍문동 교육원으로 교육을 받으러 가서 그 직원이 시행하던 공사의 감독서류를 넘겨받게 되었다. 시공 중인 공사인데 해당 공사감독원이 교육을 입교하여 공사업체에서는 공사가 끝나자 준공계를 접수하고 새로운 감독에게 공사비를 정산 지급해 주도록 요구하였다. 공사 관련 준공서류를 검토하고 현장을 나가서 준공 기별을 확인하여 정상적인 것은 모두 다 공사비를 지급하는 것으로 처리하였으나 한 건이 문제가 있었다. 이 공사 건은 당초에 설계는 심야 휴전작업을 하는 것으로 설계되어 있었으나 실제로는 작업 일자와 내용을 확인해 보니 심야 휴전작업을 한 것이 아니라 다른 공사의 주간 휴전작업이 있을 때 동시에 휴전작업으로 시공한 것이었다. 그런데 공사비는 심야 휴전작업으로 시행한 것으로 정산하여 심야 휴전작업 할증을 적용하여 실제 작업보다 1.5배 많은 돈을 지급해 주도록 공사비가 청구되어 있었다. 이에 현장대리인을 불러서 이 작업은 심야 휴전작업으로 시공한 것이 아니고 주간 휴전작업으로 시공한 것이니까 주간 휴전작업으로 준공서류를 다시 정리해 주도록 요구하였다. 그리고 현장대리인이 돌아가고 나서 잠시 후 공무 주임이 불러서 얘기하였다. 이 공사는 공기 내에 주간 휴전작업과 심야 휴전작업이 둘 다 있었으므로 설계가 된

대로 심야 휴전작업을 한 것으로 처리해도 문제가 없으니 그냥 심야 휴전작업으로 처리하라고 하는 것이었다. 주간 휴전작업이 있어서 심야 휴전작업을 하지 않고 주간 휴전작업으로 한 것이라 그렇게 할 수 없다고 하였다. 상식적으로도 다른 작업으로 주간에 휴전되는데 굳이 이때 작업을 하지 않고 별도로 야간에 심야 휴전작업을 한다는 것이 이상해 보이기 때문에 그렇게 처리하는 것이 불가능하였다. 저녁에 과장님과 주임 등 전체 직원들이 모여서 회식을 하였는데 이 자리에서 주임이 사무실에서 얘기한 전기공사 업체 건에 대하여 과장님과 이야기하면서 신입사원이 FM대로 처리하려고 한다고 이야기하였다. 과장님은 깊이 있게 얘기하지 않고 가장 편안한 말로 가능한 무리가 없게 원만히 처리했으면 좋겠다는 의견을 피력하였다. 그리고 다음 날 사무실에서 과장님이 불러서 재차 확인하였다. 그래서 심야 휴전작업을 하지 않은 사실이 맞고 확인된 사실에 따라 전기공사 업체에서 주간작업으로 일을 하였다고 거듭 주장하였다. 그러자 과장님은 아무 말씀도 하시지 않고 그냥 알았다고 하였다. 이후 전기공사업체에서 그 공사의 공사비 지급을 재차 요구하였으나 지금 돈을 받으려면 실제 작업을 한 대로 준공서류를 작성하여 오든지 그렇지 않으면 해당 공사감독자가 교육 후 돌아오면 해당 공사감독자에게 공사서류의 준공처리를 직접 요구하든지 하라고 현장대리인에게 통보하였다. 다음 날 회사 사무실로 해당 전기공사업체의 사장이 들어와서 강하게 자신의 의견을 피력하면서 다른 건과 다른 사람들은 다 그렇게 하는데 왜 유독 자신의 건만 그렇게 고집을 피우는 거냐고 이야기하였다. 이에 화가 나서 그 전기공사업체의 사장과 서로 언성을 높이고 한바탕 다투게 되었다. 그런 다음 날 그 전기공사업체에서는 자금은 써야 하고 어쩔 수 없었는지 현장대리인이 찾아와서 그냥 감독님 이야기대로 심야 휴전작업 할증을 삭감하고 공사비를 받겠다고 하며 준공서류를 가져왔다. 그러면서 "감독님 별명이 뭔지 아세요? 감독님 별명이 육군사관학교 생도입니다"라고 얘기해주었다. 어쨌든지 신입사원 입사 초기에 이렇게 하여 별명이 육사 생도가 되었다. 신입사원 시절 기성 직원과 다른 생각으로 모든 일을 원칙과 FM대로 처리하려고 좌충우돌하였기 때문에 그러한 별명이 붙게 된 것이었다.

〈지금은 모두 퇴직한 100명의 신입사원 1979년 입사동기들〉

〈신입 사원시절 함께 근무한 원주영업소 직원들〉

〈1979년 신입사원 시절의 집무모습 1〉

〈1979년 신입사원 시절의 집무모습 2〉

07

상식에 벗어난 행동은 감사의 표적이 된다

오랜 직장생활의 경험을 통해 보면 대개 상식에 벗어난 행동으로 다른 사람의 눈에 띄게 되면 역시 암행감찰하는 감사관의 눈에도 당연히 잘 띄게 되어 감사의 표적이 되는 경우를 많이 보아왔다. 그러한 예로는 명절이 되어서 모든 사람이 명절에 사용할 돈을 찾으러 은행에 가는데 자신은 돈이 많아서 명절 연휴에 갖고 있기가 불안하여 은행에 돈을 입금하러 간다면 뭔가 이상하고 당연히 의심을 받는다. 실제로 이런 사람이 있어서 암행감사관이 뒤따라와서 돈을 입금할 때 붙잡아 그게 무슨 돈이냐 어떻게 나왔는지 출처를 다그쳐 결국은 업체로부터 받은 것이 밝혀져 징계받은 사례가 있었다. 또 다른 상식에 벗어나는 한 가지 사례는 모두가 점심시간이 끝나가면 회사로 근무하러 들어오는데 자신은 점심시간이 끝나가려 하거나 막 지났는데 회사의 밖으로 나가면 당연히 들어오는 사람들이 어디를 가느냐고 묻고 무슨 특별한 일이 있나 하고 의아하게 생각한다. 실제로 이런 사람이 있었는데 물론 이 경우는 내부자가 정보를 제공하기는 하였으나 감사관이 미행한 결과 회사를 나와 근무시간에 안마시술소에 가서 근무지를 무단이탈한 결과로 징계를 받았다. 또 명절이 되면 공개된 1층 로비나 회사 주차장 등에서 평소 바빠서 잘 찾아오지 않던 사람이 전화가 와서 만나자고 해서 나가면 자신도 예기치 못하게 양주 등 선물 가져와서 전해주어 받거나 선물을 전해주려고 하여 받지 않으려고 실랑이를 벌이다가 감사관에 적발되는 일이 벌어지기도 한다. 이럴 때는 서로 만나지 않는 것이 상책이다. 그리고 명절이나 휴가철이 임박하거나 되었을 때 업체가 방문하여 봉투를 주고 가면 뒤따라 바로 암행감사관이 들어와서 확인을 요구하여 서랍 등에서 봉투나 상품권이 나오면 실제 업체로부터 받은 것이 아니라 하더라도 이를 해명하는 것이 어렵고 입장도 매우 난처하다. 누구라도 의심할 수 있는 명절이 임박한 시점에 업체와의 만남은 되도록 피하여 오해를 사는 일이 없도록 하는 것이 현명하다. 사소한 것이지만 실제 비리 조사로 어느 업체를 압수 수색했는데 명절 선물 택배 배송리스트가 나와서 여러 사람이 곤혹스러운 일이 발생한 적도 있었다. 따라서 소탐대실이라는 옛말처럼 이런 것은 전혀 살림에 보탬이 되지 않으니 자신이 멀리 그리고 높이 가려는 뜻을 품고 있는 사람이라면 사소한 것도 한 점 부끄럼 없이 깨끗해야 한다.

PART 09

작은 조직의 리더도 미래를 볼 줄 알아야 한다

PART 09

작은 조직의 리더도 미래를 볼 줄 알아야 한다

01

배전 리비아 해외사업 실행

어느 날 리비아 전력청장이 우리 회사를 방문하였다. 이 자리에서 리비아 전력청장은 사장님에게 우리의 앞선 전력기술을 자기들이 받아들이고 싶다고 기술자문용역을 해주도록 요청하였다. 이에 우리 회사에서는 발전, 송변전, 배전의 각 부서에서 대표자를 선정하여 기술진단팀을 꾸려서 리비아에 보냈다. 배전에서도 차장 한 명을 대표자로 파견하여 배전기술에 대해서 파악하고 분석을 하였다. 리비아 기술진단 대표단장으로는 발전 직군의 해외사업 부장이 가게 되었다. 현지에서 분야별로 전력설비를 둘러보고 귀국 전에 종합적인 마무리 회의를 하게 되었는데 이때 발전과 송변전, 통신, 전산 분야는 모두 리비아에서 해외사업을 하는 것은 실리가 없고 당시 미국의 수출금지 조치를 받고 있던지라 돈을 받기도 어려워서 기술용역을 하지 않는 것이 바람직하다고 결론을 내렸다고 했다. 반면에 배전 직군으로 나간 우리 담당 차장은 리비아 전력청에 우리의 우수기술을 접목하면 리비아가 많은 혜택을 볼 수 있으며 기술적으로 발전을 이룩할 수 있다고 판단하여 기술용역의 필요성이 있다고 하였다. 현지 최종회의에서 다른 분야 직원들은 모두 기술용역을 하지 않겠다는 의견이었으나 유일하게 배전만 기술용역을 하겠다고 하여 리비아 현지에 기술진단 대표단장으로 나간 발전 직군 부장이 심야에 직접 전화를 걸어왔다. 리비아 현지에서 지금까지 진행된 상황을 상세히 설명하면서 회의에서 다른 분야 위원은 모두 기술용역을 희망하지 않으나 배전 분야만이 유일하게 기술용역을 희망하여 최종의사 결정을 하고자 의사를 타진한다고 하였다. 모든 설명을 듣고 잠시 생각한 후에 우리가 해야 할 일이 분명히 있고 리비아 전력청이 국가기관이기 때문에 비록 현재 리비아가 미국으로부터 수출금지 제재를 받고 있으나 우리의 용역비를 줄 정도의 능력은 된다고 판단하여 현지에 파견한 배전차장의 의사대로 배전분야는 기술용역을 진행하자고 이야기하였다. 그랬더니 현장에서 귀국하면 사장님에게 그렇게 보고하겠다고 하였다. 이렇게 하여 결국 본사의 다른 직군은 아무도 추진하지 않는 리비아 해외사업이 최초로 배전 분야에서 진행되게 되었다. 그 후 리비아 전력청의 배전처에서 회의를 요청하여 우리는 설명 자료를 만들어 직접 리비아에 가서 설명하게 되었다. 리비아 배전처에서는 우리의 배전기술 설명을 듣고 나서 자신들이 필요한 배전 자동화와 배전설비 현대화를 위한 중장기 배전계획수립 기술용역을 해주었으면 좋겠다고 요청했다. 이에 따라 우리는 해당 기술용역 제안서를 만들어 리비아 전력청에 제안하였고 리비아 전력청에서는 이를 검토하여 우리에게 약 75만 달러 정도의 기술용역을 시행하는 것으로 합의하였다. 처음 실행하는 해외사업이고 지급능력이 의심되는 상황이라서 현지에 기술진단 용역을 위해 파견되는 차장들에게 우선 호텔에서 생활하며 약 3개월 정도 진행 경과를 보고 나서 1년간의 장기 거주를 위한 집 전세를 알아보도록 미리 대책을 지시하였다. 그 이유는 리비아의 여러 가지 사업여건이 어려워지는 경우 3개월 이내에 사업을 접고 철수하여 돌아와야 할 경우도 예상하였기 때문이었다. 그렇지만 담당 차장들은 현지에 나가서 생활해 보니 호텔 가격이 워낙 비싸서 3개월 정도의 호텔비용이면 1년 정도 집을 렌트할 수 있는 비용이 되기 때문에 본사에 이야기도 하지 않은 채 현장에서 자체적으로 판단하여 거주하는 집을 1년간 임대하는 것으로 배포도 크게 계약을 하고 말았다. 다행히 기술용역은 잘 진행되고 있었으나 예상한 대로 리비아는 미국의 수출 금지조치로 제재를 받고 있어 외화가 없다며 기술용역비 75만 달러의 신용장을 개설하지 않고 초기 착수대금을 주는데 필요한 약 4만 달러의 신용장만을 개설하였다. 이를 놓고 해외사업 부서에서는 리비아가 돈이 없어서 기술용역비를 줄 능력이 안 되니 기술용역비 전체 지급이 보증되는 75만 불의 신용장을 개설해야 기술용역을 지속할 수 있고 그렇지 않으면 일을 해도 돈을 받을 수 없으므로 지금 사업을 중단하고 철수해야 한다고 권고하였다. 반면에 우리 배전처는 착수금을 받을 수 있는 4만 불의 신용장이 개설되었으니 계약 의무를 이행하고자 하는 의지를 보인 것으로 기술용역을 진행하여도 대가 지급이 늦어질 수는 있겠지만 적어도 국가기관인 리비아 전력청으로부터 돈을 떼이는 문제는 없는 것으로 예상한다고 맞섰다. 그리고 신용장을 꼭 프로젝트 전체 금액만큼 개설할 필요는 없는 것이고 우리가 수행할 때마다 그때 수행한 돈을 받을 수 있을 정도만 개설이 되면 되는 것이 아니냐 이렇게 사업관리 부서인 해외사업처를 설득하여 기술용역을 계속 진행하기로 하였다. 기술용역이 진행되는 중간에 리비아 전력청의 요청으로 리비아 수도인 트리폴리를 방문하여 회의하고 우리가 기술용역을 진행하고 있는 리비아 제 2 도시인 뱅가지의 현장을 직접 방문하여 보는 기회를 얻기도 하였다. 리비아 공항에서 입국 심사를 담당하는 출입국 직원이 "다우 다우 다우"라고 이야기하는데 도대체 무슨 뜻인지 이해하지 못하여 고개만 갸우뚱거렸더니 그냥 통과를 시켜 주었다. 나중에 대사관 사람을 만나서 물어보니 "대우에서 왔냐"라는 뜻이라고 했다. 그 후에 안 사실이지만 대우는 아프리카 자동차 수출 전진기지로 리비아의 트리폴리를 선정하여 현지에 누비라Ⅱ 생산공장을 만들고 리비아의 택시로 대우자동차의 누비라Ⅱ를 보급하였으며 아프리카 전 지역으로 대우자동차를 수출하려고 계획하였다고 했다. 실제로 리비아 트리폴리 시내에 다니는 택시에 8~90%는 누비라Ⅱ였고 대우자동차 누비라Ⅱ는 리비아의 국민차였다. 이런 현장을 보고 있노라니 분식회계와 IMF 사태로 대우를 공중 해체한 정치적 판단이 매우 안타깝게 느껴졌다. 리비아에 있는 대우자동차 공장이 국내 다른 자동차 메이커회사로 인수되어 정상적으로 가동되었다면 아프리카에 많은 대우자동차를 수출하여 국익도 크게 창출할 수 있지 않았나 하는 생각이 들어 아쉬움이 컸다. 그리고 현지 대사관에서 들은 이야기이지만 당초에 리비아 대수로 공사는 우리가 알고 있는 상식과는 다르게 대우건설에서 개발하여 시공하기로 리비아 정부와 약속이 되어있었으나 동아건설에서 저가로 치고 들어와 저가로 낙찰되는 바람에 리비아 대수로 건설공사는 정작 대우건설에서 쿠킹을 하였으나 동아건설이 실제로는 건설하게 되었다고 했다. 이에 대우건설은 생존을 위한 새로운 건설시장을 개척하고자 눈물을 머금고 건설중장비를 싣고 미지의 땅 알제리와 나이지리아로 아프리카 더 깊숙한 곳으로 들어가는 길밖에 없었다는 비운의 대우 스토리를 전해 들었다. 리비아 수도 시내에 있는 트리폴리 배전설비는 11,400 볼트로 매우 낙후되어 있었다. 우리는 리비아 현지에 있는 배전설비들을 현대화할 수 있는 계획을 수립하는데 배전자동화와 무정전공법 시공 기술을 도입하여 고장과 작업 정전시간을 획기적으로 줄이고 배전손실을 줄이기 위한 도전 방지용 절연전선의 사용과 전자식 전력량계 도입 등의 여러 방안을 검토하여 기술용역 중간발표를 하였다. 리비아의 물가는 매우 싸서 어른 머리의 두 배만 한 수박이 약 3달러 정도밖에 되지 않아 푸짐한 과일을 즐길 수 있었다. 리비아는 미국의 수출 금지조치로 인해 생필품 등의 물건이 부족해서 당시 리비아 전력청 배전처에서는 대형 프린터인 플러터에 잉크가 든 카트리지가 없어서 큰 도면을 출력해 사용하지 못하고 있었는데 소모품으로 한 개에 약 600불 정도 하는 부품을 한국에서 리비아로 출장 올 때 사다 줄 것을 요청하였다.

우리는 리비아의 딱한 사정을 고려하여 리비아 전력청 배전처에서 부탁한 물품을 사다 주었으나 이후 돈은 받지 못하였다. 차일피일 이런저런 사유를 대면서 돈을 주지 않는 데다가 기술용역을 수행하는 을의 입장에서 강력히 돈을 달라고 요구할 수도 없었고 당시의 딱한 어려운 경제 사정 등을 보면서 동정심도 있고 하여 결국은 그냥 기부하는 것으로 하고 말았다. 리비아의 미래를 위한 배전설비 현대화 계획수립 용역은 정상적으로 잘 진행되었으나 역시 예상한 대로 기술용역 기성고 대금을 받는 것은 매우 어려웠다. 수차례 독촉에도 불구하고 돈이 지급되지 않아서 사업관리 부서인 해외사업처가 심지어 기술용역의 용역 중간 기성 대금을 받기 위하여 리비아로 출장을 가서 선물을 사다가 주면서 기술용역비 지급을 사정하기도 하여 겨우 겨우 일한 대가를 받고 우여곡절 끝에 기술용역을 어렵게 마쳤다. 리비아 전력청에서는 이것을 계기로 우리가 실력이 있고 믿을 수 있는 회사라고 인정하고 후속 기술용역을 하자고 요청하였는데 전력계통이 비가 오고 낙뢰가 치면 계전기가 동작하여 계통 전체가 무너지는 자신들의 현안을 해결하고자 송전계통 고장해석과 대책을 제시하는 기술용역을 해 달라고 요청하여 계약이 이루어졌고 이후 통신설비 현대화를 위한 자문 기술용역이 추가 후속 계약으로 이어져 성공적으로 시행되었다. 우리가 뿌린 최초의 씨앗이 여러 일을 싹 틔우게 된 것이었다. 이후에 배전분야는 리비아 전력청에서 약 1천만 불 정도의 배전설비 현대화계획의 분야별 세부 실행 계획수립을 위한 배전기술 자문용역을 하겠다고 하여 세부 협의가 리비아 전력청의 배전처와 진행이 되었다. 구체적인 기술용역 계약서 초안을 작성하였고 최종 합의가 되어 사장님이 최종 합의안에 싸인을 하기 위하여 중동 사우디로 출장을 가신 길에 현지 리비아 트리폴리에 가서 계약서에 서명하기로 되어있어 우리 배전처장님도 기술용역 계약식에 배석하기 위해 리비아 트리폴리에서 합류하여 사장님을 수행하였다. 그러나 리비아 전력청은 현지에서 싸인하기 바로 전날 기술용역비를 250만 달러나 깎아 주도록 요구하여 난리가 났다. 이에 현지에서 당혹스러웠던 배전처장님은 심야에 전화하여 기술용역비 250만 달러를 깎은 금액으로 싸인하고 가도 기술용역 수행이 가능한지를 묻고 최대한 가능하면 사장님이 여기까지 오셨으니 싸인하고 귀국해야 하지 않겠느냐고 긍정적으로 답해 주길 기대하며 물었다. 잠시 매우 당황하고 당혹스러웠으나 마음을 진정시키고 빠른 생각으로 상황을 정리하여 답을 해드렸다. 리비아 전력청이 요청한 사업은 기술용역이니까 사업비 중에서 250만 달러를 줄여도 사업은 시행할 수도 있겠지만 그렇게 되면 향후 리비아 전력청을 신뢰할 수가 없고 계속 일을 하다가 최고 책임자의 결정을 받아야 하는 상황 등 중대한 고비마다 이런 딴지를 걸거나 생떼를 쓰면 또 요구하는 대로 다 들어 주어야 해서 그렇게 하면 앞으로 실무자는 리비아 전력청과 일을 할 수 없다고 하였다. 그래서 실질적으로 일을 할 수 있는 분위기를 만들려면 지금은 당장 어렵고 속이 쓰리지만 배전처장님이 결단을 내리셔서 사장님에게 정확한 사정을 말씀드린 다음 싸인을 하지 않고 돌아온 후 다시 기술용역비 250만 달러를 줄인 가격에 맞추어 기술용역의 업무 범위를 조정하고 기술용역 수행 계약을 상호협상하여 합리적으로 결정하고 나서 기술용역을 시행하는 것이 좋겠다고 말씀드렸다. 배전처장님은 다행히 실무자가 제안한 의견을 수렴하여 역사상 최초로 한전 사장이 사전 합의한 계약서에 싸인을 하러 갔다가 싸인을 하지 않고 돌아오는 초유의 사태가 발생하였다. 이후 사장님과 배전처장님이 귀국하고 나서 리비아 전력청과 상호 재협의를 통해서 기술용역비를 250만 달러 줄이는 대신에 기술용역 업무 내용 중에서 배전 기자재 규격 등 시급하지 않은 일을 기술용역 역무 범위에서 빼내고 줄여서 최종적으로 합의를 하였다. 그리고 결국 양측의 배전처장이 각자 자국에서 기술용역 계약 합의서에 서명하고 팩스로 서로 서명한 서류를 주고받아 기술용역을 시행하기로 하였다. 이렇게 많은 우여곡절을 겪은 리비아 전력청의 750만 불짜리 배전 기술용역 후속 프로젝트는 배전처에 이 기술용역을 수행하는 전담부서인 리비아 배전 해외사업팀을 만들어 수행 인원을 증원하여 정상적으로 수행하였다. 어찌 되었든 리비아 전력청장의 요청으로 시작한 리비아 기술진단을 나갔던 배전차장이 처음에 기술용역 수행이 가능하다고 판단하고 배전 분야에서 최초로 기술용역을 계약하여 리비아 해외사업을 시작하지 않았다면 그리고 수행중에 발생한 여러 가지 많은 시행착오와 어려움을 겪어 내지 않았다면 그 후 여러 후속 기술용역 해외사업들은 아마도 탄생하지 않았을 것이다. 이런 여러 후속 기술용역이 리비아에서 발굴되고 추진된 것에 대해서 나름대로 커다란 보람과 자부심을 느꼈다.

〈리비아 뱅가지 현지 용역 착수회의 모습〉

〈리비아전력청 배전처장과 후속 용역과제 협의 회의 광경〉

〈리비아전력청 배전처장과 한전 배전처장의 후속 사업추진 합의〉

〈후속 사업 합의 후 리비아전력청 배전처장 및 연수직원과의 만찬〉

02

송전애자 활선 청소작업 검증

경남지역에서 송전용 애자 청소와 관련하여 전기공사 업체에서 공사를 시행하지 않고 과거에 촬영한 작업 사진을 사용하여 실제로 공사한 것과 같이 공사서류를 꾸며 공사비를 받아 가는 사례가 발생하였다. 이런 일이 발생한 후 우리 본부에서는 어떻게 하면 이런 문제를 해소할 것인가 고민해서 해결 방안을 찾아보라고 하였다. 그런데 전력관리처 송전부서에서는 일을 맡길 때는 사람을 믿어야지 달리 뾰족한 수가 없다고 하였다. 이미 다른 사업소에서 전기공사업체가 우리 회사를 속이는 일이 발생하였는데도 그냥 우리 본부에서는 전기공사업체를 믿고 일을 맡기는 것이 뭔가 불안하기도 하고 정상적인 것 같지는 않다는 생각이 들었다. 이에 고심 끝에 송전용 애자 청소 관련 해결 방안을 제시하였는데 매년 송전용 애자 청소를 할 때 전기공사 업체의 작업자에게 축구시합을 할 때 입는 조끼와 같은 칼라 망사조끼를 작업복 위에 입고 활선 애자 청소작업을 시행하고 증빙자료로 작업하는 장면의 사진이나 동영상을 찍어서 활선 애자 청소작업의 준공 공사대금 기성고 지급을 요청하도록 하는 아이디어를 제시하고 적용을 검토하도록 주문하였다. 전력관리처의 송변전 실무부서에서 검토 후 특별한 문제점이 없어서 매년 작업지시를 할 때마다 입는 칼라 망사조끼의 색상을 전년도 시행 색상과 다르게 해마다 특정한 색상을 지정해서 착용을 의무화하고 활선 애자 청소작업을 시행하도록 하였다. 예를 들어 작년에 노란색 망사조끼를 입었다면 올해에는 초록색을 입고 내년에는 주황색을 입고 활선 애자 청소작업을 시행하는 방식으로 매년 활선 애자 청소를 할 때마다 작업지시서에 착용할 망사조끼의 색깔을 지정해 주고 시공업체 작업자들은 이 조끼를 입고 작업하는 장면을 사진이나 동영상으로 찍어서 작업의 증빙자료로 제출하도록 제도화하는 것이었다. 이 방법은 간단하나 매우 유용하여 송전 활선 애자 청소를 하지 않고 과거에 촬영한 사진이나 동영상을 재활용하여 마치 청소한 것처럼 준공서류를 접수하고 높은 단가의 작업 품셈을 적용받아 도급비를 부당하게 받는 것을 예방하는 아주 탁월한 효과를 보았다. 이같이 작은 아이디어이지만 리더는 문제 해결을 위해서 앞을 내다볼 수 있어야 하며 문제에 봉착했을 때는 이를 해결하는 대안 역시 제시할 수 있는 능력을 끊임없이 개발하고 갖추어 나가야 한다.

03

미래 할 일의 전망

작은 조직의 리더인 지사장이나 큰 조직의 리더인 지역 본부장 등 모든 조직의 리더는 자신이 관리하는 조직의 미래 할 일에 대해서 항상 고민하고 사전에 예상하여 미래에 발생할 수 있는 문제를 미리 대비하도록 준비해야 한다. 농부는 계절이 바뀌면 해당 계절에 맞춰서 할 일을 경험에 의존하여 미리 깨닫고 이를 계절의 변화와 날씨에 맞추어 실천해 간다. 예를 들어 겨울이 오면 흔히들 농한기라고 하여 농부가 할 일 없이 쉬는 것으로 알고 있으나 어린 시절에 부모님과 함께 농사를 지어 본 경험에 의하면 농부는 겨울철에도 쉬지 않고 늦봄에 수확해야 할 감자나 마늘 등을 미리 파종하는 것은 물론이고 봄철이나 여름철에 사용할 땔감용 나무를 미리 끊임없이 준비하여 산더미처럼 쌓아두고 농사철 바쁜 시기에는 나무 땔감을 구하러 가는 시간을 낭비하지 않도록 대비하고 있다. 오랜 기간 반복한 경험에 따라 미리 계절의 변화에 맞춰서 자신이 해야 할 일들을 알고 준비하며 일해 나가는 것이다. 우리가 일하는 업무 또한 농부와 같아야 한다고 생각한다. 조직의 리더인 지사장이나 본부장은 오랜 직장생활로 이미 같은 분야에서 많은 경험을 쌓아서 그 자리까지 도달한 사람이므로 다 나름대로 쌓은 경험을 바탕으로 지금쯤이면 다음 계절을 대비해서 무엇을 해야 할 것인가 나름 예상할 수 있다. 가령 예를 들면 봄에 까치집으로 인해서 고장이 많이 발생하니까 겨울이 끝나가면 과거 까치가 집을 짓는 장소 주변으로 배전선로를 집중적으로 순시하여 까치집을 축조 초기 단계부터 중점 관리하여 고장 예방 활동을 해야 한다. 그리고 여름이 되면 수목의 나뭇가지에서 잎이 자라나 전선에 닿아 고장이 일어나지 않도록 나뭇잎이 나오기 시작하면 배전선로 순시를 통해서 확인하고 필요한 개소는 수목 전지를 하며 장마철에 많은 물이 내려갈 때 하천 옆 등 전주가 유실될 우려가 없나 잘 살펴보고 비탈면에 있는 전주의 지반 붕괴에 대한 설비의 안전점검을 할 필요가 있다. 이렇게 노련하고 경험 있는 리더는 농부와 같이 미리 발생할 수 있는 일을 예측하고 사전에 대비하도록 하는 것이 필요하다. 만일 조직의 리더가 이러한 일을 할 줄 모른다면 그야말로 말 그대로 철모르는 사람이고 실력이 없는 사람이다. 따라서 조직의 리더는 작은 조직의 리더이든 큰 조직의 리더이든 항상 깨어있어서 할 일을 예상하고 조직원들을 미리 준비시키는 것이 매우 중요하다.

04

배전사령원 개폐기 조작 모의훈련 교육

배전 고장 조치의 핵심두뇌 역할을 하는 배전센터의 배전사령원을 사전에 교육 훈련하고 평소에 배전선로 고장 시 부하전환 절차를 숙달시켜 비상시를 대비하는 일은 매우 중요하다. 아무리 좋은 비상 복구 절차서(SOP)를 작성해서 비치해 놓더라도 머릿속에 개념을 넣고 숙달되지 않으면 막상 긴급한 상황에서는 긴장하거나 당황하여 정확한 판단을 내리거나 신속히 바로 행동으로 옮기는 것이 어렵다. 관내 A변전소 화재 시 34분 만에 서른아홉 개의 배전선로를 모두 부하전환 완료하여 고장 정전시간을 최소화한 경험은 이런 것의 좋은 사례라고 할 수 있다. 지역 본부장 초기에 고장 정전이 발생하였을 때 배전사령원들의 고장 조치가 늦는 것을 보고 배전사령원의 상황판단 및 조작 능력에 문제가 있음을 파악하였고 이를 효과적으로 대비하기 위하여 배전선로 부하전환 능력이 있는 배전사령원과 능력이 없는 배전사령원을 구별하고 능력이 없는 배전사령원들은 교육을 통해 능력을 향상하는 기회를 3번 부여하고 교육을 해도 능력이 배양되지 않는 배전사령원은 배전선로 조작 지령업무에서 배제토록 하였다. 대도시 중심부의 안정적 전력공급 중요성을 인식하여 고장 발생에 대비한 사전 준비태세를 철저히 하였으며 SOP 등 조작 절차서도 정비하고 배전 조작 절차서에 나오지 않는 고장의 경우에는 어떻게 대응하여 고장을 조치해야 하는지를 교육하여 잘 대비하였기 때문에 실제 대형고장이 발생했을 때도 효과적으로 대응할 수 있었다. 요즘은 고장이 잘 발생하지 않으므로 실제 고장이 발생한 환경에서 긴장하면서 긴급하게 신속히 의사결정을 하고 계통변경 조작을 직접 해본 경험이 많지 않아서 오조작이나 상황의 오판과 같은 휴먼에러가 발생할 확률이 높다. 따라서 이러한 대형 고장 발생 시의 휴먼에러를 줄이고 정전으로 불편을 겪고 있는 고객에게 신속히 전력을 공급하기 위해서는 평상시 시뮬레이터를 활용한 실전 대비 반복 훈련과 숙달만이 최선의 길이다. 자신이 근무하고 있는 사업소의 취약한 배전선로 문제점을 미리 파악하여 사전에 준비하고 대비하는 것은 아무리 얘기해도 지나침이 없을 것이다. 배전사업소의 리더인 관리자는 평상시에 전력설비는 물론 인력운영과 구성원의 능력 등 조직 전반을 잘 살펴보고 발견되는 문제들을 사전에 짚어 주고 미리 대비하도록 준비시키는 것은 또한 매우 중요한 임무이다.

05

건물 유휴면적 상가로 임대

우리 회사가 수년째 전기요금을 인상하지 못하여 경영적자가 계속되고 있던 때의 일이었다. 우리 회사에서는 경영합리화를 위하여 각 지역 본부에서 수익을 낼 수 있는 일은 어떤 일이든 하라고 압박을 하고 있던 때이기도 하였다. 이에 우리 지역 본부는 명동 입구에 있는 우리 사옥의 유휴면적과 명동 배전스테이션으로 사용되고 있는 건물의 회사홍보용 쇼윈도우 공간을 상가로 임대하고 많은 돈은 아니나 약간의 수익을 받아 경영개선에 조금이라도 기여 하고자 계획을 세우고 실행에 옮겼다. 우선 본부 1층에 사용하고 있는 북측 주차장 일부를 사람들이 많이 오가는 좁은 골목과 접하고 있어서 차량 운행 시 안전사고도 방지할 겸 주차면 다섯 개 정도를 없애고 이것을 임대하여 상가로 쓸 수 있도록 하였다. 그리고 도로에 접해 있는 2층 역시 지하철 출구에서 나오면 정면으로 바라보이기는 하지만 골목에서는 바로 올려다보여 상가 점포로 가치가 있다고 판단하여 2층에 있는 사무실을 3~5층으로 분산하여 옮기고 상가로 임대하려고 하였다. 그러나 일반 상품 판매 가게로는 부적합하여 커피숍으로 임대하려고 검토하였으나 커피점도 희망하는 사람이 없어 할 수 없이 식당으로 임대하였다. 그리고 명동에 있는 배전스테이션 내부는 배전 기기들로 설치되어 있었으나 우리 회사 홍보물을 넣어 전시하는 쇼윈도우와 같은 형태로 만들어 놓은 공간은 단순 회사홍보 외에는 별 기능이 없고 가게로 연이어진 골목에서 배전스테이션 건물만 유일하게 1층에 가게가 없어서 상권이 단절되고 리어카 노점상이 상시 배전스테이션 건물 앞에서 장사하고 있어서 주변에 다른 가게들과 어울리지 않는 것에 착안하여 홍보물이 설치된 쇼케이스를 약간의 내부면적과 추가하여 상가로 임대하는 것을 추진하였다. 배전스테이션 1층 도로 방향으로 약간의 앞면이 상점으로 운영되니까 그동안 배전스테이션 앞부분이 공터라서 장사하던 리어카 노점상도 없어지고 상권도 이어지니 보기에도 좋았다. 명동 상인회에서도 상인 대표들이 찾아와 상가를 이어지게 하여 주변 상권이 살아나게 되었다면서 매우 잘된 일이라며 고맙다고 인사를 했다. 우리 회사는 유휴면적을 임대하여 연간 5억 원 정도의 수익을 올려서 좋았고 상인회에서는 상가들이 기존상가들과 이어짐에 따라 상가가 활성화되어 좋고 그야말로 누이 좋고 매부 좋은 격이라 서로 좋았다.

06

전력구 지하 유출수 활용

우리 회사의 경영이 어려운 시기에 또 하나의 좋은 제안이 나왔다. 전력관리처에서 수직 전력구로부터 유출되는 물을 현재는 지하수로 흘려보내기 때문에 하수도 요금을 부담하고 있으나 이 물은 깨끗한 물로서 구청에 문의해서 재활용할 수 있도록 협의하여 지하수를 제공하는 대신에 우리는 지하수 유출에 따른 하수도 요금 부담을 경감받아 상호 윈윈하는 아주 좋은 방안을 사업소에서 경영개선 아이디어로 제안하였다. 그 아이디어가 훌륭하다고 판단하고 아주 적극적으로 실행하도록 지원하였다. 중랑구와 협의하여 중랑구청의 중랑천 건천화 해소사업에 우리가 지하 전력구에서 나오는 지하수를 무상으로 공급하고 중랑구청은 우리에게 하수도 요금을 부과하지 않는 방법으로 일을 추진하자고 제안하였다. 중랑구청에서도 적극적으로 우리 지하 전력구에서 나오는 물이 깨끗하여 지하수를 관로로 연결하여 중랑천 건천화 해소사업에 공급하고 또 일부는 구청에서 운영하는 수조차에 공급받아서 가로수와 도로의 화분 물주기라든지 먼지가 많은 도로에 뿌려서 먼지를 가라앉히는 작업에 사용하기로 하였다. 이렇게 하여 우리 본부는 지하에서 유출되는 지하수를 하천으로 배출하여 그로 인하여 발생하는 하수도료를 절감하고 해당 구청에서는 물이 없어 하천이 말라서 하천의 생활폐수 농도가 높아져 하천의 생태계가 오염되는 것을 방지하여 상호 윈윈할 수 있는 좋은 결과를 얻게 되었다. 이는 얻는 금액은 적지만 아주 좋은 경영개선 사례로 본사에도 보고되어 최초의 전력구 지하 유출수 활용 사례로 사장상 공로상을 받았다. 이후 다른 지역 본부에서도 우리의 사례를 참고하여 다른 구청들과 지하 전력구 유출수를 활용하고 하수도료를 절감하도록 전파되기도 하였다. 조금 아쉬운 점은 이러한 경영개선으로 회사가 실제적인 이익을 보게 되면 아이디어를 제안한 직원에게 단순히 포상만 할 것이 아니라 예를 들면 최소한 시행 후 몇 년은 회사가 얻는 이익의 어느 정도를 아이디어 제안자에게 지급하고 이후에 발생하는 이익은 회사가 전부 거두는 것과 같은 합리적인 보상제도가 마련되었으면 좋겠다. 우리 회사는 직무발명과 직무제안 보상제도가 마련되어 있기는 하나 이렇게 회사가 얻는 이익 규모에 따라 적극적으로 제안한 직원에게 보상금을 지급해 주는 세부적인 제도가 마련되어 있지 않아서 안타깝다.

07

지사 신축사옥의 상가 임대

명동 배전스테이션과 본부 사옥의 일부를 임대하여 적자가 심한 회사 경영개선에 미약하나마 참여하고 있을 때 우리 회사가 정관에 부동산 사업을 할 수 있도록 반영한 다음 최초의 상가 임대형 복합사옥으로 설계한 서울의 C 지사 신축 건물이 완공되었다. 지하에는 미래 전력공급 설비 부족 시 변전소가 들어갈 수 있도록 대비 공사를 하여 변전소 신설 공간을 확보하고 지상 1층과 2층의 일부는 상가로 임대하도록 설계하였고 나머지 5층까지는 지사의 사무실로 사용하도록 설계되었다. 지사 신축 건물이 완공되어 사장님을 모시고 준공식을 하려고 계획하는데 관건은 상가를 모집하여 준공식 전에 입주해야 한다는 것이었다. 물론 당시 경영적자가 큰 회사의 어려운 경영 상황에 상가 임대수익은 작지만 보탬이 되겠으나 무엇보다도 준공식까지 짧은 기간 내에 입주자를 찾기란 쉽지가 않았다. 특히 1층은 우리 회사의 이미지도 있고 하여 아무 업종이나 입주시킬 수 없어서 술집이나 음식점과 같은 업종은 가능한 배제하고 물건을 파는 상점 위주로 입주자를 물색하려고 하니 마음에 맞는 상점 입주자를 찾는 것이 쉬운 일은 아니었다. 여러 곳의 부동산공인중개사 사무소에 연락하여 입주자를 찾도록 하고 공인 감정평가를 통해 적정 임대료도 책정하고 준공식에 사용할 사장님의 친필로 쓴 휘호석도 준비하는 등으로 정신없이 바쁘게 보냈다. 다행히도 지사 신축 건물이 큰 시장 입구의 건너편에서 가까워서 1층의 상점들은 옷가게를 비롯하여 물건을 파는 가게들로 채워졌는데 문제는 2층이었다. 2층은 도저히 물건 파는 상점으로는 임대가 되지 않아서 하는 수 없이 커피점으로 임대하려고 하였으나 여전히 입주자는 없었다. 지사 준공식 행사 날짜는 가까워져서 할 수 없이 식당으로 업종을 변경하여 입주자를 물색하였는데 2층은 면적이 큰 관계로 임대가 쉽지 않았다. 준공식이 다 되어 조급하고 있을 때 샤브샤브와 돌솥밥 음식점을 하겠다는 식당 주인이 가까스로 나타나서 서둘러 계약을 하고 상점 주인들과 식당 주인에게 준공식 날짜 이전에 가게를 열도록 간곡하게 부탁을 하였다. 상점과 식당 주인들은 오픈하려면 인테리어부터 소품에 이르기까지 준비할 일이 얼마나 많은데 그렇게 서둘러느냐며 볼멘소리를 하였으나 준비를 서둘렀다. 준공식 날 사장님과 오픈한 상점들을 둘러 보고 본부에서 총 부동산 임대로 연간 15억 원 정도 수익을 올린다고 보고하자 수고하였다며 격려하였다.

08

회사 땅 방치 고추와 배추 재배

추운 겨울철 연말에 눈이 많이 오기로 유명한 A 지사에 부임하여 겨울철에는 실내에 주로 있으면서 활동도 많이 하지 않고 또 눈이 덮여 있어서 자세히 보이지 않았던 한 가지 일이 봄이 되어서 주변에서 농부들이 농사를 짓기 시작하고 얼마 되지 않아서 눈에 띄어 알게 된 일이 있었다. 하루는 점심을 먹고 사옥을 산책하다가 우리 회사 옆에 있는 아파트 축대와 우리 회사의 축대 사이에 있는 유휴지 같은 땅이 있는데 여기에 군데군데 배추와 고추를 심고 있어 한눈에 보아도 방치되어 버려진 땅으로 보였다. 그래서 직원들에게 저기 우리 회사 축대 위에 있는 땅은 누구 땅인데 저렇게 방치되어 아파트 주민들이 배추와 고추를 심고 있냐고 물었다. 그냥 아파트 자투리땅인 줄 알았는데 그 땅이 우리 회사의 땅이라고 하였다. 이에 깜짝 놀라서 우리 회사 땅인데 왜 저렇게 방치되어 있느냐고 반문하였다. 자세히 파악해 보니 그 땅은 우리 지사를 신축하기 전에는 지사 땅과 하나의 필지로 변전소 소유였는데 우리 지사를 건축하면서 비탈진 땅을 파내어 축대를 쌓고 건물을 지은 후 축대 위에 남은 땅은 자투리땅으로 남게 되었지만 비탈진 땅이라 주차장 등의 용도로 활용할 수 없어서 방치되고 있어 아파트 주민들이 와서 이 땅에 고추와 배추를 심어 경작하고 있었다. 애초부터 아파트와 경계인 아파트 담장까지의 축대 위 땅을 파내어 지사의 마당과 같은 레벨로 만들고 지사의 주차장으로 활용했으면 좋았을 텐데 아마도 과거에는 1인당 주차장 기준 면적도 적고 차량 보유 대수도 적어서 지사 부지면적을 작게 책정하여 자투리땅으로 남게 된 것으로 보여서 약간의 아쉬움도 있었다. 점심시간 산책을 마치고 즉시 총무차장을 불러서 우리 회사 땅이 방치되어 10년 이상 아파트 주민들이 경작하면 경작자가 땅을 양도받을 수 있는 권리가 생겨 문제가 발생할 수 있으므로 바로 경작금지 팻말을 붙이고 명확하게 우리 땅임을 밝히고 언제라도 우리가 땅을 개발하여 사용하게 되면 심은 농작물에 대하여는 피해 보상을 하지 아니하겠다고 하는 문구를 만들어 설치하도록 하였다. 그리고 방치된 땅을 파내어 사옥을 확장해서 주차장으로 사용할 수 있도록 기획하여 본사에 예산을 신청하도록 하였다. 한편 현재 활선 작업용 바켙트럭이 정문으로 출입하고 있는 도로가 협소하여 출입이 불편한 관계로 우리 지사 뒤편으로 새로 난 4차선 큰 도로 쪽으로 활선 작업용 바켙트럭이 출입할 수 있는 출입구를 설치하면 좋겠다는 배전운영실의 건의를 받아들여 뒤쪽으로 바켙 트럭이 출입할 수 있는 문을 새로 내고 바켙트럭이 자외선과 눈비를 맞아 노화하는 것을 방지하도록 지붕이 있는 전용 바켈 트럭 차고도 새로 설치하도록 하였다. 지사 뒤편으로 새로 만들어진 4차선 도로로 바켈트럭의 출입문을 내려고 시청과 협의한 결과 출입문을 설치하고자 하는 부분의 보도는 시청 소유의 땅으로 되어있어 시청과 사전 협의하여 출입도로로 변경하고 도로 사용료를 내는 조건으로 허가를 받아 우리 지사의 담장을 헐고 출입문 설치한 다음 시청으로 접속 도로개설을 요청하였다. 시청에서는 사전 협의를 한 대로 신속하게 지원을 해주어 회사 뒤편으로 바켈 트럭이 다닐 수 있는 연결도로와 출입문 설치는 빨리 끝났다. 배전운영실에서는 복잡한 골목길로 대형 트럭을 몰고 다녀서 불편하였는데 지사 뒤편으로 새로운 출입구를 만들어 활선 바켈트럭의 출입이 아주 편리하고 전용 차고까지 갖추어져 매우 만족하였다. 그러나 옹벽 위에 있는 땅을 파내고 아파트 경계선까지 주차장을 확장하는 일은 쉽게 될 수 있는 문제가 아니었다. 지역본부 기획실에서 본사 기획처로 예산을 신청하고 본사에서 예산 승인이 되어야만 사업이 가능하여 이러한 사실을 여러 차례 담당자와 예산담당 부장 및 예산실장에게 설명하고 장기간 땅이 방치되어 있으니 이 땅을 활용하기 위해서는 반드시 옹벽 위의 땅을 파내어 마당을 확장하고 새로 용벽 설치가 필요하다고 설명하여 어렵게 본사의 승인을 받아 예산을 확보할 수 있게 되었다. 다음 해에 본사로 발령을 받아 떠나게 되어 막상 주차장 확장공사는 후임 지사장이 하게 되었다. 그 후 등산을 좋아하여 본사에서 그 지역으로 산행을 하고 A 지사 옆에 맛있기로 소문난 식당으로 식사하러 가는 길에 주차장 확장이 어떻게 되었는지 궁금하기도 하여 잠깐 A 지사에 들러서 근무하고 있는 배전운영실 직원에게 음료수를 전해주면서 둘러 보았다. 그랬더니 배전운영실 근무 조장이 그때 확보된 예산으로 배추와 고추밭을 없애고 축대 위에 있는 땅을 파내고 회사 마당을 아파트 담벼락까지 확대하고 주차장을 만들어 마당도 넓어지고 주차장도 늘어나 사용에 편리하게 되었다고 매우 좋아하였다. 이렇게 하여 축대 위에서부터 아파트 담장까지 사이에 방치되었던 자투리땅도 활용하고 직원들과 고객들의 협소한 주차장 문제도 해결된 A 지사를 다시 둘러보고 공사결과에 만족스러웠다.

09

수십 년의 경험을 전문 기술서적으로 출간

전력연구원에 있으면서 보고 느낀 것으로 전력연구원에는 한 전문 분야에서 전문가로서 이삼십 년간 일하면서 특정 분야에서 전문가로 인정받는 탁월한 사람들이 많이 있었다. 그런데 이 전문가들이 자기 분야의 전문서적을 하나도 출간하지 않고 있어 퇴직하면 축적된 암묵적 지식이 정리되어 계승되기 어려웠다. 반면에 전자통신연구원(ETRI)에서는 매년 여러 권의 서적을 발간하여 실제로 대덕연구단지의 연구기관장 회의에 나가면 자신들이 이번에 발간한 새로운 4차 산업 혁명 관련 서적이라며 책을 한 권씩 주곤 하였다. 우리 전력연구원에서도 이와 같은 사람들이 많아서 전문서적을 발간하여 암묵적 지식도 체계적으로 정리하여 계승하고 대학에 교육 교재로 쓰거나 전문분야의 사람들이 실무지식을 함양하는데 쓸 수 있도록 전문 도서를 편찬하는 것이 필요하다고 생각하였다. 이에 홍보팀에 의뢰하여 매년 적어도 한 세 권 정도의 전문 기술서적을 출간할 수 있도록 전력연구원 내 각 연구소와 협의하여 퇴직이 가까운 사람이나 퇴직을 위해 보직을 갖지 않고 전문위원으로 대기하고 있는 사람을 중심으로 그간 자기가 일한 분야의 전문가로서 이삼십 년간 연구한 업적을 정리하여 전문서적으로 출간하는 것을 지원하고 권유하도록 하였다. 특히 연초에 정부나 본사로부터 경영실적을 평가받을 때 경영평가위원들에게 청렴도 문제로 선물할 수 있는 것이 없으니 이런 책자를 제작하여 나눠주면 좋겠다는 의견도 제시하였다. 이 결과로 탄생한 책자가 전력계통 보호, 전력계통 과도현상 해석, 발전소 터빈과 전력계통 주파수 제어 그리고 에너지 저장장치의 전력망 이용 이렇게 4권의 전문서적을 출간하게 되었다. 사실 이런 전문서적들은 시중에서 구할 수도 없고 여러 권에 있는 내용을 보고 다 알고 있다고 하여도 현장 실무와 결합하여 종합적으로 일목요연하게 알 수 있게 지식을 전해 줄 수 있는 경우는 매우 드물다. 따라서 자신이 이런 전문기술 분야의 특정한 전문가로서 그 부분에서 경험한 폭넓고 깊이 있는 전문적인 지식을 토대로 전문 기술서적을 만든다면 같은 분야에서 일하는 후배들에게도 큰 도움이 될 것이며 본인도 은퇴 후에 충분히 보람을 느낄 수 있는 일이라고 생각하였다. 이런 권유에 따라 많은 전문가가 자신도 재직 중에 전문 기술서적을 꼭 출간해 보겠다고 다짐하여 앞으로 더 많은 전문 기술서적이 발간되고 다양하게 활용되기를 기대해 본다.

〈전문 기술서적 발간 1차분〉

〈전문 기술서적 발간 2차분〉

〈나주 한전 본사사옥 전경〉

〈중국 황산과 두견화〉

10

배전설계 교본의 제작

오래전 초급간부로 A 지점에 부임하여 보니 말단 사업장이라서 대부분 신입사원이고 경력이 있는 직원은 극소수였다. 당시에는 전산설계업무가 도입되기 전이라서 거의 모든 설계업무를 수작업에 의존해서 하고 있었는데 노임단가가 인쇄된 설계서 서식을 전혀 볼 수가 없었다. 당시 서울에 있는 사업소의 경우는 연초에 노무비 비목별 단가를 한번 계산하고 노무비 산출서 서식으로 만든 다음 연간 소요량을 인쇄하여 사용하므로 편리하였다. 서울의 지점에서 근무하다가 승진을 해서 초임 간부로 부임한 이곳 지점에서는 매번 배전공사를 설계할 때마다 노무비 산출서에 각 노무비 비목별로 전주, 완금, 접지, 애자, 변압기 등의 이름과 자재 규격만 표시된 서식에 일일이 수작업으로 표준품셈의 공량과 정부가 발표한 노임단가를 찾아서 기재하고 계산기로 항목별 노무비를 산출하여 서식에 수기로 기재해서 사용하므로 계산 착오, 공량 적용 착오, 노임단가 적용 착오 등으로 부정확하기도 하거니와 이를 결재할 때마다 하나하나 대조하여 확인하는 것도 많은 시간이 걸리고 매우 힘들었다. 그리고 표준품셈의 많은 변경된 내용을 설계할 때 인지하지 못하여 반영을 누락 하는 일이 자주 있었다. 이리하여 업무 효율을 높이기 위해 하는 수 없이 초급간부 시험을 준비하면서 모은 자료를 편집하여 자체적으로 배전설계 교본 책자를 만들고 이를 매일 아침 8시부터 9시까지 1시간씩 신입사원들을 조기 출근하도록 하여 업무 시작 전에 설계 교육을 시행하였다. 당시 한 설계부서의 직원이 5명이었는데 이 중에서 신입사원이 3명이었으며 인재개발원에서 입문교육만 받고 사업소에 막 배치되어 설계업무 경험이 전혀 없어서 업무 수행에 어려움이 많았다. 그래서 신입사원들이 설계 시에 편리하게 사용할 수 있도록 서울의 지점에서 사용하는 노무비와 운반비 산출 서식을 자체적으로 새로 만들었다. 그리고 부장님에게 보고하여 설계원이 노무비와 운반비 산출 시에 매번 수작업으로 노임 항목별 공량과 노임을 기재하여 사용하는 것은 불편하기도 하거니와 차장이 일일이 확인해서 검토하기 어려워서 앞으로는 연초에 정부 노임단가가 확정되면 새로 노무비와 운반비 산출서에 노무비 단가를 산정해서 넣은 서식을 인쇄하여 사용하자고 하였더니 흔쾌히 동의하였다. 그러고 나서 관내의 전기공사업체 현장대리인들을 불러서 앞으로는 모든 공사는 회사에서 만든 인쇄 서식을 사용해 달라고 요청하였다. 배전공사 발주 시에는 우리 회사가 설계할 때 필요한 서식은 우리 회사가 인쇄해서 사용하나 배전공사가 준공되어 기성고 지급을 요청할 때 준공서류에 첨부하는 노무비와 운반비 산출서 서식은 각 업체에서 연간 사용할 만큼의 예상 수량을 산출하여 신청하면 이 수량은 우리 회사가 인쇄소에 맡겨서 인쇄해 주도록 요청하고 각 단가계약 공사업체에서 자신의 사용분에 대한 인쇄비를 인쇄소에 내고 필요한 노무비와 운반비 서식을 요청 수량만큼 가져가 사용하도록 하였다. 당시 본사에서 오신 배전부장님은 신임 차장이 열심히 일하는 모습을 보고 효율적으로 일을 잘 처리한다고 하였다. 그런 후 본부 관내에 있는 지사들이 참석하는 기술계 회의에 참석하는 길에 부장님은 배전설계 교본이 잘 구성되어 있으니 한 백부 정도 인쇄해서 갖고 가서 나누어 주고 활용하도록 하자고 말씀하시어 그렇게 하였다. 그런데 예상외로 배전설계 교본 책자에 대한 반응이 매우 뜨거웠다. 지금까지는 주로 감사부서에서 1년에 한 번씩 변경된 사항이 제대로 적용되고 있는지 각 지사에 나와서 감사를 시행하였는데 많은 지사에서 표준품셈 등 설계사항의 변경된 내용을 정확하게 반영하지 못하고 있어서 감사 지적이 되곤 하였다. 이런 배전설계에 반영할 모든 변경사항을 일목요연하게 정리하여 항목별로 빠짐없이 수록한 책자는 매우 인기가 있어 관내 지사들이 배전 설계원당 한 권씩 책을 줄 수 없느냐면서 책을 추가로 달라는 요청이 쇄도하였다. 그러나 배전설계 교본은 우리 지사에서 별도로 인쇄할 예산이 없어서 본부 내의 모든 지사 설계원에게 줄 만큼의 많은 책자를 추가로 인쇄하는 것은 현실적으로 어려우니 배부해 드린 책자를 이용하여 원고료도 받지 않고 저작권 침해도 따지지 않을 테니까 복사해서 사용하라고 정중하게 부탁을 하여 겨우 마무리하였다. 부장님도 회의에 다녀오신 후 각 지사에서 배전설계 교본이 아주 유용하여 대단히 고맙다는 인사를 많이 해 왔다며 매우 만족스러워하고 그 후로도 대단히 훌륭한 일을 했다며 칭찬해 주고 만일에 본인이 본사로 들어가게 되면 꼭 본사에서 일하도록 추천하겠다고 하였다. 이후 실제로 부장님은 본사로 전근 갔고 차장 3년 차에 지방에서 근무하고 있었는데 이때의 인연으로 본사 배전처로 추천하였으나 경쟁에 밀려서 입성이 안 되었고 그다음 해에 기술개발처로 추천되어 결국은 본사에서 근무하는 발판을 마련하게 되었다.

11

고령 전기원 활용을 위한 고소작업차 도입

본사에서 차장으로 근무하면서 계획 업무를 주로 할 때의 일이다. 해마다 배전 순회 실무교육 교재를 만들어 권역별로 사업소를 순회하며 새로운 정책, 규정, 지침, 설계기준, 규격 변경사항과 그해의 업무 계획에 대하여 연초 여유가 있을 때 전국을 권역별로 돌며 교육을 시행하였다. 이때는 배전 설계원과 전기원이 대부분 교육을 참석하여 듣기 때문에 본사에서 강사로 온 차장이 능력을 평가받는 자리이기도 했다. 사업소에서는 본사에서 온 차장의 강의 내용을 들어보면 사업소 직원들 나름대로 누구는 실력이 있고 누구는 실력이 없다고 평가를 할 수 있게 되는 것이었다. 그리고 저녁에는 사업소 간부들과 저녁을 먹으면서 사업소의 애로사항을 전해 듣는 하나의 소통의 장이기도 하였다. 이때 실무교육 교재의 내용을 만들려고 본사 자료실에서 자료를 뒤지다 보니 미국과 일본에는 고소작업차를 이용하여 나이가 많이 들어 보이는 전기원들도 현역으로 일하고 있는데 우리 회사는 너무 일찍 전주에 승주 작업을 주로 하는 외선전기원이 나이가 들면 고령 전기원이라고 하여 퇴출해서 계량기 업무와 내선검수 업무를 주로 하는 내선전기원으로 직무 전환하고 있었다. 이렇다 보니 정년이 58세인데 40대 후반만 되면 고령 전기원으로 직무를 전환하여 서로 편한 자리로 가려고 로비도 많이 있었고 실제로 일할 수 있는 정원은 부족하여 여러모로 문제가 많았다. 그리고 사실은 충분히 일할 수 있는 경륜이 많은 베테랑인데 내선전기원으로 전환하는 것은 분명 인력관리에 문제가 있어 보였다. 당시에는 활선작업을 위한 바켙트럭만이 유일한 고소작업차로 존재하고 있었다. 지금이야 모든 저압 보수작업차에 고소작업 붐대와 사람이 탑승하는 바켙이 탑재되어 있으나 그때에는 이런 것이 없이 그냥 트럭용 작업차로 사람 타고 짐만 나르는 픽업트럭 형태로 작업차가 운영되고 있었다. 그래서 고령 전기원은 경험 많고 기술도 좋은데 나이가 들어서 안전허리띠 로프를 이용하여 본인의 힘으로 승주하여 전주 위에서 올라가 작업하기가 힘들어 고소작업차를 도입해 고령 전기원을 제도적으로 활용할 수 있게 해야 한다고 주장하였다. 이런 주장은 사업소에서 공감을 얻어 배전 전기원 인력운영계획의 새로운 틀을 다시 짜고 작업차에 바켙과 붐대를 부착한 보수 작업차를 도입하여 활용하는 계기가 되었다. 지금은 보편화 된 일이지만 당시는 새로운 혁신이었다.

12

배전설비 유지보수 예산 배분의 혁신

과거의 예산은 신청 금액을 기본 바탕으로 하여 예산이 필요한 항목별로 사업 수행 물량을 기준으로 사업소에 배분하였다. 이렇게 하다 보니 사업소에서 예산을 부풀려 허수를 넣어서 많이 신청한 사업소가 예산을 많이 배분받아가는 불합리한 모순이 발생하였다. 이런 것을 개선하고자 배전계획 차장으로 있을 당시 혁신적인 방법을 도입하였는데 그것은 바로 전기품질 지표의 바로미터인 연간 호당정전시간과 연간 호당정전 횟수를 기준으로 예산을 배분하도록 제도를 신설하는 것이었다. 즉 유지보수가 많이 필요한 설비를 대상으로 설비가 취약하여 고장이 많이 그리고 자주 발생하는 곳에 집중적으로 예산을 배분하도록 하는 방법이었다. 이를 위해 새롭게 연간 호당정전 횟수를 특별히 도입하여 정전 빈도가 높은 고객이 속한 배전선로에 우선 많은 예산이 배분되어 고객별 고장 정전 횟수와 고장 지속시간을 줄이도록 한 것이었다. 이 방법은 당시 사업소에 신선한 충격으로 받아들여졌고 정전 관리를 보다 통계적으로 하기에 이르렀다. 이 방식은 나중에 배전선로의 중요도를 가미하여 예산을 배분하는 신뢰도 중심의 예방보수 RCA(Root Cause Analysis)로 진화하였다. 이제는 데이터베이스와 AI를 기반으로 고장 예지 기법에 따라 고장이 발생하기 전에 필요한 고장 발생 가능 설비를 미리 선택하여 교체하는 방향으로 설비 수명을 고려한 유지보수관리 기법인 빅데이터 기반의 자산관리(Asset Management)로 진화하고 있다. 새로운 혁신 방법은 언제나 경제성만 갖춘다면 접목이 되고 실현될 것이다. 향후 배전설비 관리는 센서에 의한 상시감시와 이상징후 감지로 고장 전에 이상 설비를 인지하여 미리 설비를 교체하는 방향으로 진화할 것이다. 이제 배전설비를 초음파 측정기나 열화상 카메라 등으로 현장에 나가서 배전선로를 따라 스캔하며 주기적으로 일제히 점검하는 일은 비용이 많이 들고 효과는 적으므로 미래에는 더 통용되기가 어려울 것이다. 앞으로 점차 고가의 설비로부터 센서가 심어지고 저가의 설비는 구간 단위 또는 점차 소규모 영역으로 확대되어 개폐기별 또는 전주별로 다중 복합감지 센서 하나가 배치되는 형태로 배전설비의 이상 감지 센서가 진화해 나갈 것으로 예상한다. 이러한 혁신에는 물리적인 센서보다는 실질적인 고장을 감지하는 전기적 특성을 잡아내는 센서를 개발해야 할 것으로 판단된다. 미래는 대비하는 자의 것이다.

13

배전분할 대비 NDIS, DAS 조기 보급

외부로부터 전력산업의 구조조정 바람이 거세게 불어서 발전산업을 분리하여 경쟁체제를 도입하는 배전분할 요구가 한창 거론되고 있던 시절에 본사 배전처에서 기술부를 맡고 있었다. 당시 전력노조가 전력산업 구조조정에 강력히 반대하고 있었으나 배전분할이 될지도 모른다는 우려가 있을 정도였다. 이때 배전처 기술부는 배전 분야의 미래에 대비하고자 신배전정보시스템(NDIS)과 배전자동화시스템(DAS)을 개발하여 한창 10개년 계획으로 보급하고 있었다. 그런데 외부적인 요인으로 판매 부문을 여러 개 회사로 분할 하고 판매 경쟁체제를 도입하여 비용을 절감하며 전기요금을 낮추고자 하는 민영화 정책이 추진되고 있었다. 그래서 새로운 시스템을 보급하는 책임자로서 최소한 배전분할이 되기 전에 모든 지역에 신 업무시스템을 보급하여 회사가 분할되더라도 모든 회사가 같은 환경에서 경쟁할 수 있도록 하고자 마음이 급해서 10년간의 보급계획을 절반으로 줄이려고 하였으나 사업수행능력, 인력, 예산 등 여러 가지 측면에서 도저히 물리적으로 불가능하여 새로운 시스템 보급을 6년으로 단축하는 계획을 수립하여 최고경영자의 결재를 받았다. 이렇게 급격하게 새로운 업무시스템 보급을 확대하다 보니 전국의 많은 사업소에서 갑작스럽게 새로운 일을 동시에 추진하면서 사업소는 사업소대로 일일이 현장에 전력설비 데이터를 확인하고 지적 측량 도면을 전산 입력하고 설비데이터를 연계시켜 데이터베이스도 구축해야 하며 현장설비도 사진을 찍어서 입력하느라 무척이나 바쁘게 시간을 보냈으며 본사는 본사대로 NDIS 업무에 두 명이 그리고 DAS 업무에 세 명이 담당하면서 전국의 많은 지역에서 거의 동시에 업무가 진행되며 도출된 문제점을 해결하고 신규 사업을 하는 사업소를 대상으로 교육을 해야 하는 등 사업관리를 하느라 그야말로 눈, 코 뜰 새가 없이 바쁘게 보냈다. 이렇게 일하는 도중에 승진이 되어 본사를 떠나 서울대 15기 경영자과정 교육을 받으러 갔고 교육후에는 사업소로 배치되어 근무하였다. 본사를 떠나와도 새로운 업무시스템이 변경된 계획 기간 내에 마칠 수 있기를 바랐는데 다행히 후임자들이 열심히 노력한 결과 새로운 시스템의 보급은 변경된 계획대로 끝마쳤다. 이는 최초 계획했던 것보다 무려 4년을 앞당겨서 새로운 시스템 구축을 완성한 대단한 일이었다. 조직은 미래를 내다보고 목표를 세워 한뜻 한마음으로 매진할 때 좋은 성과를 거둘 수 있다.

14

고장과 하자 실적 반영 납품 물량 배정

과거 배전 기자재는 지금처럼 품질이 좋지 않아서 고장이 빈번하여 정전을 일으키기 일쑤였고 배전 분야에서 골치 아픈 일이 배전 기자재에서 발생하는 고장과 하자처리였다. 그래서 배전 기자재 고장과 하자를 어떻게 하면 줄일 수 있을까 고민하다가 배전 기자재 단가계약 납품 품목에 대하여 제작업체에서 우리 회사로 납품할 수 있는 물량 배정을 할 때 고장 실적과 하자발생 실적을 연동시키는 방안을 마련하여 시행하면 좋겠다고 판단하여 아이디어 창출에 나서게 되었다. 우선 배전 기자재 품목별로 한 품목에 여러 제작업체가 단가계약 입찰경쟁을 통하여 자재를 납품하고 있어 제작업체별로 기자재 고장 및 하자 발생실적을 통계상으로 집계하여 최근 5년간의 데이터를 확보하였다. 그런 다음 최근 5년간 고장 및 하자 발생실적 중 배전 기자재 제작업체별로 당 연도에 발생한 고장과 하자 실적의 가중치를 제일 높게 주고 나머지 연도는 가중치를 줄이는 통계기법의 베타분포를 적용하여 배전 기자재 제작업체별로 기자재에서 발생한 고장과 하자 실적을 평가한 다음 배전 기자재 연간 납품 단가계약에 낙찰되어 기자재를 납품할 때 고장과 하자 발생실적에 따라 납품 물량 배정에 차등을 주는 제도를 만들었다. 구체적인 기자재 물량 배정 차등 방식은 기자재 고장 및 하자 실적이 우수한 상위 회사들은 물량을 더 많이 배정받고 실적이 평균 이하인 업체들은 물량 배정 수량을 상위 업체에 많이 준 것만큼 납품 물량을 줄여서 배정하는 것이다. 이렇게 설계한 배전 기자재 고장 및 하자 관리 제도는 제작업체와 사업소 공청회를 개최하고 여기에서 제기한 여러 가지 의견들을 반영해서 최종 개선 방안을 확정하였다. 그리고 제작업체들의 불만이 없도록 새로운 제도를 사전에 예고하고 다음 연도 배전 기자재 단가계약 입찰 안내서에 입찰조건으로 넣어 입찰공고를 하였으며 낙찰자와 단가계약 계약서의 부속서로 넣어 배전 기자재 납품 단가계약을 체결하여 시행하도록 함으로써 확실한 구속력을 마련하였다. 이렇게 되자 하자가 많은 제작업체는 품질 계측 장비와 품질관리 인력을 보강하는 등 자체 기자재 품질관리에 많은 신경을 기울였다. 그리고 사업소의 하자 적출실적을 내부평가에 반영하였으나 일부 업체는 당장 불이익을 줄이고자 퇴직 사원을 고용하여 하자를 빼 주도록 사업소에 압력을 행사하는 부작용이 있고 무리한 경쟁으로 인해 결국 사업소의 하자 적출실적은 내부평가에서 제외하였다.

15

시행성과 위주로 제안 평가제도 개선

과거 제안제도는 개선 아이디어 채택에 중점을 두어 포상하고 제안의 포상 실적이 인사 승진평가에 반영되다 보니 너무 경쟁이 심하고 폐해가 많았다. 특히 제안을 실현해서 우리 회사의 실익을 얻기보다는 단순 아이디어 채택 시행에 그치고 그 이후 실제로 제안이 시행되어 전국적으로 확대하고 경영개선에 미치는 경제적 효과는 아주 미미하였으며 실행까지 시간도 많이 소요되었다. 품질경영처장으로 부임하자마자 이러한 문제점을 잘 알고 있던 터라 제안제도를 대폭 개선하였다. 우선 제안 아이디어는 채택 여부 심사만 하고 1년간 시행한 다음 시범 시행한 결과를 기준으로 평가 후 효과가 있어 전국적으로 확대 시행할 필요성이 있는 것에 대하여 확대 심의를 진행하고 우리 회사가 얻는 이익 규모에 따라 직원 포상을 시행하도록 개선하였다. 그리고 우리 회사에서 얻는 수익의 일정 비율은 아이디어를 제안한 직원과 시범 시행사업을 주관한 본사 실무부서의 직원에게 함께 보상해 주도록 제도를 개선하였다. 이렇게 하자 당장에는 1년의 시범 시행 기간이 소요되어 제안 실적이 뚝 떨어지고 제도 개선의 성과가 없는 것처럼 보였다. 그렇지만 제도 개선을 위해서 개선 초기에 이런 정도의 피해는 감수할 수밖에 없었다. 다음 해부터 효과는 실질적인 것으로 돌아왔다. 그동안 제안해 놓고 로비해서 상만 타 먹고 마는 행위가 대폭 줄어들고 사업소의 아이디어 제안자와 함께 본사에서 구체적으로 시행방안을 만들어 힘들게 일하는 아이디어 시행 주관자가 제안으로 얻는 성과를 함께 공유하므로 사업소의 아이디어가 좋으면 본사에서 의지를 갖고 예전보다 더 확실히 추진하는 원동력이 되었다. 과거에 본사는 사업소의 제안 아이디어를 검토하고 채택한 후 수정해서 실행 방안을 만들어 내고 수행하느라 고생만 하고 제안으로 얻는 회사의 수익이 크더라고 본사 직원은 아무런 혜택이 없었다가 본사도 시행하여 얻는 이익을 나눠주고 포상도 함께 받으니 당연히 본사 실무부서의 관심도 커지고 실행 의지도 훨씬 높아졌다. 이렇게 제안제도를 개선하자 사업소 현장에서 제안한 크고 굵직한 일들이 본사 실무부서에서 아이디어로 채택하여 자신들이 실행 시에 예상되는 문제점을 스스로 도출해 내고 시행방안을 마련하여 사업소에서 시행하도록 함으로써 우리 회사에 실질적인 이득이 되는 경제적 효과가 나타나기 시작하였다.

PART 10

자기 관리를 철저히 해야 살아남고 높이 갈 수 있다

PART 10

자기 관리를 철저히 해야 살아남고 높이 갈 수 있다

01

공정한 평가와 보상

본사 배전처에서 관리자로 일하면서 배전자동화(DAS)와 신배전정보시스템(NDIS) 업무를 수행하였는데 이때 사업을 1단계와 2단계로 구분하여 고생한 직원들에게 업무성과에 대한 보상으로 포상을 하기로 계획하였다. 그리하여 사업 1단계와 2단계를 합쳐 정부의 산업부 장관상과 사장상을 100여 개 정도 수여하였는데 이때 사업소에서는 실제 해당 업무를 수행하지 않은 승진 대상자에게 포상이 돌아감으로써 일부 사업소에서 불만을 제기하였다. 감사실로 포상 관련 민원이 제기되어 오히려 많은 상을 직원들에게 주고도 감사실에 불려가서 조사를 받는 우스꽝스러운 일이 벌어졌다. 한 사업소의 직원이 실제 업무는 본인이 하고 고생을 했음에도 불구하고 자신에게 돌아와야 할 포상이 엉뚱하게 업무와 관련이 없는 승진 대상자에게 돌아감으로써 박탈감을 느끼고 공정 공평하지 못하다는 불만에서 이런 민원을 제기하게 된 것이었다. 이 일을 계기로 사업소에서 포상은 비록 과거에 상을 받은 실적이 있더라도 반드시 관련 업무를 수행한 사람에게 수여하도록 하라는 지시를 사업소에 하였고 당연히 실제 해당 일을 한 사람이 상을 받는 것이 맞는 것으로 판단하는 계기가 되었다. 또 한번은 지역 본부장을 할 때 있었던 일이었다. 이때도 승진 대상자에게 포상을 줘야 한다며 포상은 필요한 사람이 쓸 수 있게 하는 게 옳다고 팀장들이 주장하였으나 공정한 평가와 엄정한 기준을 적용하여 이미 다른 일로 상을 받은 실적이 있다고 하더라도 반드시 해당 업무를 수행한 사람에게 상을 주어야 한다고 재차 강조하였다. 이때에도 한 지사에서 포상 관련 불만이 나와서 즉시 감사차장을 보내 조사해서 확인토록 하였고 확인 결과 업무를 직접 하지 않은 것이 사실로 판명 나서 이를 즉시 고치도록 하였다. 이렇게 포상과 관련해서는 두 번의 경험을 통해서 반드시 상은 있고 없고를 떠나서 또 승진 대상 여부와 관계없이 상이 꼭 필요한 사람이 있다 하더라도 그런 것과 무관하게 포상이 내려오는 분야에서 꾸준히 열심히 일해온 사람에게 공정하고 공평하게 포상이 돌아가도록 해야 한다는 확실한 원칙을 갖는 계기가 되었다. 아직도 많은 사업소에서 포상이 내려오면 해당 분야에서 묵묵히 일하여 공적을 세운 사람에게 상을 주지 않고 승진을 위해 상이 필요한 사람에게 상을 수여하여 열심히 일한 사람이 박탈감을 느끼는 일이 있다. 그러나 이런 일은 이제 없어져야 한다.

02

국일관 앞 심야 전기원 교통사고 교훈

어느 날 배전운영실장이 와서 보고했다. 배전 전기원 중 한 명이 간밤에 종로에 있는 국일관 앞에서 교통사고를 당해 다쳐 출근할 수 없게 되었다고 하였다. 조금 의아해서 아침에 근무할 사람이 왜 심야 시간대에 집과 멀리 떨어져 있는 국일관 앞에서 교통사고를 당했는지 그리고 그 늦은 시간까지 무엇을 하였는지에 대하여 의문이 들었다. 그래서 배전운영실장에게 배전 전기원은 활선 상태의 고소작업이나 설비 고장 수리 등 위험한 작업을 하는데 아침에 작업할 사람이 밤늦게 술을 먹으면 일을 할 수 없으므로 가능하면 이런 일이 없어야 한다고 당부했다. 과거에는 배전운영실장이나 각 작업조의 반장 등이 이런 일이 있는 경우 젊은 직원들을 나무라고 훈계해서 이런 일이 없도록 따끔하게 충고하고 가르쳤으나 요즘은 너무 사회가 민주화가 되다 보니까 그리고 내 일도 아닌데 괜스레 참견하였다가 당신이 뭔데 나의 사생활까지 이래라저래라하느냐 하는 등 핀잔만 듣고 머쓱해질까 염려해서 관여하지 않고 잔소리도 하지 않다 보니 현장교육이 제대로 되지 않고 있는 것이 사실이다. 시대가 바뀌어 이런 것을 이야기하는 자체가 어려운 환경이 되었다. 그러나 막상 안전사고가 나고 보면 우리 회사는 인력 손실이 생겨 일할 수 있는 직원이 줄어들고 개인으로는 몸을 다쳐서 누워 있으니 고통을 받고 가족들은 간호하고 치료비용도 들고 하여 우리 회사와 본인 및 가정 모두에게 손해다. 그래서 안전교육 시간을 통해서 직접 직원들에게 이러한 것은 잘못되었으니 과거와 같이 배전운영실장이나 각 작업조의 반장들은 이런 일이 있을 때는 따끔하게 직원을 지도해야 하며 직원 자신도 안전사고 예방을 위해서 밤늦은 시간까지 다음날 작업에 지장이 있음에도 무리하게 술을 먹고 하는 것은 스스로 자제해야 한다고 교육을 하였다. 직원들이 마음속으로 불만이 있는지는 모르지만 이렇게 교육을 하니까 다들 다른 불평이나 불만은 얘기하지 않았다. 점점 직장의 민주화 등으로 인하여 남의 일에 관여하기도 어렵고 직장교육(OJT)이나 현장 지도를 하는 것도 어려운 것이 사실이다. 그러나 앞으로 이런 일은 기성 직원들이 신입사원이나 젊은 직원들로부터 꼰대라고 하는 소리를 듣더라도 당연히 안전사고 예방을 위해서 또 한전 가족의 행복을 위해서라도 직원을 따끔하게 가르치는 것은 당연하다고 생각한다.

03

음주운전의 부서별 연대 책임 부여

평상시 자주 얘기하여도 음주운전이 근절되지 않아 특별한 대책을 시행하였다. 앞으로 부서별로 회식을 한 후에 음주운전을 하다가 사고가 발생하면 해당 부서의 직원 모두가 음주운전에 대해 연대 책임을 져야 한다는 것이었다. 해당 부서장은 부서 회식 후 직원들이 귀가할 때에는 반드시 술을 먹은 사람이 차를 갖고 가겠다고 하면 대리운전기사를 불러서 차를 대리운전해 집에 가게 하고 대리운전 비용은 우선 부서에서 대신 준 다음 그다음 날 해당 차량 운전자에게 받아서 음주운전 교통사고를 근절하도록 하고 이것을 반드시 지키도록 주문하였다. 만일 앞으로 다시 한번 부서 회식 후 음주운전 교통사고가 난다면 그 부서장에 대해서 강력하게 책임을 묻겠다고 하였다. 이렇게까지 음주운전을 강력하게 근절하고자 하는 것은 음주운전은 단순히 음주 운전자 본인의 부상으로 그치지 않고 음주운전으로 인하여 죄가 없는 상대방을 다치게 하고 인명사고로 이어질 수 있기에 이러한 것은 반드시 예방하여야 한다고 생각하였기 때문이다. 어쨌든 이렇게까지 하게 된 배경은 관내 한 지사에서 회식으로 음주 후 성동에서 성남에 있는 집까지 운전해서 가겠다고 집으로 가던 중 화양사거리에서 교통사고가 발생한 사건이 계기였다. 확인해 본 결과 술을 먹으면 고집이 세서 남의 말은 듣지 않고 고집대로 하는 음주 운전자의 특성 때문이다. 상식적으로도 성동에서 성남 집에 가려면 수많은 사거리를 통과해야 하고 당시 연말이라 음주단속이 심할 때인데 어떻게 음주단속을 피하고 교통사고 없이 그 먼 거리를 음주 상태로 집까지 운전해 갈 수 있다고 판단했는지 이해가 되지 않았다. 그래서 음주 후 이런 고집을 부리는 자체가 잘못되었음을 직원교육에서 강조하였다. 실제 운이 좋게 교통사고를 모면하고 경찰 단속에도 걸리지 않고 성동에서부터 성남까지 간다는 것은 보통 사람이 생각해 보아도 기적에 가까운 일이다. 어쨌든 음주운전으로 인해서 교통사고가 나면 당연히 본인이 다치는 것은 물론 아무 죄 없는 무고한 상대방도 인명사고를 당하게 되므로 이는 반드시 근절해야 할 일이라고 생각하고 엄중히 실천하도록 계속 주문하였으며 특히 사업소와 본부부서 경영평가 항목에 사업소 평가 감점 항목으로 도입하여 근절을 강력히 추진하였다. 음주운전의 근절은 아무리 강조해도 지나침이 없고 반드시 없도록 해야 한다고 생각한다.

04

개인 청렴 평가 최하위 기록

본사에서 1(나)로 주무 팀장을 할 때의 일이었다. 춘계 체육대회를 위해서 정선에 가서 야외 서바이벌 게임을 하고 가까운 등산 후 저녁 회식을 하게 되었다. 회사의 예산으로는 모든 비용을 충당하기가 어려워 이왕에 재미있게 우리 처의 전체 직원들이 운동도 하고 즐거운 시간을 갖는 것이기 때문에 저녁 식사를 풍족하게 하고 싶은 마음에서 처장님의 동의를 구하여 평소 알고 지내는 지사장 할 때의 협력업체 사장이 오랜만에 얼굴도 볼 겸 저녁을 사겠다고 하여 이를 수용하여 즐겁게 같이 저녁을 먹었다. 모든 직원은 서바이벌 게임을 하고 나서인지 맛있게 고기도 먹고 술도 마시며 담소도 나누며 다 같이 즐겁게 식사를 하였다. 그리고 다들 감사하다고 저녁을 사준 사장에게 박수도 보내고 고마움도 표시하였다. 그런데 체육대회에서 돌아와서 얼마 있지 않아 전혀 상상하지 못한 일이 벌어졌다. 회사에서 관리자에 대한 청렴도 평가를 메일로 진행하였는데 뜻하지 않게 청렴도 평가결과가 매우 안 좋게 나왔다. 본사 군 청렴도 평가에서 최하위로 평가받았다. 지금까지 회사 생활을 하면서 청렴도 평가에서 최하위라는 불명예를 받은 적은 한 번도 없었다. 곰곰이 되짚어 생각해 보니 아마도 우리 처 직원들은 내가 공사업체 사장이 나와서 저녁을 사도록 한 것에 대해서 청렴하지 못하다고 평가한 것 같았다. 마음이 아프고 억울하기도 하여 처장님에게 찾아가 하소연을 하였다. "세상에 어떻게 이런 일이 있을 수 있습니까?" 진심으로 직원들을 생각하고 배려하여 부서 비용도 모자라고 해서 직원들을 위한 목적으로 삼겹살 대신 좋은 소고기를 먹도록 해주고 그렇게 즐겁게 하루를 보냈으며 고맙다고 박수까지 보내 주고 나서 막상 청렴도를 이렇게 긁어버렸으니 너무 억울하다고 했다. 처장님도 글쎄 그건 말이 안 되는데 불만이 있으면 얘기를 해야지 그렇게 청렴도 평가에서 긁어 버리다니 사람들이 심보가 안된 거지하고 말씀하시면서 배신감이 들어도 낙담하지 말고 마음을 잘 추스르고 심기일전하라고 하며 다음에 전체 직원이 모일 때 한번 얘기하겠다고 말씀하였다. 그렇지만 이미 평가는 끝났고 결과가 공개되어 모든 것은 물 건너간 뒤였다. 이를 통해 뼈저리게 느꼈다. 앞으로는 청렴하지 못하다고 오해의 소지가 있는 일은 전체 조직을 위하는 일일지라도 정직하게 판단해서 하지 않는 것이 맞는다고 확신하게 되었다.

05

남남 간의 성희롱

최근 사회 분위기가 민주화되면서 성희롱 관련 사건들이 미투 운동으로 인해 사회적으로 크게 주목을 받으면서 개인과 회사 모두 이런 일이 없도록 예방하고자 주기적인 인터넷 강의와 집합 교육을 의무적으로 참여하도록 하는 등 직장 내의 성희롱 예방에 특별히 신경을 기울이고 있다. 사업소에서도 어느 사업소나 예외 없이 특별하게 신경을 써서 관리하는 상황이었는데 우리 사업소에서 특이한 일이 하나 발생하였다. 그것은 남자와 남자 사이의 성희롱 사례가 두건 발생하였는데 하나는 차장과 직원 간에 일어난 일이고 다른 하나는 부장과 직원 간에 발생한 일이었다. 우선 차장과 직원 간에 발생한 사건은 점심시간에 운동하고 샤워장에서 차장과 직원이 같이 샤워를 하는 자리에서 직원의 몸매가 좋아서 차장이 몸매도 좋고 운동도 많이 하니 거시기도 튼튼하겠다고 이야기하면서 엉덩이를 한 대 때렸다.

직원이 이의를 제기하자 차장은 즉시 자기가 잘못했다고 미안하다고 성희롱 의도가 아니었다고 하여 다행히 이 사건은 가해자가 바로 사과하고 바로 잡아서 피해자가 이를 수용하여 성희롱 사건으로 비화되지 않고 그냥 정리되고 넘어갔다. 그러나 다른 부장과 직원 건에서는 회식 자리에서 부장이 직원 보고 매일 운동을 그렇게 열심히 하는데 뭐 물건이 잘 안 서서 그러냐며 그거 하는 데에 문제는 없느냐 이런 식으로 이야기하여 직원이 매우 불쾌감을 느꼈다. 여러 사람이 있는 회식 자리라 직원이 그 자리에서 항의는 하지 않았고 술자리가 끝났다. 다음 날 직원은 출근하여 해당 부장에게 찾아가 어제 자신이 부장님이 하는 얘기를 듣고 성적 수치심을 느꼈다며 그런 얘기를 어떻게 공개적으로 할 수가 있습니까 하고 항의하였다. 그런데 이 부장은 이를 수용하지 않고 남자끼리 그런 얘기도 술 마시면 할 수 있는 거지 뭘 그런 걸 다 갖고 이러느냐며 대수롭지 않게 무시해 버렸다. 화가 난 직원은 부서장인 처장에게 찾아가 이야기를 하였다. 어젯밤 회식 자리에서 담당 부장이 이런 이야기를 하였는데 자신이 수치심을 느꼈다고 하면서 부장님이 사과도 하지 않고 들은 척도 하지 않는다고 보고하였다. 아침 회의에서 처장은 심각성을 느끼고 해당 부장을 불러서 직원에게 가서 즉시 사과하고 잘못되었으니 앞으로는 그런 일이 없도록 하겠다고 하라고 이야기했으나 해당 부장은 뭐 그런 사소한 것까지 다 일일이 사과를 해야 하느냐 하면서 무시하여 버렸다. 부서장인 처장도 해당 부장이 강력히 거부하고 있으니까 더는 어떻게 하지 못하고 있는 사이에 해당 직원은 내부적으로 문제가 해결되지 않을 것 같아서인지 외부기관으로 성희롱 문제를 제기하였다. 이렇게 일이 확대되자 뒤늦게 가해자인 부장이 직접 피해자를 찾아가 사과하는 것이 쑥스러웠는지 메일로 사과의 뜻을 밝혔으나 가해자의 무뚝뚝한 성격 탓으로 피해자에게 진실한 마음으로부터 나오는 확실한 사과로 인정받지 못하였고 외부기관에서는 공식적으로 성희롱 문제를 회사로 이첩하여 관련 조사가 진행되었다. 사업소에서는 성희롱 관련 업무지침에 따라 가해자와 피해자가 같은 부서에서 근무하고 있어서 가해자를 다른 부서로 이동발령을 내고 감사실로부터 해당 부장은 성희롱 관련 조사를 받았다. 그리고 감사실의 성희롱 조사결과에 따라 성희롱 가해자는 인사위원회에 심의를 거쳐 정직 3개월의 징계를 받았다. 그런 후 피해자가 가해자의 동일 부서 복귀를 원하지 않아서 징계 해제 후에도 서로 다른 부서에서 근무하도록 조치하였다. 이 두건의 경우를 살펴보면 한 건의 경우는 적극적으로 성희롱 가해자가 나서 사과를 하고 잘못된 행동을 바로 정정함으로 성희롱 피해자가 가해자의 진정성을 이해하여 사건이 조용히 정리되었고 성희롱 가해자는 큰 화를 면했다. 반면 다른 건의 경우는 성희롱 가해자인 본인이 통상적으로 할 수 있는 별일이 아닌 것으로 생각하여 성희롱 피해자가 성적 수치심을 느꼈다고 피해를 호소하였음에도 불구하고 가해자는 자신의 행동에 대한 사과와 적극적인 시정을 하지 않고 성희롱 피해자인 상대의 마음을 불편하게 함으로 감정대립이 되어 결국 내부에서 해결할 수 있던 문제를 자체적으로 해결하지 못하고 내부 문제를 외부로 나가게 하였고 성희롱 피해자도 가해자의 사과를 진정성이 있는 것으로 받아 주지 못하고 처벌을 원하여 성희롱 가해자가 징계까지 받게 된 매우 안 좋은 경우였다. 따라서 이런 남남 간의 성희롱 사건이 발생하면 남녀 간의 성희롱 사건이 아니라고 하여 대수롭지 않게 생각하거나 방관하지 말고 관리자가 적극적으로 초기부터 개입하여 바로 성희롱 가해자와 피해자를 서로 다른 부서로 근무를 변경하여 격리하므로 서로 마음의 불편함을 들어주고 성희롱 가해자가 피해자에게 진솔한 사과를 통해 피해자를 완전히 이해를 시키고 양자 간의 감정대립을 해소하여 문제를 빨리 해결하는 일이 성희롱 가해자와 피해자를 위해서도 또한 조직을 위해서도 바람직하다.

06

교통사고 원인은 과속, 부주의, 태만 운전

A 지역 본부에 부임하여 근무 시 교통사고가 발생하였다는 보고가 자주 올라와서 수도권의 도심에 있는 사업소라서 차량 정체가 빈번하고 속도를 낼 수도 없는 여건으로 시골 사업소와 같이 과속을 할 수 있는 환경도 아닌데 왜 교통사고가 자주 발생하는지 의아하였다. 그래서 최근 지역 본부 관내의 교통사고 내용을 살펴보니 저압 보수작업차, 활선 작업용 바켇트럭, 업무용 승용차 등 여러 차종의 교통사고가 끊이지 않고 자주 발생하고 있었다. 교통사고의 근본 원인을 좀 더 깊이 파악하고자 최근 5년간의 차량 교통사고 발생 내용을 모두 가져오라고 하여 교통사고 통계와 세부 사고내용을 모두 살펴보았다. 그 결과 우리 본부 교통사고의 대부분이 예방할 수 있는 교통사고임에도 불구하고 운전자의 부주의로 인한 경우가 많았다. 예를 들면 활선 바켇트럭이나 저압 보수작업차와 같이 큰 대형차로 좁은

길을 통과할 때는 조수석에 탄 사람이 차에서 내려 차량에 매달려 있는 작업 시 자동차의 전복을 방지하기 위해 내리는 차량 고정용 발등이 좁은 길옆에 주차된 차량을 긁지 않는지 부딪칠 우려는 없는지 등을 살펴보고 장애물을 통과한 후 조수석 탑승자가 다시 차량에 타고 세심하게 운행하면 사고가 발생하지 않을 것을 그냥 대충 눈대중으로 통과할 것이라 짐작하고 대형차량인 활선 바켙트럭을 운행하다가 발생한 주차 차량 접촉사고가 있는가 하면 후진 시에는 뒤에서 부딪치는 물체가 없는지 사람이 없는지 등을 확인하여야 하나 이러한 것을 제대로 확인하지 않고 후진하다가 사고가 자주 발생하였다. 이에 따라 우선 오래된 작업 차량으로 후방 카메라가 설치되지 않고 출고된 차량에는 예산이 허용되는 범위 내에서 후진 시 뒤를 볼 수 있는 후방 카메라를 설치하도록 하였다. 그리고 지선 도로에서 도로 간선으로 합류할 경우는 자신이 지선 도로에서 달려오던 속도를 줄여 도로 간선에서 빠르게 주행하여 오는 차량을 살펴본 후 거리가 충분히 떨어져서 진입하여도 안전하다고 판단될 때 도로 간선으로 합류해야 하나 지선 도로에서 달려온 속도를 줄이지 않고 그대로 빠르게 도로 간선으로 진입하여 고속으로 달려오는 차와 부딪치는 교통사고도 빈번히 발생하였다. 이러한 경우는 당연히 운전자가 초보이거나 주의하여 운전하지 않기 때문에 발생하는 교통사고였다. 그리고 우회전하면서 보행자 횡단보도를 지나갈 때 횡단보도가 끝나는 지점에 사람이나 자전거가 아직 건너가고 있는 것을 주의 깊게 살피지 않아서 초록색 신호등이 깜빡이는 상태에서 급히 횡단보도를 지나가고 있는 사람이나 자전거를 부딪치는 접촉사고가 빈번하게 있었다. 차량이 우회전하며 횡단보도를 지나갈 때는 당연히 운전자에게 주의 의무가 있음에도 불구하고 주의를 기울이지 않고 대충 옆 사람과 이야기하며 지나가다 교통사고가 발생하였다. 그래서 직원 교통 안전교육 시에 이러한 교통사고 방지를 위한 주의 운전과 방어 운전을 강사에게 특별히 주문하였다. 우리가 조금만 주의해서 방어 운전을 하면 사고를 방지할 수 있음에도 불구하고 대부분이 태만하거나 속도를 줄이지 않고 과속 운전함으로써 발생하는 사고가 많이 있었다. 그래서 해결책으로 극약처방을 내놓게 되었는데 그것은 앞으로 교통사고를 낸 사람이 반드시 다음 회차의 교통 안전교육 시에 강사로 직원들 앞에 나와서 왜 교통사고를 내었는가 하는 사고내용을 스스로 분석하여 전 직원들에게 사고 발생원인과 잘못한 점 및 앞으로 교통사고 예방을 위해서 어떻게 운전해야 하는지 재발 방지대책을 직접 교육을 하도록 하였다. 이렇게 함으로써 운전자에게는 부주의하게 운전하면 전 직원 앞에서 강사로 내가 왜 잘못했는지를 분석해서 발표하고 이를 교육하여야 하는 부담감이 있으므로 당연히 직원들이 좀 더 주의해서 운전하게 되고 교통사고 방지에 더 신경을 쓰게 되어 근본적으로는 교통사고를 예방할 수 있을 것으로 생각했기 때문이었다. 어쨌든 이 아이디어는 실행된 후 우리 본부에서 직원 교통사고를 획기적으로 감소시키는데 큰 성과를 거두었다. 이렇게 사업소에서는 사업소장이 얼마나 관심을 기울여 문제를 파악하고 개선 의지를 갖느냐 여부에 따라서 문제가 줄어들기도 하고 또 관심을 두지 않고 무

관심하면 문제나 사고가 늘어나기도 한다. 따라서 유능한 관리자는 자신이 맡는 분야에 세심한 관심을 두고 항상 어떤 문제점이 없는지를 찾아보고 큰 문제점이 있을 때는 스스로 분석하여 해결하는 아이디어도 찾아서 제시하여야 한다. 이렇게 작은 문제라도 발생할 수 있는 것을 미리 예견하고 이것을 방지할 수 있는 대책을 제시하여 예방하는 것이 현명한 관리자 곧 리더라고 생각한다. 그래서 리더는 작은 조직 리더이든 큰 조직의 리더이든 앞을 내다보고 미래에 발생할 조직 내의 문제를 예견하며 이를 방지할 수 있는 대책을 찾아내어 제시하고 미리 조직원에게 대비하도록 준비시키는 역할이 무엇보다도 중요하다.

07

ADB 관리자가 된 말단 사업소 직원

부산에 있는 어느 지사에서 일할 때 일이다. 한 젊은 신입직원이 부산대학을 졸업하고 입사하였는데 영어를 잘해서 아침에 희망하는 직원들로 영어 공부 반을 만들어서 매일 한 시간씩 영어 공부를 하고 있었다. 얼마 후 그 신입사원이 찾아와서 본인이 대학원을 진학하고 싶은데 지원을 해 달라고 요청하였다. 지방 말단 사업소에서 그것도 공부를 열심히 하려고 하는 마음가짐이 아주 특이하다고 여겨 적극적으로 지원해 주기로 마음먹고 동의하였다. 당시는 사업소에서 일이 바쁜 관계로 한 사람을 빼면 업무 공백이 생기는데 전일제 수업에 지원하는 것을 동의하는 일은 쉽지 않았다. 본인이 연세대학에 입학하기를 희망하였기에 평소 알고 지내는 연세대의 교수에게 연락하여 전후 사정을 이야기하고 대학원생으로 자원이 우수하니 뽑아주도록 부탁하였다. 그 후 이 친구는 운 좋게 대학원에 합격하여 회사에서 전액 학비를 지원받아 연세대학교 대학원을 다니게 되었다. 연세대학교 대학원을 졸업한 후에 필리핀 농어촌 전화사업 해외 근무를 지원하여 필리핀 자회사로 파견을 나가서 근무하였다. 워낙 근면하고 성실한 직원이라서 필리핀 현지법인의 사장도 그의 성실함을 알아보았다. 필리핀 근무 중간에 귀국해서 한번 만났더니 부지런한 성격으로 필리핀에서도 MBA를 공부하고 있다고 하였다. 필리핀 파견 근무가 끝나고 귀국하여 잠시 우리 부서로 복귀해서 함께 근무하고 있을 때 D 발전 자회사에서 자메이카의 발전사업을 하면서 배전회사까지 인수하여 해외사업을 시작하게 되었는데 이 발전 자회사 사장이 바로 한전의 필리핀 자회사에서 사장으로 같이 근무했던 사람이라서 우리 부서로 이 친구를 자메이카 배전사업에 파견해 주도록 요청하였다. 이렇게 길게 한사람과 10년이 넘도록 이어지는 인간관계로 인하여 역시 한번 맺은 인연의 소중함을 크게 느낄 수 있었다. 이 친구와 신입사원 때 맺은 인연으로 본사에서 차장 인력 빼기가 무지하게 힘들었으나 발전 자회사 사장이 직접 전화해서 지원을 요청해 자메이카 해외사업 요원으로 다시 파견을 보내게 되었다. 참 인연이란 기묘한 것이다. 본인이 몇 년을 근무하다가 잠시 귀국하여 상의드릴 일이 있다고 하면서 다시 찾아왔다. 우리 회사에서 키워주고 여러 도움을 받아 오늘까지 잘 근무했는데 지금 자신의 인생에 더 좋은 기회가 찾아와서 어떻게 해야 할지 판단을 하는 데 도움을 달라고 하는 것이었다. 이야기를 들어보니 아시아 개발은행(ADB)에서 직원을 모집하는데 근무 장소가 본인이 근무한 적이 있는 필리핀이라서 마무리하지 못한 MBA도 마치고 박사학위에 진학도 하고 싶고 장래 퇴직 후 연금제도가 우리 회사보다 잘 되어있어서 이직하고 싶으나 우리 회사에서 혜택을 많이 받았고 이렇게 회사를 떠나면 혜택만 보고 기여는 하지 않고 떠나서 일종의 먹튀를 했다고 비난을 받지 않을까 염려를 하였다. 특혜를 받지 않았다고 부인할 수는 없지만 여러 가지 상황을 종합해 보니 본인의 성장과 발전을 위하여 좋은 길이 있다면 당연히 더 좋은 길을 택하는 것이 올바른 길일 수 있다고 판단하여 이직하는 것이 본인을 위해서는 바람직하다고 얘기하였다. 그래서 키워준 회사도 중요하나 아직 젊으니까 본인의 미래가 더 중요하다고 얘기하며 회사는 의무재직기간이 끝났으니 미안한 마음은 있겠지만 책임을 다한 것으로 보아야 한다고 개인적인 생각을 얘기해 주었다. 그 친구는 고맙다는 인사를 하고 현지로 돌아가 근무하면서 ADB 채용절차에 따라 응시하고 도전해서 정식 ADB 직원이 되고자 최선의 노력을 하겠다고 하였다.

얼마 후 ADB에 채용이 되어 근무하게 되었고 자문을 해 줘서 고맙다는 말과 혹 필리핀에 오시면 들려 달라고 하는 이메일을 받았다. 그리고 한참을 잊고 있다가 전력연구원장으로 근무할 때 전력연구원에서 연구 개발한 기술로 이산화탄소 포집 설비의 플랜트를 필리핀 마우반시로 수출하기 위한 해외사업 착공식을 하러 필리핀을 가는 길에 이 친구에게 연락하여 필리핀 마닐라에서 만났다. 매우 반갑기도 하고 근황이 궁금하기도 하여 저녁 식사 자리에 초대하여 맥주도 한잔하고 지난 얘기도 하면서 아주 유익한 시간을 보냈다. 그런데 좋은 인연이란 참 묘하게 계속 연결되는 것이었다. 우리 전력연구원의 연구개발 기술결과를 이전받아 필리핀 현지에 사업을 하는 중소기업이 플랜트 건설에 필요한 자금이 모자란다는 얘기를 듣고 자신이 속해 있는 ADB의 자금을 받을 수 있는 길이 있다고 하며 자금 지원받는 길을 안내해 주고 도움도 주겠다고 하였다. 한번 좋은 관계로 맺은 인연이 이렇게 20년이 넘게 오래도록 이어지기도 참으로 어려운 일이라는 생각이 들었다. 어쨌든 한 사람의 인재를 키우는 데 있어서 본인의 의지가 중요하므로 이런 사람은 지원하여 지금 당장에는 힘이 들더라도 우리 회사와 국가 전체를 위해서 인재를 키우는 것이 좋다는 것을 이런 경험을 통해 크게 느꼈다.

〈필리핀 마우반시 퀘손발전소 이산화탄소포집 분리막기술 수출〉

〈필리핀 퀘손발전소 이산화탄소 포집 플랜트 착공식〉

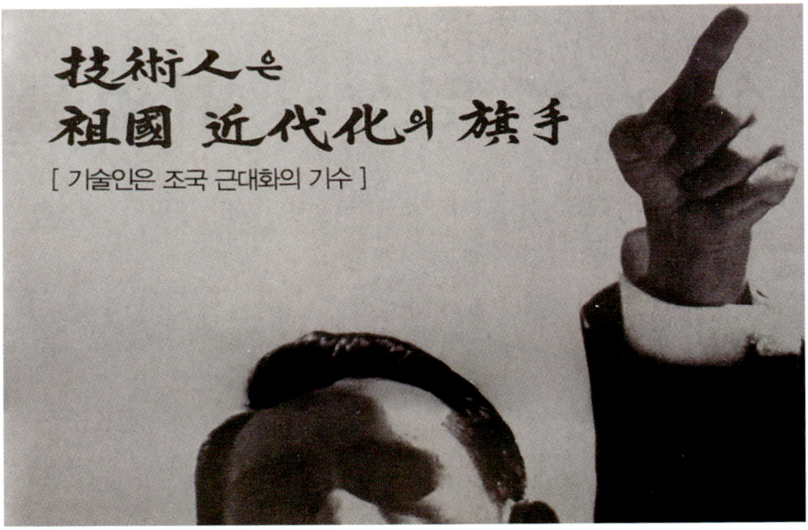

〈대한민국, 기술인의 피땀 흘린 노력으로 경제 선진국이 되다!〉

〈40 여년의 공기업 직장생활을 마무리 하다!〉

에필로그

솔직히 한 권의 책을 쓴다는 것은 그리 쉬운 일이 아닙니다. 많은 생각이 있지만 그런 생각을 정리해서 글로 작성하여 다른 사람이 읽고 이해할 수 있게 한다는 것은 몹시 어려운 일이라는 것을 이번 경험을 통해 느끼게 되었습니다. 더군다나 회사 근무를 하면서 시간을 쪼개어 쓰느라 원고를 탈고하기까지 거의 1년 3개월이 걸렸습니다. 빨리 책을 마무리하고 싶었으나 잦은 만남의 자리와 소주를 한 잔 기울이다 보면 글쓰기가 멈춰져 다시 새로 시작하곤 하다 보니 글을 쓰는 기간이 늘어지고 또 오래된 기억을 더듬어 정리하느라 글쓰기가 끊겼다 이었다를 반복하여 시간이 예상보다 두 배 이상 상당히 늘어나게 되었습니다. 그래도 끝까지 포기하지 않고 마무리하여 출간할 수 있게 된 것을 스스로 감사하게 생각합니다. 사실 처음에는 실제 지명과 이름을 실감이 나게끔 사용했다가 많은 이들에게 누가 될 수도 있고 또 좋지 않은 일을 기록하는 부분도 있어서 거의 모든 사례에서 실명과 지명 등을 거의 삭제하고 그냥 어떤 내용인지를 파악할 수 있는 수준으로 기술하는 형태의 책자를 쓰도록 변경하여 다소 밋밋하고 무미건조하게 느껴져 독자들이 지루할 수도 있을 것입니다. 그러나 필자가 지난 40여 년간의 직장생활 중에 직접 경험하고 체험한 일들을 정리하여 기록한 것이기 때문에 독자께서 사례를 읽고 간접 경험하며 이를 통해 체득한 사항을 독자 여러분 각자의 현실에 알맞게 잘 활용하였으면 합니다. 일반인은 공기업이 철밥통이라고 비하하면서도 그런대로 괜찮은 보수에 정년이 보장되는 안정적인 직장이라는 점에서 많은 매력을 느끼고 있는 것 같습니다. 그러나 이러한 느낌은 막연한 것이고 실제로는 어떤 일을 하는지 궁금할 것입니다. 이런 사람들을 위해서도 이 책을 읽으면 공기업 내에서 실제 어떤 일을 하는지 알 수 있어서 공기업이 하는 일을 파악하는 데에도 작게나마 도움이 되었으면 합니다. 공기업을 그냥 바라보면 넓고 평온한 커다란 초원처럼 보일 것입니다. 초록의 멋진 평원이죠. 그러나 내부로 들어가 보면 그 초원의 풀밭에도 지천으로 늘려 있는 개똥 소똥도 있고 물이 고인 습지도 있어 걸어가다 보면 신발도 젖고 똥을 밟기도 하는 것입니다. 멋진 초원이라고 생각하는 거기에도 다른 사회와 마찬가지로 치열한 승진 경쟁, 생존이라는 삶의 경쟁과 인간관계에 얽혀 극복해야 할 갈등 또한 존재하는 것이 엄연한 현실입니다. 이 세상에는 어느 한 사람의 삶도 결코 가볍다고 할 수는 없겠지요. 이런 진솔한 마음으로 공기업에 입사하고자 하시는 분이나 공기업을 이해하고 싶은 분들에게도 조금이나마 이 책이 도움이 되었으면 합니다.

이 책은 필자가 1979년 입사하여 2019년 퇴사하기까지 나름대로 보고 느끼고 직접 체험한 일 중에서 주로 외부 및 내부 고객과 관련하여 발생한 민원들을 중심으로 엮어서 인싸이트를 줄 수 있다고 판단한 내용을 위주로 간추려 쓴 것입니다. 앞으로 개인적 희망으로는 현재 근무하고 있는 직장을 퇴사 후 제 인생 전반에 관한 수필집 글쓰기에 다시 한번 도전하려고 합니다. 이 책을 끝까지 읽어 주신 독자 여러분께 거듭 고맙다는 말씀 올립니다.

2020년 4월 15일

필자 드림